사상체질 인문학

사상체질 인문학

발행일	2025년 4월 7일
지은이	최돈우
펴낸이	손형국
펴낸곳	(주)북랩
편집인	선일영
편집	김현아, 배진용, 김다빈, 김부경
디자인	이현수, 김민하, 임진형, 안유경, 한수희
제작	박기성, 구성우, 이창영, 배상진
마케팅	김회란, 박진관
출판등록	2004. 12. 1(제2012-000051호)
주소	서울특별시 금천구 가산디지털 1로 168, 우림라이온스밸리 B동 B111호, B113~115호
홈페이지	www.book.co.kr
전화번호	(02)2026-5777
팩스	(02)3159-9637
ISBN	979-11-7224-577-1 03150 (종이책) 979-11-7224-578-8 05150 (전자책)

잘못된 책은 구입한 곳에서 교환해드립니다.
이 책은 저작권법에 따라 보호받는 저작물이므로 무단 전재와 복제를 금합니다.
이 책은 (주)북랩이 보유한 리코 장비로 인쇄되었습니다.

(주)북랩 성공출판의 파트너
북랩 홈페이지와 패밀리 사이트에서 다양한 출판 솔루션을 만나 보세요!

홈페이지 book.co.kr • **블로그** blog.naver.com/essaybook • **출판문의** text@book.co.kr

작가 연락처 문의 ▶ ask.book.co.kr
작가 연락처는 개인정보이므로 북랩에서 알려드릴 수 없습니다.

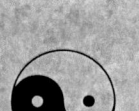

음양의 원리로 설계하는 나만의 맞춤 인생 가이드

사상체질 인문학

최돈우 지음

머리말

 유사 이래 인간에게는 자신의 미래를 알고자 하는 본능적인 욕구가 있었다. 미래를 알고자 한 목적은 여러 가지가 있겠지만, 어쩌면 유한한 수명에 대한 불안감의 발로였는지도 모른다. 내 삶이 어떻게 전개될지 전혀 알지 못하기 때문에 어떻게든 조금이라도 앞을 내다볼 수 있으면 하는 바람에서 비롯되었다 할 것이다.

 미래를 알고자 하는 욕구만큼이나 실제로 그 방법론에 관해서도 많은 연구와 노력이 있었다. 처음에는 주술이나 점복술과 같은 비체계적인 시도로 시작하여 점점 더 체계적인 방법으로 발전해갔다. 그와 관계된 것들은 풍수지리, 관상, 궁합, 타로, 주역, 토정비결, 관상, 애니어그램, 다중지능, MBTI, 유전학 등이 있으며 사상체질론도 그 가운데 하나다. 모두 다 나름대로 체계와 논리를 지니고 있으며, 일정 부분은 서로 연관성도 있지만 어느 것이 더 우수하다고 치켜세우기에는 각각 한계를 가지고 있는 것도 사실이다. 활용 가치 면에서도 어느 것이 나쁘고 좋다는 경계를 짓기 쉽지 않다. 따라서 오랜 시간이 지나고 과학이 발달한 현대사회에서도 여전히 이런 방식들이 통용되고 있는지도 모른다.

 우리는 차이에 관해 이야기할 때 종종 타고난 환경을 탓하곤 한다. 물론 출발선에서의 환경은 중요하다. 하지만 환경에 앞서 개인의 능력이나 소질로 서로를 비교한다면 어떤 차이가 있을까? 유전학으로 본다면 동종 간 차이는 숫자로 표기할 수 없을 만큼 미미하여 거의 무의미하다고 해도 과언이 아니다. 심지어 이종 간에도 근소한 차이만 있을 뿐이다. 하지만 아무리 작은 차이라 할지라도 그로 인해 겪는 상황들은 매우 당혹스러울 때가 많다. 역사 이래 남녀 차이도 아직 제대로 극복하지 못하고 있는 현실이다. 어쩌면 서로 다름을 인정하는 것이 가장 어려운 일일지도 모른다. 차이는 주변에서 다양하게 발견된다. 행동, 언어, 생활 습관, 생김새, 사상, 의견 등에 있어 온통 차이로 뒤덮여 있는 듯한 느낌마저 든다. 그 차이의 혼돈을 이해하지 못하면 온갖 갈등과 혼란이 빚어진다. 작은 다툼에서 시작해서 서로를 죽이는 전쟁까지도 마다하지 않는다. 차이는 다름이지 틀림이 아니다. 서로 다름은 이해의 영역이고 틀림은 대립을 일으킨다. 다름과 틀림을 구분하지 못해 수많은 일들이 벌어진다.

사람이 살아가는 사회에는 수많은 갈등이 존재한다. 사람 사이의 갈등은 과거와 현대를 막론하고 항상 존재했으며 세월이 흐른다고 저절로 줄어들거나 감소되지 않는다. 특히 근래 들어 우리나라 사회 갈등은 극에 달할 정도로 각 분야에서 갈등이 극심한 시대를 맞고 있다. 가족, 세대, 직업, 계층, 정파 등 거의 모든 영역에서 갈등은 점점 더 격렬해지고 있다. 이러한 사회 갈등이 생기는 원인은 무엇일까? 여러 가지 원인이 있겠지만, 정치인들의 편 가르기로 인한 이념 대립, 일부 계층의 특권 의식, 서로 남 탓하기와 같은 것들이 갈등의 큰 원인으로 작용한다. 같은 역사를 놓고도 해석하는 방향이 달라 이념이 갈라지고, 이를 부추기는 세력에 의해 선동 및 세뇌되어 반대 세력과 대립하고 반목하는 일들이 반복되고 있으며, 일부 특권층들이 가진 특권 의식은 자기 이외의 사람들을 천대하는 비하 의식으로 굳어지고, '내로남불'이라는 말처럼 자기 잘못을 반성하기보다는 남의 잘못을 물고 늘어지고 모든 것을 남 탓으로 돌리는 현상이 판을 치고 있다. 극심한 사회 갈등으로 인한 피해는 헌정 사상 세 번에 걸친 대통령 탄핵과, 높은 이혼율, 각종 범죄 발생, 진영 논리와 좌우 이념 대립으로 국민은 끝이 보이지 않는 소모전을 치르고 있다.

그렇다면 수많은 사회 갈등의 해결책은 무엇일까? 서로 평화를 유지하면서 사는 방법은 없는 것일까? 싸우거나 다투지 않고 좋은 관계를 만들어가는 게 그리도 어려운 일일까? 다툼과 분쟁은 서로 희생만 일으킬 뿐이다. 필자는 사상체질론에서 그 답을 찾을 수 있다고 생각한다. 사상체질론이 주창하는 음양화평지인이야말로 갈등을 일거에 해결할 수 있는 유익한 방편이라 확신한다. 음양이 조화를 이룬 세상은 서로 평화를 이루고 사는 세상이다. 음양은 생명을 창조하고 번성하게 하며, 화평은 말 그대로 평화로운 상태를 이른다. 음양화평지인이란 상호 조화를 이루어 생육하고 번성하며 평화로운 세상을 이어감을 뜻한다. 서로 다툼이나 반목이 없이 모든 것이 균형을 갖추고 조화를 이룬 상태를 말한다.

사상체질론이 추구하는 핵심 사상은 음양화평지인이다. 좌로나 우로 치우치지 않고 화평을 지향한다는 뜻으로, 동양철학이 추구하는 중용과도 맥을 같이한다. 유학 사상에 기반을 두고 있으면서도 주역의 음양오행 원리를 바탕으로 홍익인간 이념을 추구한다. 사상체질은 서로 다름을 인정하자는 것이지, 차이로 편을 가르거나 우월성을 강조하려 함이 아니다.

음양 사상은 동양철학의 핵심이며 우주와 생명 창조의 원리이기도 하다. 서양철학에서도 음양 사상은 여러모로 강조되어왔으며 동양철학과 마찬가지로 우주와 생명 창조의 원리로 작동함을 인정하고 있다. 음양 사상은 단순히 하나의 이론만이 아니라 현실에서도 다양하게 적용되고 끊임없이 활용되고 있는 실질적인 현상이다. 사상체질론은 다른 방편들과는 달리 음양 이론을 직접, 그리고 가장 중요하게 다룬다는 것에서 차이가 있다. 이제마 선생은 음양오행론을 다루면서 중심에 화평지인을 넣고 네 가지 가닥으로 풀어나가는 새로운 이론을 제시하였다. 그는 모든 것이 네 가지로 작용함을 설명하면서 그 중심에는 항상 중용을 뜻하는 화평사상을 강조하였다.

음양화평지인을 이루려면, 먼저 상대방을 이해하고 인정하는 것이 선행되어야 한다. 자신을 이해시키고 알아달라고 주장하기 전에 타인에 대해서도 이해하고 인정하는 자세를 보여야 한다. 의견이 부딪히고 맞서는 건 서로를 이해하거나 서로에 대해 인정하려 들지 않기 때문이다. 내 편만 맞고 다른 편은 모두 틀렸다는 의식이 지배하는 한 끝없는 평행선만 달릴 뿐 서로 화평을 기대하기는 어렵다. 다음으로는 기득권 또는 특권 의식을 버려야 한다. 권력을 누려본 사람은 절대로 그것을 내려놓으려 하지 않는다. 자신이 가진 권리는 계속해서 누리려 들면서도 타인의 권리는 무시하거나 함부로 짓밟는 특권 의식이야말로 양극화를 극단화시키는 근본 원인이다. 또한, 남 탓하지 말고 먼저 자기 자신을 돌아봐야 한다. 자기 잘못은 반성하거나 절대로 인정하려 들지 않으면서, 남의 잘못은 끝까지 물고 늘어지는 상태에서는 서로 화해를 이룰 수가 없다. 자신은 언제나 옳고 상대방은 항상 틀렸다는 생각과, 잘되면 모두 내 덕이고 잘못되면 모두 남 탓으로 돌리는 한 반목은 계속될 수밖에 없다. 반목과 대립은 서로 정력만 소모할 뿐이다. 균형과 조화만이 생명을 일으키고 번성케 한다.

유전자가 그렇듯이 체질은 타고난다. 유전자와 체질은 매우 유사한 개념이다. 타고나긴 하지만 좁게만 볼 수 없는 넓은 영역의 세계다. 무한하지도 않지만 유한하지도 않다. 타고난 특성들은 평생 전부 다 발현되지도 않지만, 좋은 특성만 발현되지도 않는다. 모든 체질과 유전자는 장단점을 함께 지닌다. 한쪽이 조금 부족하다 하여 무능하거나 실패자가 되는 것은 아니다. 체질에는 주 체질과 부 체질이 있으며, 각 체질은 서로 얽히기도 한다. 사상체질이라 하여 네 가지에만 국한되지 않고 서로 복잡하게 얽혀 있어 자신의 정확한 체질을 분석하기란 쉽지 않다. 또한 어떤 체질을 가졌든, 어떤 유전자를 가지고 있든 다 나름대로 살아가는 방법이 있다. 노력 여하에 따라 좋은 특성이 나타나거나 더 많은 특성을 끌어낼 수 있으며, 생활환경과 다른 영향에 따라서도 다르게 나타나므로 형질은 얼마든지 바뀔 수 있으며, 체질과 유전자가 가진 형질은 결코 단순한 것이 아니다. 체질은 고정불변이 아닌 선택의 영역이다.

체질은 많은 영역에 영향을 끼치며 서로 관련이 있다. 건강은 물론 음식, 본성, 성향, 습관, 인성, 태도, 감정, 문제를 바라보는 시각, 감각, 사랑의 방식에도 관련된다. 자신의 체질을 알면 직업 선택이나 남녀 궁합, 음식, 운동 등 여러 분야에서 도움이 된다. 나아가 사회 문제와 갈등과 분쟁, 인간관계를 풀어가는 데까지도 유용하게 활용할 수 있다.

이제마 선생이 사상체질을 연구하게 된 것은 처음에는 자신의 질병을 치료하기 위함이었지만 점점 더 깊이 들어가면서 사람의 체질은 어떤 체계를 가지고 있음을 알게 되었고 그 체질에 따라 성질과 섭생, 치료에 관한 부분까지도 달라질 수 있다는 사실을 깨닫고 마침내 그를 체계적으로 저술하여 『동의수세보원』이라는 책으로 세상에 남겼다. 이미 한의학에서는 오래전부터 이 책을 『동의보감』과 아울러 한의학 교과서처럼 익히고 실전에 활용하였으며, 현재까지도 여전히 활용되고 있다. 사상체질론은 단순히 의학뿐 아니라 실생활에 이르기까지 폭넓게 활용할 수 있는 매우 유용한 실용 인문학이다. 정부에서도 이에 대한 가치를 파악하고 과학적인 체계를 세우기 위해 연구를 시도한 적이 있었으나 안타깝게도 그 뜻을 이루지 못하고 말았다. 남의 나라에서 만든 온갖 이론들은 잘도 받아들이면서 정작 우리나라에서 만든 사상체질론은 발전시키지 못하고 있는 현실은 매우 안타까운 일이다.

이제라도 많은 이들이 이 이론을 연구하고 발전시켜서 세계가 놀라는 획기적인 결과물들을 만들어갔으면 좋겠다. 그 여정에 이 책이 미약하나마 이바지한다면 더할 나위 없겠다.

2025년 봄
최돈우

목차

머리말　　　　　　　　　　　　　　　　　　　　　　5

제1장 / 체질에 대하여

체질　　　　　　　　　　　　　　　　　　　　　　18
체질 유형　　　　　　　　　　　　　　　　　　　　22
체질별 겉모습과 속 모습　　　　　　　　　　　　　24
주 체질과 부 체질　　　　　　　　　　　　　　　　25
이상 체질　　　　　　　　　　　　　　　　　　　　26
체질 개선　　　　　　　　　　　　　　　　　　　　28
체질은 고정이 아닌 선택의 문제다　　　　　　　　　30
체질과 환경　　　　　　　　　　　　　　　　　　　33
체질과 적성　　　　　　　　　　　　　　　　　　　38
체질과 외모　　　　　　　　　　　　　　　　　　　39

제2장 / 사상체질론

연구의 목적	42
사상체질에 대한 오해	48
이제마와 체질론	50
동의수세보원	52
음양화평지인	61
홍익인간	63
사상체질 구조	65
사상체질별 궁합	72
이제마 프로젝트	84

제3장 / 음양오행론

주역	88
음양, 생명 창조의 원리	91
음양오행	94
4생	99
1주일	100
컴퓨터와 음양 이론	102
일월오봉도	103
태극기	105
훈민정음	108

제4장 / 사상체질 분석

사상체질 판별 질문지	114
사상체질별 기본 특징	121
사상체질별 특질 구분	126
체질과 본성	136
체질과 성향	138
체질과 인성	139
체질과 인생 태도	140
체질과 감정	142
체질과 문제를 바라보는 시각	143
체질과 감각	145
체질과 사랑	147
체질과 계절	148
체질과 여행	150
체질과 색깔	151
체질과 의상	152
체질과 스트레스	153
체질과 호르몬	155
체질과 원소	157
체질과 음악	159
사상체질별 어울리는 직업	161
사상체질별 어울리는 운동	164
사상체질별 어울리는 음식	166

제5장 / 사상체질 연관 분야

MBTI　　　　　　　　　　　　　　　170
애니어그램　　　　　　　　　　　　178
다중지능　　　　　　　　　　　　　181
사주팔자　　　　　　　　　　　　　183
관상　　　　　　　　　　　　　　　185
궁합　　　　　　　　　　　　　　　197
토정비결　　　　　　　　　　　　　199
풍수지리　　　　　　　　　　　　　201

제6장 / 사상체질 인문학

사회 문제　　　　　　　　　　　　204
갈등과 분쟁　　　　　　　　　　　207
다양성　　　　　　　　　　　　　　209
자연　　　　　　　　　　　　　　　214
관계　　　　　　　　　　　　　　　217
부부　　　　　　　　　　　　　　　221
부모 자녀　　　　　　　　　　　　223
좋은 관계를 유지하려면　　　　　　225
이해와 인정　　　　　　　　　　　226
대인 관계와 첫인상　　　　　　　　231

비교	234
선입견	235
생각	237
고집과 아집	239
열린 사고	242
자신을 안다는 것	244
나를 알아가는 과정	246
격	248
인생	250
삶	252
삶의 이치	254
철학	255
행복	258
운명	261
우연과 필연	264
운명과 선택	266
인권	269
차별에서 평등·형평과 균형의 시대로	273
중용	277
조화	279
상극	280
사람을 쓰는 법	281
조직 관리	283

제7장 / 사상체질과 건강 의학

사상체질의학	288
인체의 신비	291
뇌	293
건강염려증	297
면역력 증진	299
운동	302
프로이트 정신분석학	304
게놈	307
유전자	309
후성 유전학	313
부모 유전	316
줄기세포	318
유전자 조작과 변형	320
맞춤 아기	323
복제인간	325
암	327
영양소	329
영양소 궁합	332
음식 궁합	335

제1장

체질에 대하여

체질

꽃이 아무리 아름답고 예뻐도 꽃을 싫어하는 사람도 있고, 유머는 필요하다고 하지만 농담을 싫어하는 사람도 있다. 왜 그럴까? 세상에는 너무나 다양한 사람들이 있으며, 사람마다 서로 다른 특성을 품고 있다. 생김새는 물론, 먹는 음식도 다르고 좋아하는 운동도 다르고 직업도 다르고 성격도 다르다. 이 모든 것은 체질이 서로 다르다는 것을 입증한다. 신체적으로 폐가 강한 체질은 연탄불을 피우고 자살을 시도해도 살아남는다. 조선시대에는 사약을 아홉 번이나 마시고도 죽지 않은 사람이 있었다고 한다. 신체적으로 간이나 위장이 강했기 때문이었을 것이다.

신 김치를 좋아하는 사람이 있는가 하면 익지 않은 겉절이를 좋아하는 사람이 있다. 겨울에도 찬물로 몸을 씻는 사람이 있는가 하면 여름에도 더운물로 몸을 씻는 사람이 있다. 등산이 몸에 잘 맞는 사람이 있는가 하면 마라톤이 잘 맞는 사람이 있다. 모든 사람이 다 높은 산을 오르고 멀리 오래 뛸 수 있는 게 아니다. 군인이 좋아서 평생 군 복무를 직업으로 삼는 사람이 있는가 하면, 군에 가기 싫어서 없는 병도 만들어내는 사람도 있다. 콘서트에 가서 아무리 분위기가 고조되어도 몸이 따라주지 않는 사람은 있기 마련이다. 하지만 그런 사람도 마음속으로는 똑같이 다른 사람들과 마찬가지로 방방 뛰고 있다. 다만 몸이 말을 듣지 않을 뿐이다.

평소에 말이 없는 사람도 생각은 다 있다. 다만 끼어들 적당한 시기를 찾지 못하고 있을 뿐이다. 반대로 조용한 분위기에서 좀이 쑤시는 체질도 있다. 모두가 조용히 명상하는 시간에도 코를 골고 잠을 잔다거나 일부러 훼방 놓는 사람도 있다. 자기 보호 본능에 돌다리도 두들겨가며 건너는 소심한 사람이 있고, 남을 전혀 의식하지 않는 안하무인인 사람도 있다. 자신이 하고 싶은 대로 자기 멋대로 사는 사람이 있고, 배려와 염려로 남을 의식하는 사람이 있다. 이 모두는 체질이 다르기에 일어나는 매우 자연스러운 현상이다. 누구든 비난하거나 나무랄 이유가 전혀 없다.

이렇듯 서로 다른 체질의 사람들이 어우러져서 행복하게 살려면 우리는 어떻게 해야 할까? 체질이 다르다고 해서 서로를 비난하거나 억압해서는 안 된다. 열이 많은 사람과 열이 없는 사람을 비교해보자. 열이 많은 사람은 겨울에도 찬물로 샤워하고 더운 것은 못 참는다. 여름에는 에어컨을 달고 산다. 반면에 열이 없는 사람은 여름에도 미지근한 물로 샤워하고 에어컨 없이도 산다. 겨울에는 두꺼운 옷을 입어야 하며 난방 없이는 못 산다. 열이 많은 사람과 열이 없는 사람이 함께 지내려면 어떻게 해야 할까? 본인이 덥다고 다른 사람도 더울 것으로 생각해선 안 되며, 에어컨 바람에도 감기에 걸리는 사람이 있다는 것을 이해해야 한다. 또한, 열이 없는 사람은 열이 많은 사람을 이해하고 배려해야 한다.

사람은 누구나 장단점이 있다. 체질도 그렇다. 어느 것이 우월하다거나 어느 것이 하등인 체질은 없다. 우와 열은 어떤 체질에나 다 있다. 완벽한 체질은 없다. 사람이 한쪽으로 치우치는 건 스스로 어느 한쪽만을 선택하거나 한쪽만 강화하는 방향으로 살기 때문이다. 장점만 강화한다고 해서 결코 좋은 건 아니다. 반대로 단점을 강화하면 큰일이 벌어진다. 장점만 강화하는 쪽으로 살다 보면 오히려 장점이 단점이 되기도 한다. 조신하게만 살면 답답하다는 소리를 듣게 되고, 곧이곧대로 살면 앞뒤가 막혀 융통성이 없다는 소리를 듣게 된다. 자기주장만 내세우면 주변에 사람이 없어지고, 외골수로 살면 내 편이 없어진다. 장점과 단점은 상호 보완하여 조정하는 것이 좋다. 체질도 타고나는 것이지만 어느 쪽을 강화하느냐에 따라 삶의 방향은 달라진다. 장점은 살리되 장점이 지나쳐 단점이 되지 않게 하고, 단점은 보완하고 장점을 받아들여 내 것으로 만들면 된다.

한배에서 난 자녀도 각기 다른 성격과 체질을 갖는다. 다 다르다. 그런데도 모두 똑같은 방식으로 양육하는 건 옳지 않다. 잘못된 교육은 오히려 자녀를 망친다. 맞춤형 교육이 필요하다. 입시 위주 주입식 교육은 시간만 낭비할 뿐이다. 저마다 타고난 소질과 재능을 계발하여 전문성을 높여주는 쪽으로 교육의 방향을 바꾸어야 한다.

세 살 버릇 여든까지 간다는 속담이 있는데, 아주 작은 습관도 고치기가 매우 어렵다는 뜻으로 쓰인다. 성격도 마찬가지다. 습관도 고치기 어려운데 성격은 어떻겠는가? 더 나아가 체질은 과연 바꿀 수 있을까? 타고난 뼈대가 약한데 노력한다고 굵어질까? 골격은 타고나는 것이어서 노력한다고 바뀌지 않는다. 체질은 대부분 신체와 연관이 있다. 이제마는 체질을 아예 신체 기관(폐비간신)에 대입해서 설명했다.

이 밖에도 생명과 관련된 여러 가지 요소들도 마찬가지로, 거의 탄생과 동시에 형성된 것이어서 쉽게 바뀌지도 않고 바꿀 수도 없는 것들이 허다하다. 체질은 잘 바뀌지 않는다. 사상체질의 창시자 이제마도 자신의 체질을 바꾸지는 못했다. 체질별로 질병을 다스리는 방법과 상호 관련성을 밝혀 조화로운 상태를 추구하는 방법론을 제시한 것뿐이다. 체질에 따라 자신에게 부족한 부분을 강화하고 보완해나간다면 건강과 아울러 추진하는 일의 결과도 달라질 수 있다.

체질 유형

체질은 한 가지로 단순하게 나타날 수도 있지만, 얼마든지 복잡하게 나타날 수도 있다. 사상체질에서는 체질을 네 가지로만 분류했으나 이는 체질의 종류를 말한 것일 뿐, 실제로는 훨씬 더 복잡하고 혼란스럽다.

네 가지 체질을 가지고 구성할 수 있는 경우의 수만 보더라도 하나의 단순한 것에서부터 두 개, 혹은 세 개로 혼합되어 28에서 40까지의 종류가 나온다. 이를 종류별로 분석해보면, 한쪽이 강화된 단순 체질, 두 가지로 구성되는 이중 체질, 세 가지가 얽힌 다중 체질로 나누어진다.

먼저 단순 체질에 대한 특징을 알아보면 다음과 같다. 변화가 없다. 늘 한결같다. 전문성이 있다. 한 분야에서 성공할 가능성이 크다. 한번 시작하면 끝장을 본다. 무미건조하다. 다소 식상하다.

다음으로는 이중 체질의 특성을 알아본다. 정반대 기질과 성품을 지닌다. 평소에는 차분한데 어떤 상황에서는 돌변한다. 평소에는 발랄하다가도 갑자기 의기소침해지거나, 괄괄하다가 갑자기 조급해지거나, 여유롭다가도 불안해하고, 조용하다가도 말이 많아지고, 정이 있다가도 갑자기 냉정하고 싸늘해진다. 속을 알 수 없다. 이랬다저랬다 기복이 심하다.

끝으로 다중 체질에 대해 알아본다. 다방면에 재능과 재주가 있다. 중재 역할을 잘한다. 양파같이 까도 까도 뭐가 나올지 모른다. 호기심이 많으며, 도전 정신도 있다. 여러 가지 일을 하나 다소 전문성은 떨어진다.

다중 체질은 단순 체질이나 이중 체질에 비해 원만한 삶을 살 가능성이 크다. 두 가지 이상 복합 체질일수록 음양화평지인에 가깝다. 복합 체질은 뒤늦게 나타나는 경향이 높아 본인조차도 잘 모르고 사는 경우가 많다. 종종 다른 사람이나 외부 동기에 의해 발견되기도 한다.

체질별 겉모습과 속 모습

사람은 누구에게나 장단점이 있다. 강한 면이 있는가 하면 약한 면도 동시에 지닌다. 사람은 하나인데 가끔 전혀 다른 모습을 볼 때는 조금 당황스럽기도 하다. 일반적인 사상체질인의 겉모습과 속 모습을 구분해보면 다음과 같다.

태양인은 겉도 강하고 속도 강한 사람(외강내강), 소양인은 겉은 강하나 속은 약한 사람(외강내유), 소음인은 겉은 약하나 속은 강한 사람(외유내강), 태음인은 겉도 약하고 속도 약한 사람(외유내유)으로 정리된다.

그러나 대체로 그렇다는 것이지 반드시 그런 건 아니다. 태양인도 겉으로는 강해 보이지만 자기보다 센 사람 앞에서는 약한 모습을 보일 때가 있고, 살짝 뒤로 물러설 줄도 안다. 때로는 작은 일에 깜짝 놀라기도 한다. 태음인은 사람 좋다는 이야길 많이 듣지만 의외로 십 원까지도 따질 만큼 계산적일 때가 많으며, 한번 고집을 피울 때는 누구도 꺾지 못할 정도로 센 모습을 보이기도 한다. 소양인은 겉으로는 밝고 강해 보이지만, 속에는 걱정 근심을 쌓아놓고 있으며, 때로는 드라마를 보면서 눈물을 펑펑 쏟기도 하고, 작은 벌레를 보고도 질겁하기도 한다. 소음인은 겉으로는 점잖아 보이지만 외관상으로는 차갑게 느껴지는 사람도 있다. 표정이 없어 선뜻 다가가기가 쉽지 않다. 감정 표현을 잘 하지 않아 강한 듯하지만 실은 속으로는 여리고 다정다감한 면도 숨어 있다.

주 체질과 부 체질

 체질에는 주 체질과 부 체질이 있다. 체질은 한 가지로 나타나기도 하지만, 둘 이상 복잡한 체질로 구성되기도 한다. 간혹 지인이 특이한 행동을 보일 때 "그 사람은 절대 그런 짓을 할 사람이 아니다"라는 말을 하는데, 이는 기본 체질에서는 감춰져 있던 기질이 갑자기 나타났거나, 부 체질로 잠재되어 있던 기질이 어떤 계기로 드러난 것일 수도 있다. 원래부터 있던 것인데 이제껏 겉으로 드러나지 않았을 뿐이다.

 부 체질은 단점보다는 장점을 취하려는 성질이 있어 좋은 면만 나타날 가능성이 크다. 흔히 체질이 바뀐다고 할 때, 주 체질이 바뀌는 게 아니라 숨어 있던 부 체질이 발현되거나 후천적인 노력에 따라 부 체질이 따로 형성되는 경우를 말한다.

 가령, 왜소한 체격이었는데 열심히 운동한 결과 크고 단단한 체격으로 바뀐다든지, 뚱뚱한 체격이었는데 다이어트와 식단 조절로 날씬하게 바뀌었다든지 하는 경우다. 또는 소심한 성격이었는데 부단한 노력을 통해 적극적인 모습으로 바뀐다든지, 다소 산만한 성격이었는데 독서와 명상으로써 차분한 성격으로 바뀐 경우가 그렇다. 이렇듯 타고난 주 체질은 바꾸지 못하더라도 부 체질은 노력에 따라 어느 정도는 갖출 수가 있다는 얘기다.

이상 체질

대체로 자기 주 체질이 무엇인지는 알 수 있다. 외모, 체격, 기호, 성격, 재능, 직업 등만 가지고도 어느 정도는 짐작할 수 있다. 그런데 성정이 너무나 상반되어 도저히 가늠이 안 되는 사람들도 있다. 주 체질이 바뀌기 어렵다는 전제하에, 그렇다면 이런 이상 체질은 왜 나타나는 것일까? 이 경우는 대부분 주 체질이 정상 기능을 발현하지 못하거나, 체질이 가진 장점보다는 단점이 강화되거나, 혹은 부 체질이 발현되는 과정에서 장점을 수용하기보다는 단점을 받아들임으로써 주 체질과 자가 충돌을 일으켜 모순된 성향들이 나타나게 되었을 가능성이 크다.

이는 정신분석학에서 다루고 있는 정신 분열, 정신이상, 우울증, 조울증, 분노조절장애 등 정상적인 정신 조절 기능에 이상이 생기면 나타나는 현상들과도 관련이 있다. 약물이나 외부 충격이나 환경 변화 등과 같은 자극 요인이 정신세계를 통제 불능 또는 제어 불능의 상태로 만든 경우라 하겠다.

도덕성 파괴, 폭력, 살인, 사기, 협박, 성범죄 등 파렴치한 범죄와도 연관성이 있으며 반드시 범죄를 저지르지 않더라도 이해 불가한 행동이나 특이한 사고방식으로 살아감으로써 주변과 조화로운 관계를 형성하기가 어려워 소외, 도태, 고립되어 개선의 여지가 희박한 경우다.

이중 체질도 조화를 이루면 다행이지만 조화롭지 못한 체질 특성이 발현되면 내부 충돌이 일어나 이상 현상이 나타날 수도 있다. 부 체질이 발현되는 과정에서 환경 요인이 큰 작용을 한다. 그러므로 친구나 사적인 친목 모임 등을 선택할 때 자신에게 잘 맞는 것을 택해야 한다. 친구를 잘못 사귀면 본의 아니게 엉뚱한 세계로 빠져들 수 있다. 모임이나 단체 가입도 마찬가지다. 성향에 맞지 않는 집단에 들어가서 억지로 끌려다니다 보면 내 시간만 뺏기고 즐거움을 얻기보다는 자신도 모르는 사이에 사람들과 골치 아픈 일에 엮이게 될 수 있으니 신중해야 한다.

습관이나 취미 생활도 마찬가지다. 자신과 전혀 어울리지 않는데도 유행을 따른다고 함부로 뛰어들었다가는 큰 낭패를 당할 수도 있으니 유의해야 한다.

주 체질에 이상이 생겨도 문제지만, 체질과 맞지 않는 환경에 어설프게 끼어들었다가 잘못되면 차라리 아무런 시도를 하지 않음만 못하다.

체질 개선

체질을 바꾸기는 어렵다. 체질은 장기와 밀접한 연관이 있다고 보는데, 태어나면서부터 형성된 장기를 다르게 바꾼다는 것은 어려운 일이기 때문이다. 또한 체질은 성격과 식습관, 운동, 직업, 재능에 이르기까지 거의 모든 생활 형태와 연관되어 있어 인위적으로 바꾸기는 쉽지 않다.

하다못해 가수가 한번 정한 자기 노래 스타일을 바꾸기도 얼마나 어려운지 모른다. 발라드 가수가 트로트로 전향하려면 엄청난 노력이 필요하다. 아무리 노력해도 흉내는 낼 수 있을지 모르나 완벽하게 변신하기는 어렵다. 성악 가수가 트로트를 하든, 민요 가수가 트로트를 하든 그 본래 목소리와 형태는 남아 있다.

마찬가지로 후천적인 노력으로 부 체질을 만들 수는 있을지 모르나 주 체질은 바뀌지 않는다는 것이다. 변화와 개선은 주 체질이 아니라 부 체질에 관한 것이다. 부 체질은 주 체질과는 달리 잠재되어 있다가 뒤늦게 나타나기도 한다. 어떤 자극이나 충격, 환경의 변화 등 여러 요인에 의해 부 체질이 발현된다. 부 체질은 누구나 가지고 있을 수 있지만 발현 여부는 다르다. 외골수로 사느냐 융통성 있게 사느냐는 자기 자신에게 달려 있다.

단일 체질만으로 사는 것은 잘하면 성공이지만 잘못하면 자기만의 세계에 갇혀서 외롭고 피곤한 삶을 살게 된다. 그에 비해 복합 체질을 가진 사람은 단일 체질에 비해 장점을 더 많이 지니기 때문에 보다 폭넓은 세계를 경험하며 지루하지 않은 삶을 살 가능성이 크다.

체질은 고정이 아닌 선택의 문제다

사상체질은 고정이 아닌 선택의 문제다. 체질은 타고나는 것이긴 하지만 하나로 단정할 만큼 그리 단순하지 않다. 체질 유형만 보더라도 단순 체질, 이중 체질, 복합 체질이 있듯이 매우 다양하고 복잡하다. 단순 체질이라도 그 특징은 단순하지 않다. 체질은 진단하기도 어렵지만 아무리 체질 진단을 잘해도 내 안의 나는 양파 껍질처럼 켜켜이 싸여 있어 평생을 들여도 자신의 특성을 모두 알아가기 벅차다.

게다가 체질에 따른 특성들은 어느 시기에 한꺼번에 몽땅 발현되는 것이 아니라 시간 차이를 두고 서서히, 혹은 어떤 특질은 평생 아예 나타나지 않을 수도 있어서 특정하기 어렵다. 사상체질이 체질을 네 가지로 나눈다고 해서 결코 단순하게 여겨서는 안 된다.

그리고 체질은 환경의 영향을 받는다. 우리는 타고난 체질과 상관없는 환경에서 살기도 하고, 체질과 맞는 환경에서 살기도 한다. 환경은 선택의 영역이지만 때로는 선택의 여지가 없이 어쩔 수 없을 때도 있다. 체질과 환경의 관계는 매우 중요하다. 체질과 맞지 않는 환경에 노출되면 특성이 무력화되는가 하면, 체질에 맞는 환경에 살면 상승 효과가 나타나기도 한다.

음식, 건강, 직업, 운동, 성격 등 모든 것이 마음대로 되지 않는 것이 문제다. 선택권은 있어도 그 선택권을 제대로 사용하기란 쉽지 않다. 어떤 것은 원하지 않아도 해야 하고, 어떤 것은 원해도 하지 못하는 경우가 있기 때문이다.

 그래도 어디까지나 체질은 고정이 아니라 선택의 영역임은 분명하다. 사람에게는 선택할 권한이 있다. 그 권한은 저마다 주어진 자유의지에 의해 결정된다. 어떤 것을 선택해서 살든 그것은 순전히 우리의 자유다. 할 수만 있다면 본인이 하고 싶은 일이나 관심이 가는 영역을 선택해서 해보면 좋을 것이다. 억지로, 마지못해, 타의에 의해 어쩔 수 없이 끌려다니는 것은 내 체질에 속한 영역이 아닐 수도 있기 때문이다.

 체질에 맞는 영역을 선택해서 사는 것은 행운이며, 그만큼 시간과 비용 낭비를 줄이는 방편이다. 사실 우리는 자신의 체질과는 전혀 상관없이 사는 경우가 허다하다. 환경이 그렇고 직업도 그렇고 사람과의 관계도 그렇다. 특히 오래도록 유교 문화에 젖어 있던 한국에서 살아온 사람은 더욱 그렇다. 특이한 경력과 뛰어난 재능으로 유명해진 사람들 중에 어릴 때부터 외국에서 자랐거나 외국에서 공부하고 외국 문화를 일찍 받아들인 사람들이 많은 것만 보더라도 환경이 얼마나 중요한지를 알게 한다.

 지금이라도 우리는 고정된 환경의 틀에서 벗어나야 한다. 고유의 문화일지라도 시대에 맞게 변화, 발전시키고 케케묵은 고정된 생각의 틀을 깨고 나와야 한다. 틀 안에 갇혀서는 엄청난 잠재력을 발휘할 수가 없다. 잠재된 재능과 특성을 깨우려면 열린 사고와 변화를 수용하는 자세가 필요하다.

 자신의 체질을 정확하게 알고 싶고, 내 안에 숨겨진 또 다른 나를 알고 싶다면 먼저 주변 환경부터 점검해보아야 한다. 현재 나는 어떤 환경에 속해 있는지, 혹시라도 그 환경이 나를 지배하고 있지는 않은지 확인할 필요가 있다. 나를 어떤 틀 안에 가두고 자신을 속박하고 있는 건 무엇인지 점검해보아야 한다. 사고의 틀, 행동의 틀, 환경의 틀이 나를 속박하고 있다면 그 고리를 끊어내야 한다. 혹여라도 나 자신을 스스로 속박하고 있지는 않은지 점검이 필요하다. 스스로 만든 틀 안에 갇혀 있다면 그것은 장차 불행의 씨앗이다.

체질과 환경

환경은 생명체가 살아가는 방편이요, 수단이자 양식이다. 지구상의 모든 생명체는 환경의 영향을 받는다. 차이가 있을 뿐, 환경의 지배를 받지 않는 생명체는 없다. 모든 생명체의 행동 양식은 환경에 따라 적응 또는 반응하는 태도를 취한다. 때에 따라 순응하기도 하지만 반항하기도 한다.

타고난 체질은 환경에 따라 발현되기도 하지만 어떤 것은 전혀 발현되지 못하기도 한다. 많은 사람이 안타깝게도 자신이 어떤 체질을 가지고 태어났는지 잘 알지 못해, 잠재된 가능성과 숨겨진 자질을 전혀 발현하지 못한 채로 살아간다. 자신의 체질을 충분히 알려면 다양한 환경을 접해봐야 한다. 환경에 따라 성장 속도와 크기가 달라지는 물고기 '코이'처럼 어떤 환경에 처하느냐에 따라 체질별 특성 발현 정도가 달라진다. 맹수인 사자도 동물원 안에 갇혀서 사육사가 던져주는 먹이만 먹고 지내면 야생 맹수의 습성을 잃어버리게 된다. 반대로 애완동물도 사람의 손을 떠나 야생으로 돌아가면 야생동물로 바뀐다. 동물이든 식물이든 환경에 따라 삶의 방식이 바뀐다. 환경은 수명에도 영향을 끼친다.

사람은 환경의 지배에서 벗어나 온전히 혼자서만 살아가기 쉽지 않다. 자연 속에서 살아가는 자연인조차도 주변 환경의 강한 지배를 받는다. 날씨와 질병, 생명 유지를 위한 의식주 등 스스로 해결할 수 없는 일들이 훨씬 더 많다.

또한 모든 환경에는 고유의 질서가 있다. 그 질서가 파괴되면 환경도 무너지고 파괴되며, 그와 연관된 생명체는 고통을 받거나 소멸한다. 따라서 어떤 환경이든 있는 그대로 받아들이고 환경의 질서를 무너트리지 않는 것이 중요하다. 작은 변화는 환경도 어느 정도는 허용하지만, 큰 변화는 환경 자체를 무너트리고 소멸시킬 수도 있다. 환경이란 자연 생태만이 아니라 인위적으로 만들어진 것도 망라한다. 집단, 문화, 생활양식 등 모든 것이 환경이다. 자연이 일으키는 환경 변화는 어쩔 수 없지만, 인위적으로 일으키는 환경 변화는 큰 문제를 불러온다.

체질은 변하는 것이 아니라 발현되는 것이다. 애초부터 타고나지 않은 것은 없다. 모든 것은 태어나는 순간 정해진다. 그 특징들은 인생의 방향과 운명을 결정하는 데 중요하게 작용한다. 자신이 어떤 존재인지, 어떤 사람인지, 어떤 체질인지를 알아가는 노력이 필요하다. 이 노력은 죽을 때까지 계속되어야 한다. 처한 환경에 따라 억제되거나 짓눌림을 당해 전혀 발현되지 못하거나, 주변 환경에 따라 감추어져 있던 체질에 잠재된 재능과 소질이 뒤늦게 발현되어 나타나기도 하기 때문이다. 어떤 사람을 만나느냐, 어떤 환경에 처하느냐, 어느 시대에 살고 있느냐, 어떤 가정에서 나고 자라느냐에 따라 크게 달라진다. 환경은 삶을 살아가는 배경이라고도 할 수 있는데, 일부는 유전적인 영향도 있겠지만 환경적인 영향도 전혀 무시할 수 없다.

환경이 좋지 않다고 해서 탓할 것만은 아니다. 주변 환경이 그다지 좋지 않다면 스스로 바꾸기 위해 노력하면 된다. 주변에 나쁜 친구나 나쁜 대인 관계와 같은 것들은 청산하거나 얼마든지 정리할 수 있다. 그런 연후에 좋은 사람, 좋은 대인 관계를 새로이 형성해나가면 된다. 주변 환경과 분위기도 스스로 품격을 높이려는 노력 여하에 따라 얼마든지 바뀔 수 있다. 불우한 가정환경도 마찬가지다. 보잘것없는 부모에게서 태어났다고 해도 내가 좋은 부모가 될 수는 있다. 과거는 바꿀 수 없지만, 미래는 바꿀 수 있다. 생각을 바꾸면 미래가 바뀐다.

천성은 바뀌지 않는다. 누군가 현재와 다른 삶을 살고 싶다면 환경을 바꿔야 한다. 내 안의 다른 나를 발견하고 싶다면 환경을 바꿔야 한다. 이제껏 살아온 삶과 다른 삶을 살고 싶다면 환경을 바꿔야 한다. 술을 끊으려면 술친구를 끊어야 한다. 담배를 끊으려면 담배를 피울 수 없는 곳으로 가야 한다. 마누라나 남편이 꼴 보기 싫다면 이혼하거나 각방을 쓰면 된다. 맹모삼천지교란 말도 있듯이 우리 자신을 바꾸고 내면의 다른 모습을 끄집어내려면 환경을 바꿔주어야 한다.

나 자신을 고치려 해서는 절대로 바뀌지 않는다. 작심삼일이란 말처럼, 자기 결심이나 각오는 결코 오래가지 못한다. 환경을 바꾸지 않으면 아무것도 바뀌지 않는다. 환경을 바꾸면 모든 것은 그에 맞추어 바뀐다.

누구에게나 사람은 환경에 적응하는 능력이 있다. 물론 어떤 환경은 자신에게 맞지 않을 수도 있다. 자신에게 맞는 환경을 찾는 것이 중요하다. 내가 어떤 환경에 처해 있는가에 따라 모든 것은 변한다. 변하고 싶은가? 그렇다면 환경을 바꾸라! 자신에게 맞는 환경을 찾을 때까지 두려워 말고 부단히 움직여라. 가만히 있으면 아무 일도 일어나지 않는다. 자신이 가진 능력의 최대치를 보고 싶다면 환경 변화에 도전해보라. 내 삶이 무미건조하거나 무기력하다면 좋지 않은 환경의 지배를 받고 있다는 증거다.

타인을 바꿀 순 없다. 내가 자신을 바꾸지도 못하는데 어떻게 타인을 바꿀 수 있겠는가. 타인이 나를 힘들게 한다면 그 사람에게서 멀리 벗어나는 게 상책이다. 그 사람이 바뀌기를 기다리는 건 시간만 낭비할 뿐이다. 벗어나지 못한다면 잠시라도 떨어져 있으면 된다. 부모와 자식 빼고 모든 것은 다 바꿀 수 있다. 바꿀 수 없는 건 받아들이고 인정할 수밖에 없다. 이미 타고난 어떤 환경들은 바뀌지도 않고 바꿀 수도 없기 때문이다.

형편을 바꾸는 방법에는 여러 가지가 있다. 전체를 바꾸기 어렵다면 작은 변화를 주면 된다. 여행도 그중에 하나다. 무료한 일상에서 벗어나고 싶다면 여행을 가면 된다. 잠시라도 익숙한 환경에서 벗어나 새로운 환경을 맛보면 분위기가 전환된다. 새롭고 낯선 곳에서 먹어보지 않은 음식을 맛보면 어느새 기분전환이 되고 뭔가 마음과 정신이 움직이는 걸 알게 된다.

늘 만나는 사람이 지겹게 느껴진다면, 새로운 사람들을 만나고 어울려 보라. 한 사람에게만 의지하고 매달려 사는 것은 반드시 좋은 일이라고 보기 어렵다. 세상에는 수많은 사람이 있다. 그중에서 나와 맞는 사람은 얼마든지 있다. 다만 서로 만남을 갖지 못했을 뿐이다. 사람과 어울려 잘 지내고 싶다면 굳이 과거의 만남에만 집착하지 말고, 좋은 사람을 만날 때까지 주저하거나 두려워하지 말고 손을 내밀어보라. 뜻밖의 귀인을 만날지 누가 아는가. 새로운 만남을 통해 인생이 바뀔 수도 있다. 새로운 인연을 만들려면 닫힌 마음을 여는 게 먼저다. 좋지 않은 기억과 과거의 나쁜 충격에 사로잡혀서는 한 치도 앞으로 나가기가 어렵다. 지나간 것은 지나간 대로 두고 새로운 미래를 위해 마음의 문을 열어야 한다. 자신을 변화시키는 데 있어 가장 큰 요소는 환경이며 그 가운데 하나는 바로 사람이다. 사람을 두렵고 무섭고 나를 힘들게 하는 존재로만 여겨서는 변화를 만들지 못한다. 물론 경험상 나를 가장 힘들게 하는 것도 사람이었지만, 또한 가장 큰 행복도 사람을 통해 일어난다. 단, 의존이 아니라 주도적으로 맞아들이는 자세가 필요하다. 끌려다니거나 이용하려 들지 말고 스스로 다가가는 것이 중요하다.

체질과 적성

'기회가 주어진다면 일단 들어가고 봐라. 누구나 그 자리에 가면 다 할 수 있다.' 직업을 선택할 때 흔히들 하는 얘기다. 그런데 과연 그럴까? 어렵게 공무원 시험에 합격했다고 자랑한 게 엊그제 같은데 신임 교육받고 근무지에 배치되자마자 채 일 년도 못 되어 직장을 그만두는 사람들이 늘고 있는 건 왜일까?

여러 이유가 있겠지만 대부분 적성에 맞지 않아 그만두는 경우가 적지 않다. 적성에 맞지 않다는 게 무슨 말일까? 그건 곧 체질에 맞지 않다는 말과 같다. 대우가 좋고 나쁘고, 일이 힘들고 덜 힘든 그런 것보다 더 자신을 힘들게 하는 건 체질적으로 맞지 않다고 느끼는 데 있다. 마치 어울리지 않은 옷을 입은 것처럼 불편하고 어색하고 아무리 적응하려고 해도 도저히 적응되지 않는 그런 경우다.

적성과 체질은 같은 맥락이다. 직업 선택에서 가장 중요한 건 급여나 대우가 아니라 내 적성(체질)에 맞느냐 그렇지 않느냐이다. 내 적성을 잘 알지 못하고 아무렇게나 직업을 선택하면 실패할 소지가 크다. 직업뿐 아니라 무엇을 하든 적성(체질)을 고려하는 건 매우 중요하다. 적성에는 능력보다 취향(성향)에 관한 부분이 더 크게 작용한다. 그러므로 직업 선택에 앞서 자기 체질을 아는 게 매우 중요하다.

체질과 외모

아이들을 보면 자주 하는 말 가운데, "그놈 장군감일세", "그놈 참 똘똘하게도 생겼네"라는 표현이 있다. 생김새를 보고 떠오르는 직감을 말로 표현하는 것인데, 과연 생김새와 체질은 어떤 관련이 있는 걸까? 확실하다고 장담할 수는 없지만, 어느 정도 타당성은 있다고 본다. 타고난 골격과 생김새는 성장 과정에서 어느 정도는 변하기도 하지만, 대개는 커서도 어릴 적 형태를 유지한 채 살아가는 경우가 많다. 체질과 마찬가지로 골격이나 생김새도 웬만해서는 잘 바뀌지 않는다는 뜻이다.

공교롭게도 우리는 직업과 외모를 쉽게 연결 짓는다. 직업 군인들을 보면 얼굴 형태가 비슷한 경우가 많다. 연예인, 교사, 목사, 스님과 같은 직업군에서도 유사한 특징을 자주 보게 된다. 애초부터 타고나서 그런 것인지, 아니면 직업이 그렇게 만든 것인지는 알 수 없으나 어쨌거나 어느 정도는 연관이 있음을 부인하기 어렵다.

과학적이지는 않다고 해도 외관상 전혀 무시할 수 없는 현상들은 우리 주위에 얼마든지 있다. 체질과 외모의 관계도 그렇다. 과학적이지는 않아도 전혀 관련이 없다고 잘라서 말하기도 어려운 영역임에는 분명하다. 실제로 관상학이란 분야가 있는 것을 보면 일면 수긍이 간다. 체질 분석에 있어 관상학도 상당 부분은 참고할 만하다.

물론 나이에 따라 외모는 변한다. 변하는 외모에 따라 관상도 바뀌듯이, 체질도 나이가 들면서 이제까지는 전혀 보이지 않던 면들이 엉뚱하게 나타날 수도 있다.

  이제마 프로젝트에서도 체질을 구분하는 방법으로서 외형을 분석한 자료를 활용하려 했었다는 것만 보더라도 체질과 외형은 어느 정도 관련이 있어 보인다. 서양에서도 범죄학을 다룰 때 외형과 신체 특징 등으로 연구한 적이 있었다. 범죄자와 일반인들의 외형을 비교, 분석하여 각자 어떤 특징이 있는지를 알아보고자 했다. 하지만 외형을 평가 도구로 삼는다는 건 주홍글씨처럼 낙인찍기로 또 다른 문제를 일으킬 소지가 있으므로 신중하게 접근할 필요성이 있다. 이는 그저 체질을 분류하는 보충 자료 정도로만 사용하면 족할 것이다.

제2장

사상체질론

연구의 목적

누구도 완벽한 체질을 가지고 태어나는 사람은 없다. 어쩌다가 한두 명 있을지 모르나 그렇다고 해도 꼼꼼히 따져보면 그 역시 어딘가 허점은 있다. 우리는 부족하고 완벽하지 못하기 때문에 서로 돕고 살아야 하는 존재다. 혼자서 산에 들어가 자연인으로 산다고 해도 100% 자급자족하며 살진 못한다. 제아무리 능력이 뛰어난 사람도 혼자서 모든 것을 해낼 순 없다. 전지전능한 신도 실수할 때가 있다. 하물며 어찌 인간이 완벽할 수 있으랴. 그것을 입증하는 것이 바로 체질이다. 완전한 사람이 없다는 것은 체질상 완벽한 사람은 없다는 말과 같다. 모든 것은 체질이 결정한다. 타고난 모양, 생김새, 장기의 강약, 성품 등 우리가 쉽게 바꿀 수 없는 것들로 가득하다.

'사람은 고쳐 쓰는 게 아니다', '제 버릇 개 못 준다', '세 살 버릇 여든까지 간다'와 같은 속담만 보더라도 사람은 잘 변화하기 어려운 존재다. 타고난 천성이나, 한번 굳어진 생각이나 습관은 좀처럼 바꾸기가 쉽지 않다.

일반적으로 어떤 사람이나 사물과 상황에 대해 나름대로 판단을 내려 자신만의 관점을 확립한 뒤에는 그것을 뒤집는 근거가 나와도 이를 잘 받아들이려 하지 않는다. 내 관점을 바꾸기보다 오히려 반대 근거가 잘못된 것이라고 반박하며 자기 확신을 더욱 공고히 하려 든다.

사람을 고치려면 개인별로 특성에 맞는 맞춤형 교육 프로그램을 개발하고 장시간에 걸쳐 노력과 정성을 들여야만 하는데, 그러기엔 자원과 시간이 너무 많이 소모된다. 또한 그렇게 해서 어느 정도 갱생했다 하더라도 또다시 과거 습관과 행동이 나타나면 그동안의 노력과 수고는 하루아침에 물거품이 되고 만다. 변절자는 또 변절하기 쉬운 것과 같다.

이미 지나간 것은 돌이킬 수도 없고 바꿀 수도 없다. 지나고 나서 후회하고 뒤늦게 깨달으면 무슨 소용이 있는가. 그러므로 무언가 변화를 원한다면 좀 더 일찍 서둘러야 한다. 사상체질을 알아야 하는 이유는 더 늦기 전에 잘못된 상황을 사전에 막기 위함이다. 이미 엎질러진 물은 주워 담을 수 없듯이, 지나가버린 시간은 되돌릴 수 없다. 일이 잘못되기 전에 미처 몰라서 겪는 수많은 오류를 바로잡고 불행과 실패를 최소화하려면 사전 준비와 대비가 필요하다.

취학, 취직, 결혼, 출산 등 모든 삶의 분야에서 사전 교육이 이루어져야 한다. 아무런 대비나 최소한 지식도 없이 상황에 맞닥뜨리면 헤쳐나가기가 쉽지 않다. 그런데 실상 우리는 이런 기본적인 교육을 너무도 소홀히 여겼다. 내가 하고 싶은 공부보다는 부모님이 강제로 시키는 공부를 해야 했고, 나에게 어울리는 직업보다는 주위 눈치를 보며 세상 풍조를 따라가는 직업 선택, 내가 좋아하는 상대보다는 나의 지위와 조건에 맞는 상대를 만나서 결혼하고, 결혼 생활을 어떻게 해야 하는지 배우지도 못한 채 부부가 되고, 아이를 어떻게 키워야 하는지 한 번의 교육조차 받지 못한 채 아이를 낳아 부모가 되었다.

남을 이기려고만 했지, 함께 어울려 살아가는 법을 배우지 못했다. 무한 경쟁 사회에서 살아남으려면 상대를 짓밟고 올라가야만 산다고 배웠다. 남을 이해하거나 배려하는 마음보다는 자기 위주로 살고, 남이야 피해를 보든 말든 나만 편하면 되고, 남이야 죽든 말든 나만 잘살면 그만이라는 생각, 나 외에 다른 사람은 함께 어울려 살아가는 사람이 아니라 싸워서 이겨야 할 적이라는 생각으로 살았다. 그 결과는 어떠했던가? 일등만능주의는 모두가 행복하게 사는 세상이 아니라 일등만 살아남고 일등이 모든 부와 지위를 독차지하는 승자독식의 사회, 자본 만능주의는 일부 사람이나 특정한 기업으로만 부가 축적되는 쏠림 현상으로 한쪽에선 돈이 남아돌고 반대쪽에선 굶어 죽는 불균형 사회, 빈부격차는 점점 더 벌어져 부자는 더 부자가 되고 가난한 사람은 더 가난해지는 사회로 전락시키지 않았던가.

다수가 어렵고 굶어 죽어도 동정이나 도움을 주지 않는 사회, 남이 잘 못된 건 그 사람이 게으르거나 못나서 그런 것이고 내가 잘된 건 내가 잘나고 부지런해서 그런 것이란 논리, 서로 협력이나 조화를 이루기보다는 나와 생각이 다른 사람은 모두 적이며 말살 대상이고, 내 편이 아닌 사람에게는 절대로 도움을 주어서는 안 되며, 약한 사람은 무시하거나 짓밟아 도태시키고, 나보다 센 사람은 어떻게든 약점 잡아 대가를 치르게 만들고, 나보다 잘나가는 사람은 사돈의 팔촌에 젖 먹던 때부터 탈탈 털어서 떼로 달려들어 물어뜯어 죽이고, 내가 아무리 재산이 많아도 죽을 때까지 꼭 움켜쥐고 있다가 죽어야 한다는 사고가 아무렇지도 않게 당연시되는 사회에서 우리는 살고 있다. 이런 사회가 과연 건강한 사회일까? 이런 사회에서 살면서 우리는 과연 행복하다고 할 수 있을까? 계속 이렇게 살아간다면 앞으로 또 어떤 시대가 펼쳐질까?

지금이라도 깨우침이 필요하다. 늦은 감은 있지만 다시 시작해야 한다. 누군가는 다시금 가장 기초적인 삶의 행동 원리를 가르치고 깨우쳐주어야 한다. 후대에라도 모두가 행복한 세상에서 살기를 바란다면 남은 삶을 올바른 교육에 힘써야 한다. 세상이 더 망가지기를 바라지 않는다면 함께 노력해야 한다. 무엇보다 인성을 형성하는 인문학 교육이 필요하다. 대가족 사회에선 웃어른들로부터 많은 것을 배웠다. 학교에서 배우지 않아도 가정교육을 통해 질서나 윤리, 도덕을 배웠다. 그러나 지금은 불필요하다고 스스로 내팽개친 이유도 있지만 요즘 같은 핵가족 사회에선 그런 교육 자체가 어렵게 되었다.

우리는 모르는 것들을 알려고 애써야 한다. 자신을 변화시키고 다스릴 수 있는 건 자신밖에 없다. 고집과 아집, 편견에서 벗어나려면 외부 자극이 필요하다. 그 자극은 교육이나 학습, 모든 지식과 경험을 통해 생긴다. 잘못된 것을 고치고 변화하려면 외부 자극을 통해 스스로 깨달아야 한다. 이치를 제대로 깨우쳤을 때 비로소 사람은 바뀔 수 있다.

자신도 고치지 못하면서 남을 고친다는 건 어불성설이다. 자신을 먼저 아는 일이 중요하다. 내가 누군지도 모르면서 살아간다는 건 대단히 위험하고 불행하다. 어디서 왔으며 어디로 가고 있는지, 삶에 대한 통찰과 고뇌가 필요하다. 나도 모르는 내 안의 나를 찾아가는 과정, 나의 가능성과 재능, 성격, 장단점 등 진정한 내 모습 찾기, 나는 어떤 존재이며 어떤 사람인지를 늘 고민하고 진단하며 나를 되살리는 과정이 선행되어야 한다.

이 물음은 수많은 사람이 가졌던 고민이며, 그 해답을 찾으려고 수많은 시간을 써온 결과 수천 년 인류 역사 속에서 무수한 해답들이 쏟아져 나왔다. 시대에 따라 버려진 것도 있고, 실패한 것도 있으며, 지금까지 유용하게 쓰이는 지식도 있다. 무엇이든 버릴 건 없다. 단점이 있다면 보완하면 된다. 사람도 마찬가지다. 누구나 완벽할 순 없다. 다 똑같이 실수도 한다. 백이면 백 사람이 모두 다르다. 부족한 건 채우고 과한 건 다듬고 잘하는 건 발전시켜나가면 된다.

나를 알아가는 과정에서 사상체질론은 분명 유용한 방편이 될 수 있다. 물론 다른 방법과 방편들도 많이 있다. 유전자 분석, 토정비결, 타로카드, MBTI, 애니어그램, 관상, 교류 분석 등 필요하다면 다른 방편들을 사용하고 적용해보기 바란다. 그 가운데 사상체질론도 한번 적용해보길 권유한다. 다른 방편들보다 훨씬 이해도 빠르고 현장 적용도 쉽고 간단하며 정확도도 높기 때문이다. 사상체질론은 의학과 심리학, 경영학, 조직관리, 예체능 등 다양한 분야에서 실전 활용되고 있으며 앞으로 무궁무진한 발전 가능성이 있다.

사상체질론이 음양화평지인을 추구하듯 우리 삶도 서로 조화와 화평을 도모해야 한다. 그것은 서로 손해 보는 게 아니다. 자기 자신만 내세우고 내 고집대로만 사는 삶이 전부는 아니다. 자기밖에 모르는 사람들로 인해 세상살이는 더 피곤하고 힘들다. 나는 나밖에 모르고 너는 너밖에 모른 채 살아간다면 끝없는 평행선처럼 조화와는 거리가 멀어진다. 조화와 협력은 삶의 질을 증진시킨다. 조화보다 중요한 건 없다. 조화 속에는 창조력이 있으며, 조화를 통해 무한한 가능성의 문이 열린다. 분쟁은 파괴력이 있어 멸망과 파멸의 문으로 달려가게 한다. 적자생존과 약육강식은 그렇지 않아도 힘든 삶을 더욱 힘들게 한다. 조화를 통해 공존과 화평을 이루고 공동 번영하는 것이야말로 삶을 행복하고 평안하게 만드는 방도다.

사상체질을 연구하려는 목적은 서로를 구분 짓기 위함이 아니다. 서로를 구분해 나누기 위함이 아니다. 나눔은 곧 또 다른 차별로 이어질 수 있다. 차별이 아니라 다름을 말하고자 함이다. 똑같은 물도 뱀이 마시면 독을 만들어내듯이 사상체질론을 잘못 이해하여 사람을 구별하여 우월을 가리는 도구로 사용한다면 정말 무서운 일이 일어날 수도 있다. 사상체질론은 우열을 가리고자 함이 아니다. 어떤 것은 좋고 어떤 것은 나쁘다는 구별을 지어 한쪽을 무너트리고자 함이 아니다. 유전학 우열론이 2차 대전을 통해 인종 말살로 이어졌듯이 사상체질도 자칫 오해하면 무시무시한 결과를 가져올 수도 있다.

사상체질론은 단점과 부족함에 대한 변명이나 자기합리화 또는 어떤 구실을 삼기 위함이 아니다. 사람마다 서로 다른 성질과 특징들을 이해하고 서로 다름을 인정하려는 것에 의도를 가지며, 궁극적으로는 체질별 장단점과 차이를 서로 보완하고 한쪽으로 치우치는 것을 조절하여 성숙하고 균형 잡힌 상태를 이룸으로써 조화롭고 평화로운 세상을 만들어가고자 하는 데 그 목적이 있다. 이해와 인정을 통해 협력하고 서로 화합함으로써 보다 향상된 삶을 추구하며 모두가 행복한 삶을 도모하기 위함이다. 서로 다름을 인정하는 것이야말로 조화와 화평으로 나아가는 지름길이다.

비판이나 편 가름이 아닌 차별 없는 세상, 남의 영역을 침범하지 않으며 빼앗지도 괴롭히지도 않는 세상, 도와주지는 못할망정 쪽박은 깨지 않는 세상을 만들고, 누구나 저마다 타고난 소질과 능력을 맘껏 발휘하여 인간다운 삶을 영위하게 하기 위함이다.

부부, 부모 자녀, 직장 동료, 상사, 친구, 단체 모임 등 여러 형태의 인간관계에서 상호 존중과 이해를 통해 의사소통의 원활을 기하고 무너진 인간관계를 회복하기 위함이다.

사상체질에 대한 오해

사상체질은 사람마다 각자 타고나는 체질이 있는데 이는 죽을 때까지 변하지 않는다는 것을 전제로 한다. 그러나 본인이 가지고 태어난 체질이 고정되었다 해도 지킬 건 지켜야 한다. 체질 연구의 목적은 서로를 이해하고 다름을 인정하는 방편일 뿐, 그걸 이용하여 제멋대로 살며 조화를 깨트리고 갈등을 일으키며 분열을 조장하는 것을 용납함이 아니다. 오히려 조화와 균형을 통해 화평지인에 이르는 것을 목표로 삼고자 함이다. 장점을 살리고 단점을 보완하여 중용에 이르고자 함이다. 나의 노력에 곁들여 주변 사람들의 도움까지도 필요하다면 구해야 한다. 혼자서 모든 것을 소화해낼 수 있다면 가장 좋겠지만 그런 체질을 가진 사람은 없다.

한편 모든 사람이 똑같은 한 가지 체질만 가지고 산다면 그 세상은 다양성을 기반으로 한 발전은 기대하기 어렵다. 다양한 체질을 가진 사람들이 모여서 서로 보완하고 도와준다면 세상은 더 조화롭고 이로운 결과물을 만들어낼 것이다. 아무리 강하고 독선적인 사람도 모든 사람을 다 아우르지는 못한다. 나와 다른 체질을 가진 사람이 도와 중간 역할을 해주지 않는다면 오히려 일을 그르치고 체면이 깎일 수도 있다.

체질은 홀로 살아가기 위해서가 아니라 상호 보완과 협력을 통한 공생과 공존을 위해 그 존재감이 드러나야 한다. 한 가지 체질보다 이중 체질, 복합 체질을 지닌 사람은 훨씬 더 조화로운 삶을 영위할 수 있다. 속에 감추어진 여러 체질의 다양한 장점을 계발하여 적용한다면 분명 더 활기차고 스트레스를 덜 받는 삶을 영위할 수 있을 것이다. 자신뿐만 아니라 타인을 돕고 중재하거나 조율하는 일에도 도움을 줄 수 있다. 다양한 소질들을 찾아내고 계발, 증진하여 자기 삶의 질을 높여가는 것이 매우 중요하다.

이제마와 체질론

1837년 함흥에서 출생하였고 어려서부터 무예에 뛰어나 무과에 급제하였고 고원군수를 지냈다. 그는 다리가 무력해지는 병과 음식을 잘 먹지 못하고 자주 토하는 병으로 오래 고생하였는데, 이 병을 고치기 위해 여러 곳을 돌아다니며 치료법을 찾다가 의학을 공부하게 되었다. 수년간 의서들을 두루 섭렵하면서 사람마다 각자 체질이 다르고 체질에 따라 병과 약이 차이가 있음을 깨닫고 이를 체계화하여 사상의학 이론을 제시하였다.

그는 체질을 신체 기관에 대입하여 태양인은 폐가 강하고 간은 약하며, 태음인은 간이 강하고 폐가 약하며, 소양인은 비장이 강하고 신장은 약하며, 소음인은 신장은 강하나 비장은 약하다고 했다. 사람은 타고난 체질에 따라 오장육부에 허와 실이 생겨 질병도 따라오는데, 같은 질병이라 하더라도 체질에 맞는 처방과 치료법을 달리해야 한다고 주장하였다.

학자들이 여러 가지 장벽과 윤리적 문제에도 불구하고 유전자에 관한 연구를 멈추지 않듯이, 체질 분석 연구도 복잡하고 접근이 어렵다고 하여 등한시할 일은 아니며, 어떤 방식으로든 자신의 체질에 대해 좀 더 명확하게 아는 노력은 평생 계속하여야 한다. 그 이유는, 건강한 상태를 유지한다는 건 결국 균형 잡힌 최상의 체질 상태를 유지하는 것과 마찬가지이기 때문이다.

현대 과학 문명이 아무리 발달했다고 해도 우리는 여러 가지 이유로 그

혜택을 모두 누리고 살지는 못한다. 과학 문명이 인간에게 이로운 건 사실이나, 전적으로 그에 의존해 살아가는 것도 불가능하다는 얘기다. 그렇다면 그 공백은 무엇으로 메우며 어떤 걸로 채울 수 있을까? 비과학도 무시하고 업신여길 수 없는 이유가 바로 여기에 있다. 우주로 여행하는 현실에도 여전히 주술과 미신은 횡행하고 있다.

의술도 마찬가지다. 서양 의술만이 의술이고 동양 의술은 의술이 아니라고 평가절하할 수는 없다. 양약만이 병을 고치는 게 아니라 한약도 얼마든지 병을 고친다. 양약이든 한약이든 질병 치유 효과가 있는 건 분명하다.

유전자공학과 체질론도 마찬가지다. 둘 다 무시할 수 없다. 확실하지는 않아도 그 존재성만큼은 부정할 수 없다. 어느 쪽이든 완성된 학문이나 완전한 지식은 없다. 증명되지 않았다고 비 지식이 아니다. 증명된 과학도 막상 실행 단계에서는 얼마든지 예상치 못한 오류가 일어난다.

이제마가 『동의수세보원』을 지을 때 가난하고 약한 백성들을 염두에 두었듯이, 그런 면에서 사상체질론을 우리 삶에 유용한 인문학의 한 조각이라고 여긴다고 해서 비난할 일은 아니라고 본다.

동의수세보원

『동의수세보원』은 조선 후기부터 대한제국까지 생존한 의학자 이제마 (1837~1900)가 사상의학에 관한 이론과 치료법을 정리하여 저술한 의서다. 1893년 7월 13일부터 집필을 시작하여 그 이듬해인 1894년 4월 13일에 필사로 만들었으나 그 원본은 전해지지 않는다. 1895년 질병으로 고향인 함흥으로 가 1900년까지 5년간 성명론부터 태음인까지 증책 개조했는데, 이를 신본(新本) 또는 경자본(庚子本)이라 하나 이 또한 필사본으로 현존하진 않는다. 이제마가 작고한 이듬해인 1901년 6월에 그의 문도들에 의해 구본인 갑오본과 신본인 경자본을 합본하여 함흥에서 4권 2책의 목활자본으로 간행되었다.

『동의수세보원』에서 '동의'란 중국 의술가와 구별하기 위한 것이며, '수세'는 온 세상 인류의 수명을 늘리는 것을 뜻하고, '보원'은 하나인 근원을 보전한다는 만수(萬殊) 일원의 도를 뜻한다. 요약하면, 근원 보전으로 수명을 늘리는 조선 의학이라 할 수 있다. 이제마는 주역의 원리에 따라 인간을 하나의 우주로 인식하여 감정과 장기 성질을 연동하여 풀어나감으로써 독창적인 의학을 만들었다. 사람의 체질을 태양인·태음인·소양인·소음인의 네 가지로 나누고, 원리·생리·병리·체질 감별과 진단은 물론 체질별 약 치료와 처방 등을 만들어 새로운 의학 분야를 개척하였다. 『동의수세보원』은 의학적인 면뿐만 아니라, 각자 체질에 따른 양생과 몸가짐은 물론 마음가짐도 강조함으로써 유학자의 독창적인 성찰을 담고 있어 유학 교과서로도 그 가치를 지닌 매우 귀중한 자료라고 할 수 있다.

책의 구성을 살펴보면 성명론, 사단론, 확충론, 장부론, 의원론, 소음인 병증약리론, 소양인 병증약리론, 태음인 병증약리론, 태양인 병증약리론, 광제설, 사상인 병증론 등 11장으로 구성되어 있으며 후세에 한두정이 7판본을 출간하며 본문에 빠진 처방을 부록으로 모아 「보유방」을 실었으며 그 안에는 체질별로 좋은 음식을 소개한 「식물류」도 포함되어 있다. 책의 주요 내용을 간추려보면 다음과 같다.

제1장 성명론에서는 의(意)·려(慮)·조(操)·지(志)로 사상인을 정의하고 있는데, 의는 창의성을 뜻하고, 려는 배려심, 조는 조심성, 지는 투지로 대차된다. 태양인은 의강이조약(意强而操弱)인데, 창의적이나 과하면 과대망상이 되기 쉬우며 조심성이 없고 생각이 곧바로 행동으로 튀어나오므로 숙고하고 반추하는 과정이 희박하다고 했다. 소양인은 여강이지약(慮强而志弱)인데, 사려가 깊으며 마음 씀이 세심하고 남의 걱정을 많이 하며 잘 챙긴다. 반면 의지가 약하여 끝까지 마무리하는 힘이 부족하다. 태음인은 조강이의약(操强而意弱)인데, 조심성이 많으나 과하면 지나치게 겁을 내고 소극적이 될 수도 있다. 창의력이 부족하며 새로운 건 잘 하지 않는 편이다. 소음인은 지강이여약(志强而慮弱)인데, 의지가 강하며 한번 결심하면 잘 바꾸지 않는다. 과하면 외골수가 되고 고리타분해지기 쉬우며, 배려심이 적은 편이라고 했다.

제2장 사단론에서는 사상인을 장기의 네 가지 원리에 대입하였는데, 장리(臟理)는 오직 네 가지로 구분되며 타고나는 것으로 유형은 평생 변하지 않는다고 하였다. 폐가 크고 간이 작은 사람은 태양인(폐대간소), 간이

크고 폐가 작은 사람은 태음인(간대폐소), 비가 크고 신이 작은 사람은 소양인(비대신소), 신이 크고 비가 작은 사람을 소음인(신대비소)이라고 했다. 이 네 가지 장리는 사상인 형성의 의학적 원리이기도 하며, 장리와 생명은 하늘에 달려 있지만, 그 수명과 생명을 지키는 일은 사람에게 달려 있다고 보았다. 한편 인간은 한계를 품고 태어나므로 장국(臟局)으로 수준이나 등급을 논하거나 우열을 가리는 것은 심히 경계하였다. 재능도 마찬가지로 성인이나 일반인 모두 전혀 우열이 없으며, 인간에게는 무궁무진한 몸의 능력이 잠재해 있으므로 서로에게서 배울 점이 있다고 하였다.

장리를 형성하는 내적인 원인으로는 희로애락을 들고 있는데, 생로병사가 희로애락에 달려 있다고 보아 장리보다 성정을 더 근원적인 부분으로 인식하였다. 태음인과 소음인은 자신이 좋아하는 일은 반드시 해야만 직성이 풀리며 좋아하는 일을 하지 못하게 하면 힘들어하며 속으로 끙끙 앓다가 사고를 치게 되니 좋아하는 일은 꼭 하게 해주어야 본인도 살고 주변도 편하다. 태양인과 소양인은 좋아하는 일을 못 하게 하면 어느 정도 참지만 싫어하는 일을 하게 하면 성질을 내며 참지 못하고 어쩔 줄 몰라 한다. 태양인에게는 천만인이 감동할 만한 노정이 있고, 태음인에게는 천만인이 감동할 만한 낙정이 있으며, 소양인에게는 천만인이 감동할 만한 애정이 있으며, 소음인에게는 천만인이 감동할 만한 희정이 있는데, 희로애락을 통해 천만인을 들었다 놨다 할 수 있다. 어떤 이의 분노는 세상을 뒤집어놓을 수도 있고, 어떤 이의 탁월한 희극은 세상을 웃음 짓게 할 수도 있으며, 누군가의 슬픔은 세상을 울리고, 누군가의 즐거움으로 세상을 행복하게 만들 수도 있다. 희로애락으로 세상을 움직일 수 있다. 세상을 움직이는 모든 것은 희로애락에 달려 있다. 감정을 다스리지 못하면 문제가 생긴다. 인간사는 시비가 문제가 아니라 감정이 모든 논리에 앞선다. 감정은 자연스러운 표출이 필요하다. 억지로 내는 감정은 자신을 상하게 한다. 진정으로 우러나오는 희로애락이라야 나를 살리고 남에게도 도움이 된다.

제3장 확충론에서는 성명과 사단을 동시에 확충하고 있는데, 사단론에서 다룬 희로애락의 감정을 더욱 상세히 설명한다. 태양인의 애성은 사람들이 서로 속고 속이는 걸 보면서 슬퍼하는 것이며, 노정은 다른 사람이 나를 깔보는 걸 화내는 것이라 한다. 태음인의 희성은 사람들이 서로 돕는 것을 기뻐하는 것이며, 낙정은 다른 사람이 나를 보호하는 걸 기뻐하는 것이다. 소양인의 노성은 사람들이 서로 깔보는 걸 보면서 화를 내는 것이며, 애성은 다른 사람이 나를 속이는 걸 슬퍼하는 것이다. 소음인의 낙성은 사람들이 서로 보호하는 걸 즐거워하는 것이며, 희정은 다른 사람이 나를 돕는 걸 기뻐하는 것이다. 언뜻 보면 헷갈리기 쉬운 말 같지만, 곰곰이 곱씹으면 이해가 된다.

인간의 활동은 네 가지로 구분하는데, 첫째 머묾(居處), 둘째 모임(黨與), 셋째 만남(交友), 넷째 일함(事務)이다. 교우는 노정으로 다스리며, 당여는 희정으로, 사무는 애정으로, 거처는 낙정으로 다스린다고 하였다. 태양인은 교우에서 압도적이며 좌중을 휘어잡고 무리를 이끈다. 하지만 희정이 약하므로 당여에는 경솔하여 노정으로 다스린다면 실패할 확률이 높다. 태음인은 거처에 강하여 거처를 안정시킨다. 하지만 낙정을 사무에서 발휘하면 일을 그르치고 외면당하기 쉽다. 소양인은 타고난 애정으로 사무를 세심하게 잘 챙기며 살핀다. 하지만 가정에서 애정이 과하면 화목을 해친다. 소음인은 풍부한 희정을 타고나는데 당여를 우아하게 세우고 또한 당여에서 도움을 받는다. 하지만 교우에서 희정을 발하면 신뢰를 잃는다.

태소음양인의 성기(性氣)는 저마다 타고난 재능이 있음을 말한다. 태양인은 막힘이 없고 대중을 선동하는 흡인력이 있으며, 태양인의 애성은 무조건 앞으로 나아가려 하며 물러섬이 없다. 그러므로 감당할 만한 재능이 없으면 나아가선 안 된다. 태양인은 착한지 못된지를 보면 안다. 태음인은 항상 반듯하며 타인을 타이르는 특기가 있으며, 태음인의 희성은 시끄러운 걸 싫어하며 항상 평정을 원하여 고요한 것을 좋아한다. 그러나 지혜가 부족하다면 가만히 있어서는 안 되며 차라리 움직이는 게 낫다. 태음인은 부지런한지 게으른지를 보면 안다. 소양인의 노성은 가만히 있지 않고 일을 자꾸 벌이며 안 해도 될 일을 자꾸 만든다. 그러므로 먼저 자신의 힘에 견주어보아야 한다. 소양인은 똑똑한지 어리석은지를 보면 안다. 소음인의 낙성은 한곳에 머물러 있으려고만 하고 앞으로 나아가려 하지 않는다. 그러나 지략이 일천하다면 머물러 있으면 안 된다. 소음인은 일을 잘해낼지 못해낼지를 보면 안다. 사상인의 성기는 자기 능력을 돌아보고 타고난 대로 하되, 반드시 반성의 과정을 거친 후 발휘되어야 한다. 하지만 정기는 선을 넘지만 않는다면 반대로도 가보라고 권한다.

태양인은 희정이 부족하기 때문에 당여에는 경솔하여 친숙한 사람에게서 곤경을 당한다. 그러므로 생소한 사람보다는 항상 가까운 사람을 잘 챙기는 습관을 길러야 한다. 태음인은 가정의 안정을 중시하여 안에서 만족을 찾는다. 하지만 애심이 부족해 밖에서는 무시당하기 쉽다. 소양인은 바깥일만 중시하고 집안일을 경시하기 쉬우니 거처를 평안하게 하려면 집안일도 돌볼 줄 알아야 한다. 소음인은 계획을 잘 세우며 꼼꼼하게 짠다. 하지만 노심이 부족하여 교우에게 만만히 보여 무시당하기 쉽다. 그러나 이 모두는 반드시 그런 건 아니며, 어떤 경우는 정반대로 나타나기도 하므로 오인하지 말고 상대적으로 평가되어야 함을 강조한다. 때로는 약점이 자신을 성장시키는 계기가 되기도 한다.

제4장 장부론은 의학의 핵심이자 유학과 의학을 잇는 교량과도 같은 것이다. 장부론에서는 인체의 장부(腸部)를 상하로 사분하고 전후로 이분하였다. 그는 기존 의학의 오장육부론을 따르지 않고 새로운 4장 4부론을 펼쳤다. 건강의 문제는 해부학으로 해결할 수 없으며 장부의 기능에 달려 있다고 보았으며, 유학과 의학을 구분하지 않고 도덕적 의학론을 구성하고자 했다.

제5장 의원론에서는 동아시아 의학사를 다루는데, 탁월한 안목으로 의학 역사를 총체적으로 조망해보고 평가한다. 그는 신비주의를 거부하며 철저히 내적인 질서를 통해서 인간의 질병을 이해하고 치료하고자 노력했다. 중국 편작에서부터 시작된 의학사 기행은 허준에서 종지부를 찍는다. 동무는 허준을 새로운 의학사를 세운 기준점으로 보고, 질병에서 인간으로의 새로운 인식 전환을 시도했다. 그는 질병론 이전에 인간론을, 치료법 이전에 섭생법을 극대화함으로써 사람의 의학을 정립하였다.

제6장 소음인 병증약리론에서는 장중경의 「상한론」을 독특한 관점으로 재해석했는데, 상한병을 표열병과 이한병으로 양분하여 「상한론」의 삼음삼양병을 표리병으로 전환시켰으며, 해당 병증 치료에 쓰이는 처방으로는 기존에 내려오는 처방은 경험약방에, 자신이 개발한 새로운 처방은 신정약방에 싣고 있다.

제7장 소양인 병증약리론에서는 소음인과는 정반대로 표한병과 이열병으로 구분하였으며, 해당 병증 치료에 쓰이는 처방으로는 소음인과 마찬가지로 기존에 내려오는 처방은 경험약방에, 자신이 개발한 새로운 처방

은 신정약방에 싣고 있다.

제8장 태음인 병증약리론에서는 상한병을 소양인과 마찬가지로 표한병과 이열병으로 파악했는데 특히 이열병론에 심혈을 기울였다. 해당 병증 치료에 쓰이는 처방으로는 마찬가지로 기존에 내려오는 처방은 경험약방에, 자신이 개발한 새로운 처방은 신정약방에 싣고 있다.

제9장 태양인 병증약리론에서는 다른 체질과는 달리 병증과 약리에 관한 경험이 적어 깊이 있게 다루지는 못했다. 태양인은 그 수가 너무 적어 연구할 대상이 없었기 때문이다. 아쉽게도 『동의수세보원』에서 가장 미숙한 영역으로 남은 부분이다. 병증론은 외감과 내촉으로 구분하고 매우 간소하게 다루었으며, 해당 병증에 대한 처방은 마찬가지로 경험약방과 신정약방에 싣고 있다.

제10장 광제설에서는 사상인은 다루지 않으며, 어떻게 하면 건강하고 행복하게 살 수 있는지에 관한 비결을 담담하게 펼쳐나간다. 먼저 인간을 나이에 따라 1~16세까지를 유년, 17~32세까지를 소년, 33~48세까지를 장년, 49~64세까지를 노년으로 하여 넷으로 나누었는데 인생의 4×4를 한 주기로 구분한 것은 동무가 줄곧 강조해온 4분법과도 일치한다. 인간의 유소장로는 자연의 춘하추동과도 같으며, 어려서는 많이 겪어보고, 젊어서는 많이 부닥쳐보고, 어른이 되어서는 많이 나누고, 늙어서는 은은히 우러나와야 한다고 했다. 유년기에는 품어주는 엄마가 필요하며, 소년기에는 아버지나 형의 조언이 필요하며, 장년기에는 동생이나 친구가 필요하고, 노년기에는 아들과 손자가 조력자가 된다고 했다. 또한 인간의 수명은 지나치거나 게으르거나 치우치거나 욕심을 부리면 줄어든다고 했다. 반대로 검소하고 부지런하며 삼가고 견문을 넓히면 수명이 늘어난다고 했

다. 아울러 주(酒)·색(色)·재(財)·권(權)을 멀리해야 수명을 늘릴 수 있다고 했다. 이는 곧 장수하려면 윤리를 먼저 갖추어야 하며, 중심이 바른 사람이라야 장수한다는 것이다. 음식은 가려 먹는 것보다 줄여 먹는 게 중요하며, 절제가 건강의 길임을 강조한다. 광제설은 개인의 문제와 함께 가정과 사회 문제에도 관심을 갖는데 개인의 건강은 사회의 건강과 직결되기 때문이다. 사회가 반목하고 불화하면 개인도 불행해진다. 건강한 사회가 건강한 개인을 만든다.

제11장 사상인 병증론에서는 생리적으로 드러나는 증상들을 변별해서 사상인을 감별하는 법을 다룬다. 먼저 태소음양인의 비율은 인구 1만 명을 기준으로 할 때 태음인은 5천 명(50%), 소양인은 3천 명(30%), 소음인은 2천 명(20%), 태양인은 10여 명(0.1%)으로 보았다. 첫 번째 감별법은 체형 기상인데 줄여서 형상이라고도 한다. 형은 뇌추·흉금·요위·방광을, 상은 기세·포세·입세·좌세를 말하며 체형 기상은 곧 몸매를 보는 방법이다. 두 번째 감별법은 성질 재간이다. 성질은 성품을, 재간은 재능을 의미한다. 성품은 소통·강무·성취·단중을, 재능은 교우·사무·거처·당여를 말한다. 태양인의 체형은 어깨가 위로 치솟아 있어 구분이 쉬우며, 낯선 환경에서도 거리낌이 없으며 망설임이 없다. 결단력이 빠르며 행동에 거침이 없으며 뒤돌아봄이 없다. 항상 마음이 너무 앞서가지 말고 한걸음 물러서서 조금만 더 생각하고 조금만 더 늦게 움직이는 연습이 필요하다. 소양인은 상체가 왕성하고 하체가 허약하여 가슴은 건실하나 다리는 가벼우며, 체구는 비교적 자그마하나 사납고 날래며 용감하다. 끊임없이 일을 만들며 바쁘고 활동적이다. 항상 걱정하는 마음이 있어 주변에 휩쓸리기 쉬운데, 마음을 살펴 안정시키면 편안해진다. 태음인은 행동이 의연

하고 말투는 질서정연하고 공명정대하다. 한번 마음먹은 일은 반드시 마무리를 지으며 지구력이 강하다. 항상 겁이 많아 낯선 환경에 적응하는 데 시간이 오래 걸리며 새로운 것에 겁을 잘 낸다. 겁심만 안정시킬 수 있다면 몸과 마음의 평온을 유지할 수 있다. 소음인은 기운이 아래에 내려가 있어 하체가 실하며, 몸가짐이 자연스럽고 말투는 짧고 쉬우며 꾸며 말하기를 좋아한다. 자극에 민감하지 않고 차분하며, 지나치게 신중하여 결단력은 더디나 한번 작정하면 빈틈없고 꼼꼼하며 완벽하게 일을 처리한다. 항상 불안한 마음이 있으니 너무 앞서 생각하거나 너무 치밀하게 생각하지 않는 게 좋다.

한편, 동무는 체격은 체질과는 무관하다고 하면서 단순히 체격으로만 체질을 변별하기는 어렵다고 했다. 체질을 잘 구별하려면 용모도 자세히 살펴야 하지만, 병증도 함께 참고할 것을 권한다. 이 밖에도 체질 감별법은 제한되지 않으며, 그 증거는 여기저기에 있으므로 다른 방법으로도 얼마든지 구별 가능성을 열어놓았는데, 그는 오래전에 이미 후세에 유전학과 같은 과학 발전을 예견했는지도 모른다. 병증론에서도 섭생을 재차 다루는데, 장수의 보편적 비결로 첫째는 운동을 꾸준히 하는 사람이 건강하다고 말한다. 둘째로는 소식으로 소식이 체질식보다 훨씬 더 귀중하다고 말한다. 다음으로 가장 강조하는 섭생법은 치심(治心)법으로, 생명과 섭생의 요체인 희로애락이다. 요약하면, 적당히 운동하고 음식을 절제하며 희로애락을 주의하면 장수한다는 것이다.

부록으로는 본문에서 빠진 처방을 모은 「보유방(補遺方)」과, 체질별로 유익한 음식을 분류해놓은 「식물류(食物類)」가 있는데, 「식물류」는 「보유방」에 포함되어 있다.

음양화평지인

음양화평지인은 바로 사상체질론이 추구하는 지향점이자 동양의학이 추구하는 가장 이상적인 인간상이다. 음양화평지인은 오장육부가 조화를 이루어 평온한 사람으로, 음과 양의 기가 조화를 이루어 어느 한쪽으로 치우치지 않는 사람이다.

음양화평지인은 조용한 곳에 머물며, 자신의 명리를 쫓지 않으며, 마음이 편안하여 두려운 것이 없으며, 욕심이 적어 지나친 즐거움을 쫓지 않는다. 높은 지위에 있어도 겸손하며, 항상 설득하는 방식으로 다른 사람을 감화시킨다. 음양의 조화란 과하지도 부족하지도 않은 상태를 말한다.

지나쳐서 좋은 건 없다. 욕심이 화를 부른다. 적당히 중용을 지키며 중심을 잡고 조화를 이루고 사는 것이 중요하다. 나누고 베풀고 함께하고 도와주고 양보하고 어우러져 서로 같이 행복하게 살면 얼마나 좋은가! 혼자서만 누리고 즐기며 사는 것은 진정한 행복이 아닐 수도 있다. 집 안에다 금은보화를 잔뜩 쌓아놓는다고 해서 과연 행복할까?

돈이 좋다고 너무 많아도 문제다. 돈이 너무 많아 사치하거나 자린고비처럼 움켜쥐기만 하고 너무 쓰지 않아도 좋지 않다. 지위가 좋다고 너무 높아도 문제다. 독선과 독단에 빠지거나 갑질을 할 우려가 크다. 자녀가 좋다고 너무 많아도 문제다. 서로 싸우거나 시기와 질투가 끊이질 않는다. 학식이 너무 높아도 문제다. 아는 게 너무 많으면 옹졸해지거나 고집스럽게 되거나 남을 등칠 가능성이 크다. 직장이 너무 좋아도 문제다. 일 중독에 빠지거나 여유가 없어 고달프다. 사랑이 지나쳐도 문제다. 상대를 속박하거나 의존하게 된다. 배려가 너무 지나쳐도 문제다. 상대가 나태해지거나 고마움을 모르게 된다. 좋다고 좋은 게 아니다. 좋은 것이 반드시 좋은 것은 아니다. 적당히 조화를 이루는 것이 더 중요하다. 그것이 바로 음양화평지인이 추구하는 정신이자 목표다. 『동의수세보원』 서문에서, "사람의 타고난 성정을 바르게 유지하여 중화에 이를 수 있다면 사상인을 막론하고 무병뿐만 아니라 장수와 행복, 나아가 부귀까지 누릴 수 있다"라고 했다.

홍익인간

우리나라 건국이념인 홍익인간은 널리 인간을 이롭게 한다는 뜻을 지닌 철학이다. 다시 말해 모든 사람이 함께 어우러져 행복하게 살아가는 세상을 말한다. 이는 사상체질론을 다룬 『동의수세보원』에서 강조한 음양화평지인과도 일맥상통하는 사상이다.

음과 양이 서로 어우러져서 화평을 이룬다는 것은 자신뿐만 아니라 다른 사람과의 관계에서도 평화로운 상태를 이루고 살아간다는 뜻이 담겨있다.

건국이념에도 새겨진 것처럼 우리 조상들은 모든 인간이 두루 행복하게 사는 세상을 추구했다. 이제마는 사상체질론을 다루면서 궁극의 목표를 인간의 행복한 삶으로 초점을 맞추었다. 사상체질론의 가치는 바로 여기에서 드러난다. 단순히 사람의 체질을 넷으로 나누고 거기에 맞는 음식이나 치료 방법 정도를 다루는 데서 그친 것이 아니라, 서로 다른 체질의 사람들이 함께 어우러져서 좋은 관계를 유지하며 분쟁이나 다툼이 없이 원만하고 평화롭게 살아가는 화평한 세상을 추구한다. 이 얼마나 넓고 깊은 생각인가!

작금에 우리가 사상체질론에 다시 관심을 가지려는 것은 바로 이런 사상이 우리에게도 필요하기 때문이며, 우리가 살아가는 현실에서도 얼마든지 활용할 수 있고 응용의 가치가 충분하기 때문이다.

자신뿐만 아니라 사람과의 관계에서도 음양화평지인 사상은 절대적으로 유용하다. 건강을 지키고 자신이 원하는 삶을 살며 타인과의 원만한 관계 속에서 아름답고 행복한 세상을 살아가는데 이보다 더 확실한 방도가 달리 있을까? 홍익인간 이념이 그렇듯이 음양화평지인 이념도 현대사회에서 얼마든지 활용 가치가 충분히 있다.

사상체질 구조

사상체질은 글자 그대로 체질을 태양인·태음인·소양인·소음인 네 가지로 분류하는 것을 말하는데, 이를 태소음양인이라 한다. 체질은 먼저 음과 양을 바탕에 깔고, 음과 양은 다시 태와 소로 나뉜다. 이제마는 모든 사람은 이 네 가지 체질 가운데 하나에 속한다고 보았다. 기본적으로는 맞는 말이다. 하지만, 사상체질을 연구하다 보면 뭔가 찜찜한 구석을 떨쳐버릴 수가 없다. 왜냐하면 사람의 체질을 분석하다 보면 딱히 한 가지 체질로만 설명할 수 없는 다른 특성들이 중복되어 있기 때문이다. 태양인으로 생각했는데 소양인 기질도 보이고, 소음인으로 생각했는데 태양인의 기질을 보이기도 한다. 다른 체질들도 마찬가지다. 어떤 경우는 매우 복잡하여 하나로 단정하기가 매우 어렵다. 왜 그럴까?

여러 사람이 의문을 가지고 연구한 결과, 체질은 딱 네 가지로만 분류되는 것이 아니라 여러 가지로 복잡하게 얽힐 수도 있다는 것을 알게 되었고, 어떤 이는 그것을 주 체질과 부 체질로 나누었다. 또 어떤 이는 이중 체질과 복합 체질로 분류하기도 했다. 이처럼 체질은 한 가지로 고정된 것이 아니라 기본적으로는 한 가지이지만 둘 또는 그 이상도 한 사람에게서 얼마든지 나타날 수 있다는 결론에 이른다. 그래서 어떤 이는 18가지로, 어떤 이는 28가지로 나누었는데 지금까지 나온 가장 많은 체질 분류 방식은 28가지다.

수학적으로도 네 가지 기본 틀을 전제로, 둘일 경우와 그 이상일 경우의 수를 조합해보면 상당히 많은 수의 조합이 나오는 걸 알 수 있다. 우선 전형적인 주 체질은 기본형인 네 가지이고, 기본 체질을 주 체질로 하고 부 체질로 다른 체질을 갖는 이중 체질은 체질마다 세 가지 경우의 수가 나오므로 12가지가 되고, 세 가지가 겹치는 복합 다중일 경우는 역시 각각 세 가지 형태로 12가지를 이룬다. 따라서 이중 체질과 다중 체질을 합하면 24가지가 되고 여기에 기본 체질 네 가지를 더하면 모두 28종류가 나온다. 이는 이제마가 체질을 단순히 네 가지로 구분한 것에서 상당히 발전한 체계임에는 분명하다.

이제마는 모든 생사화복의 체계를 네 가지 원리로 보고 그 범주에서 벗어나지는 않았지만, 좀 더 복잡하게 세분하지 않았다고 해서 그의 논리가 단순히 네 가지에만 국한된다고 단정할 수는 없다. 왜냐하면 그는 큰 틀을 제시하고 그 틀 안에서 모든 게 움직이므로, 그 틀 안에는 더 많은 경우의 수가 존재한다는 확장성을 열어두었다고 보는 것이 타당하다. 사람들이 이를 깊이 연구하지 않고 단순히 네 가지 체질만 가지고 마치 그것이 전부인 양 오해하고 폄하시켜 가치를 떨어트린 잘못이 있다. 그 때문에 지금도 이제마의 사상체질론은 세상에서 빛을 보지 못한 채 묻혀 있다. 허준의 동의보감은 수많은 연구와 실증을 통해 지금도 가치를 평가받는 데 비해, 이제마의 사상체질론은 후학의 연구가 따르지 못하여 과거에 그대로 머물러 있는 건 매우 안타까운 일이다. 심지어 사상체질에서 사상(四相)을 철학에서 다루는 사상(思想)으로 오해하는 사람도 있다.

필자가 연구한 바로는 사상체질은 수학적 경우의 수로 볼 때 다중 체질에다 음과 양의 반대 개념을 적용한다면 최대 40가지가 나온다는 것을 확인하였다. 이 이상은 나오지 않는다. 그 이상은 없다. 하지만 이것은 어디까지나 경우의 수일 뿐, 그 체질에 관한 모든 특성을 다 일일이 정의하기란 쉬운 일이 아니다.

우선 지금까지 알려진 28체질을 보다 알기 쉽게 도형으로 나타내보면 다음과 같다. 네 가지 체질은 서로 떨어져 있지만 상호 작용할 소지가 있다는 것을 도형을 보면 쉽게 알 수 있다. 두 선이 만나는 지점은 중간을 가리키며 그 중간은 여러 방향에서 서로 겹친다.

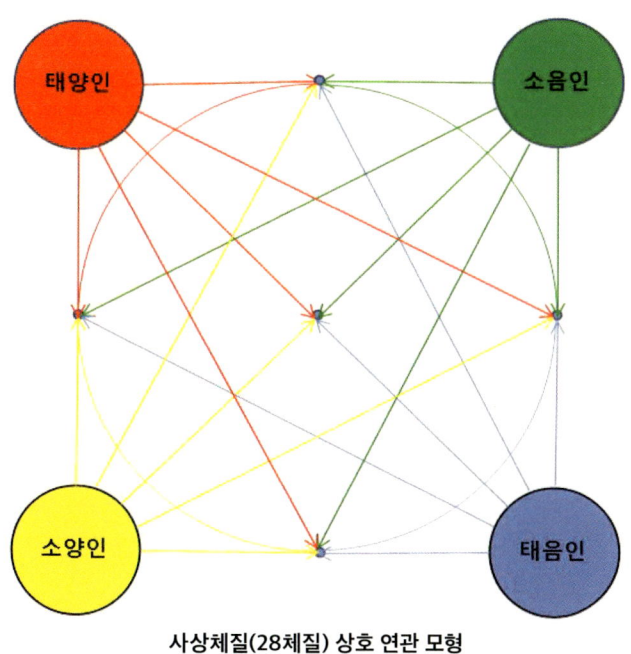

사상체질(28체질) 상호 연관 모형

그림이 나타내는 경우의 수를 표로 만들어보면 다음과 같으며, 좀 더 명확하게 내용을 알 수 있다. 주 체질은 네 가지이고 둘로 나타나는 이중 체질이 각 3가지씩 모두 12가지, 세 가지가 나타나는 다중 체질이 각 3가지씩 모두 12가지로 이를 모두 합하면 28가지 체질이 나온다. 이는 상하 순서는 바뀌지 않는 걸 전제로 하였기 때문에 28가지로만 구분된다.

전형 체질	이중 체질			다중 체질		
태양인	태양인 태음인	태양인 소양인	태양인 소음인	태양인 태음인 소음인	태양인 태음인 소양인	태양인 소음인 소양인
소음인	소음인 소양인	소음인 태음인	소음인 태양인	소음인 소양인 태양인	소음인 태음인 소양인	소음인 태음인 태양인
태음인	태음인 태양인	태음인 소음인	태음인 소양인	태음인 소양인 소음인	태음인 소음인 태양인	태음인 태양인 소양인
소양인	소양인 소음인	소양인 태양인	소양인 태음인	소양인 태음인 소음인	소양인 소음인 태양인	소양인 태음인 태양인

사상체질(28체질) 구분 도표

전형 체질을 제외한 이중 체질과 다중 체질에서는 위에 있는 체질이 주 체질이고 아래에 있는 건 부 체질로 본다. 다중 체질에서 주 체질을 제외한 부 체질은 아래와 위의 순서는 별 의미가 없다. 하지만 위 표로만 보면 각 체질이 어느 쪽에 자리 잡고 있는지 짐작하기가 어렵다. 이를 좀 더 명확하게 알기 위해 방향과 위치를 구분해보면 다음과 같다. 이 그림은 상호 연관성과 위치를 알게 되므로 특성을 파악하는 데 훨씬 도움이 된다.

태양인	태양인 소음인			소음인 태양인			소음인
	태양인 태음인					소음인 소양인	
태양인 소양인		태양인 소양인 소음인	태양인 소음인 태음인	소음인 태양인 소양인	소음인 태음인 태양인		소음인 태음인
		태양인 태음인 소양인	음양화평지인		소음인 태음인 소양인		
		소양인 태양인 소음인			태음인 소음인 태양인		
소양인 태양인		소양인 태음인 태양인	소양인 태음인 소음인	태음인 소양인 태양인	태음인 소양인 소음인		태음인 소음인
	소양인 소음인					태음인 태양인	
소양인	소양인 태음인			태음인 소양인			태음인

사상체질(28체질) 구조도

모든 체질의 중심에는 이제마가 표방한 음양화평지인이 있으며 이는 신체의 심장과도 같아서 모든 체질이 추구해야 할 궁극적인 목표이자 이상이다. 그림에서도 볼 수 있듯이 바깥에서부터 안으로 들어갈수록 음양화평지인에 가까워짐을 알 수 있다.

앞서 밝혔듯이 사상체질에 관한 경우의 수를 모두 분석하여 조합해본 바, 총 40가지가 나온다는 사실을 알게 되었다. 28체질 구조도와 마찬가지로 가운데로 갈수록 음양화평지인에 가깝다. 28체질을 바탕으로 복합 다중 체질을 비중에 따라 부 체질로 더욱 세분한 구조다.

태양인		태양인 소음인		소음인 태양인			소음인
	태양인 태음인	태양인 소음인 소양인	태양인 소음인 태음인	소음인 태양인 소양인	소음인 태양인 태음인	소음인 소양인	
태양인 소양인	태양인 소양인 소음인		태양인 태음인 소음인	소음인 소양인 태양인		소음인 태음인 태양인	소음인 태음인
	태양인 소양인 태음인	태양인 태음인 소양인	음양화평지인		소음인 소양인 태음인	소음인 태음인 소양인	
	소양인 태양인 소음인	소양인 소음인 태양인			태음인 소음인 태양인	태음인 태양인 소음인	
소양인 태양인	소양인 태양인 태음인		소양인 소음인 태음인	태음인 태양인 소양인		태음인 소음인 소양인	태음인 소음인
	소양인 소음인	소양인 태음인 태양인	소양인 태음인 소음인	태음인 소양인 태양인	태음인 소양인 소음인	태음인 태양인	
소양인		소양인 태음인		태음인 소양인			태음인

사상체질(40체질) 구조도

이를 도표로 보기 쉽게 정리하면 다음과 같은데, 주 체질과 부 체질을 구분하였다(위는 주 체질, 아래는 부 체질).

전형 체질	이중 체질	다중 체질	
태양인	태양인 소음인	태양인 소음인 소양인	태양인 소양인 소음인
	태양인 태음인	태양인 태음인 소음인	태양인 소음인 태음인
	태양인 소양인	태양인 소양인 태음인	태양인 태음인 소양인
소음인	소음인 태음인	소음인 태음인 소양인	소음인 태음인 태양인
	소음인 소양인	소음인 소양인 태양인	소음인 소양인 태음인
	소음인 태양인	소음인 태양인 태음인	소음인 태양인 소양인
태음인	태음인 소양인	태음인 소양인 태양인	태음인 태양인 소양인
	태음인 태양인	태음인 소음인 태양인	태음인 태양인 소음인
	태음인 소음인	태음인 소음인 소양인	태음인 소양인 소음인
소양인	소양인 태양인	소양인 태음인 태양인	소양인 태양인 태음인
	소양인 소음인	소양인 태양인 소음인	소양인 소음인 태양인
	소양인 태음인	소양인 태음인 소음인	소양인 소음인 태음인

사상체질(40체질) 구조 분석

사상체질별 궁합

체질별 궁합은 모두 16개 조합으로 이루어진다. 조합별로 잘 맞는 궁합이 있는가 하면 맞지 않는 궁합도 있다. 또는 어떤 궁합은 본래 잘 맞지는 않지만 서로 노력하면 개선될 여지가 있는 궁합도 있다. 많은 남녀가 결혼하고 나서 서로 맞지 않아 이혼하고 있다. 연애하고 사귈 때는 잘 몰랐는데 막상 결혼하고 보니 연애할 때는 몰랐던 성향들이 나온다거나, 연애 시절에는 콩깍지가 씌어 용납되던 일들도 결혼 후에도 같은 충돌이 계속 반복되다 보니 참지 못하고 크게 터져 걷잡을 수 없게 된다. 아무튼 이런저런 이유로 이혼율은 좀처럼 줄어들지 않고 있다.

체질은 상대의 성격이나 성향을 아는 데 매우 유용한 자료로 쓰인다. 결혼을 하기 전에 서로의 체질을 알고 체질별 궁합이 맞는지 미리 안다면 결혼 후에 이혼하게 되는 불상사를 미리 막을 수도 있기 때문이다. 결혼 실패율을 줄이기 위해 사상체질을 활용하는 것은 분명 충분한 가치가 있다.

체질별 궁합 조합은 모두 16가지로 다음과 같다.

- 남자 태양인과 여자 태양인
- 남자 태양인과 여자 태음인
- 남자 태양인과 여자 소양인
- 남자 태양인과 여자 소음인

- 남자 태음인과 여자 태양인
- 남자 태음인과 여자 태음인
- 남자 태음인과 여자 소양인
- 남자 태음인과 여자 소음인
- 남자 소양인과 여자 태양인
- 남자 소양인과 여자 태음인
- 남자 소양인과 여자 소양인
- 남자 소양인과 여자 소음인
- 남자 소음인과 여자 태양인
- 남자 소음인과 여자 태음인
- 남자 소음인과 여자 소양인
- 남자 소음인과 여자 소음인

체질별 조합마다 각각 어떤 특징을 갖는지 좀 더 자세히 알아보면 다음과 같다.

남자 태양인과 여자 태양인

강 대 강 조합이다. 겉으로 보기에는 서로 잘 어울리지 않아 보이지만 의외로 이런 조합이 많다. 그것은 아마도 서로 성향이 같아서 동병상련이 작용하는지도 모른다. 깨어진 유리 조각에 비유하기도 하는데, 너무 강렬하여 오래 지속되기 어려운 관계이므로 에둘러 표현한 것이다.

서로 의견이 일치하면 큰일을 이룰 수 있지만, 만약 서로 대립한다면 크게 싸움이 일어난다. 바람 잘 날이 없으며 피 터지게 싸운다. 상대의 단점을 물고 늘어진다면 서로 상처만 입기 쉬우며 둘 다 손해를 볼 뿐이다.

서로 같은 직업을 가지고 같은 일을 한다면 둘 모두에게 도움이 되고 서로 잘하려고 선의의 경쟁도 하게 되므로 둘 다 성공할 가능성이 크다. 특히 정치인이나 군인, 경찰, 검찰 등과 같이 권력을 가진 직업에 종사할수록 잘 어울리는 조합이다. 둘이 힘을 합치면 아무도 쉽게 건드리지 못한다.

남성보다는 여성이 주도권을 가지려는 경향이 있으므로 여성은 여성스러움을 나타내는 노력을 한다면 금상첨화겠지만, 남자보다 지위나 계급이 더 높아지면 균형이 깨져서 자칫 관계에 금이 갈 수도 있다.

남자 태양인과 여자 태음인

성격 급한 남자와 통 큰 여자의 조합으로 잘 어울리는 궁합이다. 남자의 단점을 여자가 잘 보완해준다면 실패를 그만큼 줄일 수 있다. 남자의 수입을 규모 있게 잘 관리하면 주변에 도움을 줄 정도로 넉넉한 형편을 누리게 된다. 하지만 게으른 여자는 남자에게 구박당하고 무시당한다. 반면에 여자가 똑 부러지는 직업을 가지고 있다면 무시당하지 않고 살 수 있다.

여자는 남자를 누르거나 이기려 들지 말고 이끌어주고 도와주면 좋은 관계를 유지한다. 너그럽고 이해심만 가진다면 자유롭게 살게 되지만, 남자를 속박하려 든다면 오히려 버림을 당하게 되니 주의해야 한다. 여자가 지혜로움을 지녔다면 매우 잘 맞는 궁합이다.

남자 태양인과 여자 소양인

강 대 약의 조합으로 잘 어울리는 조합일 것 같지만, 웬만해선 어울리기 어렵다. 비슷한 나이대보다는 남자가 대여섯 살 이상 많아 차이가 벌어져서 나이 든 남자의 비위를 잘 맞추어주는 여자라면 잘 맞는 궁합이다. 남자가 하는 일에 사사건건 간섭하고 조종하려 들거나 트집만 잡지 않는다면 서로 부딪힐 일이 없다. 자신의 잔재주로 남자의 감정을 건드리지 않도록 주의해야 한다. 어떤 큰 문제만 일으키지 않는다면 남자는 여자가 원하는 모든 것을 들어줄 것이다. 때로는 아버지 같지만, 오히려 큰 나무 그늘 밑에 있는 것처럼 여자는 편안함을 느끼고, 남자도 여자를 감싸주는 충분한 아량이 있다.

남자가 잘되어야 여자가 편안하게 산다. 남자의 주변을 잘 챙기고, 함께 보조를 맞춘다면 행복한 삶을 살 수 있다. 하지만 여자가 집안일을 등한시하며 밖으로 돌며 서로 따로 놀면 사이가 벌어지기 쉬우며, 남자의 능력을 의지하여 사치를 부리면 여자는 오래 못 가 버림받을 수도 있다. 늘 여자로서 매력을 잃지 않도록 노력해야 한다.

남자 태양인과 여자 소음인

서로 반대되는 체질이지만 의외로 잘 맞는 궁합이다. 강함과 부드러움이 서로 조화를 이루어 살면 원만한 가정을 이룬다. 반면, 강한 쪽이 너무 강하면 약한 쪽은 쉽게 상처받고 노예처럼 힘든 삶을 살게 된다. 그러므로 강한 쪽은 약한 쪽을 배려하고, 약한 쪽은 부드러운 성품으로 강한 쪽에 다가간다면 서로 좋은 관계를 유지할 수 있다.

여자는 안에서 내조를 잘하고 남자는 바깥일을 성실하게 해낸다면 경제적으로 여유로운 삶을 영위한다. 여자가 꽁해서 남자에게 다가가지 않거나 게으름을 피우며 자신의 역할을 소홀히 하면 전혀 대우를 못 받게 된다. 그야말로 여자가 현모양처라면 환상적인 최고의 궁합이다. 남자도 밖으로만 돌지 말고 상급을 함께 나누며 충분한 보상으로 여자를 위하면 평온한 가정을 이룬다.

남자 태음인과 여자 태양인

신사적인 남편에 적극적인 아내가 합해지면 최고의 궁합이다. 남편의 자상함과 헌신적이고 가정적인 성향이 외향적인 아내를 뒷받침한다면 무난한 관계를 형성할 수 있다. 남자의 내조가 여자의 성공을 보장한다. 영국 여왕 엘리자베스 2세와 부군 필립 공과의 관계가 표본이다.

한편, 아내가 너무 강하여 남편을 휘어잡고 군림하며 휘두르기만 한다면, 남편은 기를 못 펴고 주눅이 들어 바보처럼 살게 된다. 여자가 더 양보하고 배려하는 너그러움과 미덕이 필요하다.

남자 태음인과 여자 태음인

서로가 무던해서 아기자기한 면은 없어도 친구같이 편안하고 오래도록 안정적인 애정 관계를 유지한다. 반면, 가끔은 본인에게만 치중한 나머지 부부 관계가 소원해지기도 한다. 평소 자기관리를 하지 않으면 둘 다 비만에 빠지거나 나태해지기 쉽고 그렇게 되면 서로에게 매력을 잃어버리게 되므로 주의해야 한다. 자기관리를 잘하여 스스로 매력을 잃어버리지 않도록 노력하면 멋진 관계로 살아간다.

함께 같은 일을 도모한다면 동지로서 어려움도 잘 극복하고 크게 성공한다. 억지로 일을 크게 벌이려 하지 말고 자신에게 맞는 일을 하는 편이 위험부담을 줄인다. 작은 일이라도 함께 도와 해나가려는 마음가짐이 중요하다. 같은 취미를 함께 즐긴다면 오순도순 행복하게 살 수 있다.

남자 태음인과 여자 소양인

덤덤한 남편과 애교 있는 부인은 서로 궁합이 잘 맞는다. 여성은 가정적이므로 아내가 좋아하는 쪽을 따라주면 만사가 편하고 즐겁다. 남편도 아내를 돕는다면 싸울 일이 없다. 다만, 남편이 바깥일로 집안을 등한시한다면 아내는 다른 곳으로 눈을 돌릴 수도 있으니 주의해야 한다. 아내가 너무 바깥으로 혼자서 돌아다니는 것을 방치하지 말고, 귀찮더라도 웬만하면 함께하는 게 좋다.

반면, 고집스러운 남편과 팍팍 쏘아붙이는 아내는 가정에 바람 잘 날이 없어 서로 고달프기만 할 뿐이다. 사업을 하는 남편과 활달한 아내는 남들이 부러워하는 조합이다.

남자 태음인과 여자 소음인

듬직한 남편과 꼼꼼한 아내는 좋은 궁합이다. 남편은 내조를 잘하는 아내가 사랑스러우며 남편은 밖에서 큰 사업을 해서 경제적으로 여유가 있으니 근심 걱정이 없다.

자칫 아내가 남편을 소홀히 챙기면 병에 걸리거나 하는 일에 큰 화가 닥치고, 그렇게 되면 사이가 멀어진다. 가정에 경제적인 어려움은 덜할 수는 있으나 그날이 그날 같아 지루하게 느껴지기 쉬우니, 여행이나 캠핑, 등산처럼 함께하는 일들을 많이 만들어간다면 즐겁고 행복한 관계를 유지하게 된다.

자칫 일의 잘못됨을 놓고 서로를 탓하면 자주 다투고 그로 인해 사이에 금이 가게 되니 서로의 부족함을 이해하고 감싸주는 노력이 필요하다. 무엇이든 함께 헤쳐나가려는 마음만 있다면 행복한 삶을 영위할 수 있다.

남자 소양인과 여자 태양인

어린아이 같은 남자와 어머니 같은 여자는 궁합이 잘 맞는다. 연하 남자와 연상의 여자일 경우 잘 맞는 궁합이다. 남자는 여자를 즐겁게 해주고 여자는 남자를 돌봐주니 평온하고 행복하다. 무슨 일을 해도 어긋남이 덜하며 손발이 잘 맞고 다툼이 적다. 하지만 비슷한 연배이거나 남자가 더 나이가 많으면 기 싸움에서 남자가 불리하다.

재주 많은 남자와 경제력 있는 여자가 만나면 금상첨화다. 바보 온달과 평강공주처럼 남자의 재능과 소질을 잘 계발하도록 여자가 도와주면 성공한다. 남자는 여자가 능력을 맘껏 발휘할 수 있도록 서로 배려하는 노력이 필요하다. 하지만 남자가 무능하여 아무것도 하지 않고 여자에게 빌붙어 살면 여자만 피곤하다. 여자가 남자를 너무 눌러 기를 못 펴게 하면 남자는 여자에게서 벗어나려고 도망갈 수도 있다.

남자 소양인과 여자 태음인

아내가 남편을 보호해주는 형태로, 좋은 궁합이다. 여자는 가정적이지만 남자는 외향적이므로 안에 갇혀 있는 것을 싫어하니 너무 집 안에만 있으려 하지 말고 가끔은 함께 바깥으로 나가는 편이 좋다. 다른 면이 많으므로 서로 맞추어주지 못하고 자기주장만 앞세우면 자주 다투고 점점 거리가 멀어지게 된다. 여자가 남자에게 무관심하거나 내버려두면 달아날 수도 있으니 경계심을 버리지 말아야 한다.

남편은 아내를 즐겁게 해주고 아내가 하는 일을 긍정적으로 받아들이면 원만한 관계를 이룬다. 아내는 가끔 남편이 실수하더라도 너그러운 마음으로 이해한다면 얼마든지 어려움을 잘 극복하고 위기에서도 금방 벗어날 수 있다.

남자 소양인과 여자 소양인

소양인끼리 결혼해 살면 아무 계획 없이 기분 내키는 대로 하기 쉽다. 집안을 돌보기보다는 주로 바깥으로 나돌아다니기를 좋아하여 살림이 거덜 날지도 모른다. 분수에 맞게 생활하고 조금만 더 서로를 이해하고 각자 자기 일에 충실을 기한다면 경제적으로도 넉넉하고 항상 신혼같이 연인처럼 살게 된다. 반면, 서로 자기 멋대로 살면 금방 사이는 멀어지고 머지않아 이별을 맞게 될 것이다.

성격이 급해 자주 부딪히며 토닥거리지만 금세 풀리고 화해하는 편이다. 서로 같은 분야에서 일을 함께하면 상승 효과를 나타낼 수 있다.

남자 소양인과 여자 소음인

살림을 잘하는 아내와 활기찬 기운의 남편은 서로 잘 맞는 궁합이다. 일에 지친 남편을 맛있는 음식을 차려놓고 기다린다면 바깥에 있기보다 집으로 들어오려 할 것이다. 밖에서는 열심히 능력을 발휘하고 집에 들어와

서는 편안한 쉼을 누리도록 노력하면 좋은 관계로 행복한 삶을 살게 된다.

밖으로만 나도는 남편과 무관심한 아내는 남편이 외로워지기 쉬우며 사고를 뒷수습하기에 바쁘다. 좋은 면은 무시하고 서로의 단점만 지적하면 자주 부딪히고 관계에 금이 가기 쉽다. 처음엔 좋다가도 서로 멀어지면 헤어지지도 못하고 답답하고 지루해지는 만큼 서로에게 적응해서 살아가는 지혜가 필요하다.

남자 소음인과 여자 태양인

이상을 좇는 남자와 현실을 추구하는 여자는 외견상 별로 궁합이 잘 맞지 않아 보인다. 여자가 보기에는 남자가 답답하기도 하고 좀스럽게 보이기도 하여 호감이 가지 않을 수도 있다. 여자가 능력이 훨씬 뛰어나 남자를 먹여 살릴 정도라면 의외로 맞추어 살 수도 있다. 남자는 여자가 하는 일에 딴지를 걸지 않고 인정하기만 해도 좋은 관계를 유지한다. 차분한 남자가 성미 급한 여자를 잘 지도하고 잡아주면 실수를 줄이고 목표를 이룬다.

남자 소음인과 여자 태음인

소심한 남자와 괄괄한 여자, 언뜻 보기에는 어울리나 서로의 체질을 이해하지 못한다면 크게 부딪힐 소지가 크다. 여자가 어머니 같은 아량으로 남자를 잘 보살피고 감싸주면 편안한 삶을 유지한다.

여자는 부지런하게 움직여 남자를 챙겨주고, 남자는 여자의 치마 속에서만 놀려고 하지 말고 자신의 장점을 살려 소신 있게 하면 좋은 관계를 유지할 수 있다. 여자가 남자를 이끄는 것보다 남자가 여자를 이끄는 편이 더 좋다. 남자는 여자를 다소 답답하게 느낄 수 있으니 여자로서 매력을 잃지 않도록 노력해야 남자의 관심에서 멀어지지 않는다.

남자 소음인과 여자 소양인

꼼꼼한 남자와 밝은 성격의 여자는 서로 단점을 보완해주는 좋은 관계이다. 조용한 분위기의 남자를 여자의 애교와 나긋함으로 이끈다면 좋은 궁합을 이룰 수 있다. 반면에 남자가 여자의 애교를 받아주지 않거나 반대로 여자가 남자를 위해주지 않으면 둘 사이는 크게 금이 가고 각자 따로 놀게 된다. 덜렁대서 여자가 실수하려고 할 때 남자의 세밀함으로 손해를 미리 막는다면 어려움을 덜 겪게 된다.

남자가 아예 입을 닫고 대화하지 않거나 여자가 바깥으로만 나돌면 둘 사이는 더 벌어진다. 여자가 강한 성질을 약간 죽이고 본연의 생기만 잃지 않고, 남자는 좀 더 너그러운 아량으로 여자를 이해하고 받아주면 매우 좋은 관계를 유지한다.

남자 소음인과 여자 소음인

평소에는 조용하여 겉으로 보기에는 아무런 문제가 없어 보이지만, 속으로는 차곡차곡 쌓인 불만으로 인해 언제 터질지 모르는 시한폭탄과도 같은 위험한 상태에 이르기도 한다. 사소한 것이라도 터놓고 자주 대화로 풀어나간다면 별문제 없이 화목한 관계를 이어갈 수 있다. 작은 일을 따지거나 깊게 파고들지 않는 것이 중요하다.

함께 뜻을 모은다면 큰 업적을 남길 수 있다. 특히, 연구 분야나 문화예술 활동 등을 같이하면 좋은 성과를 이룰 수 있다. 같은 취미나 운동을 즐기는 것은 친한 친구처럼 서로 의기투합하고 인생을 행복하게 사는 방편이다. 서로에게 소홀하면 금방 권태기가 온다.

이제마 프로젝트

 우리나라 고유 의학인 사상의학을 세계적인 대체의학으로 발전시키기 위해 2006년 11월부터 2015년 11월까지 10년간 국비 1,000억 원을 들여 야심차게 '이제마 프로젝트'를 추진하였으나 아쉽게도 결과적으로는 큰 성과를 거두지 못한 채 중단되고 말았다.

 연구 프로젝트 방향은 네 가지로 첫째, 체질 맞춤 약물 사업화, 둘째, 체질 건강 관리 사업화, 셋째, 체질 진단기 사업화, 넷째, 체질 침구 의료 사업화로 나누어 진행하였다.

 체질 진단의 과학화 시도에서 가장 우선시되는 과제는 진단기법을 객관화하는 작업이었다. 그동안 축적해온 진단기법(맥진, 안면진단, 체형진단, 음성진단, 설문진단 등)과 임상 자료들을 근거로 2009년까지 '체질 진단 객관화'를 위해 정확성을 높인 체질 진단 툴을 개발하는 것이 1차 목표였다.

 두 번째는 현대생물학을 활용하는 방법으로, 유전체학에서 각 개인의 DNA 염기서열 중 하나의 DNA가 달라서 생기는 유전변이, 즉 단일 염기 다형성으로 인해 피부색과 외모, 질병에 걸릴 확률 등이 개인별로 달라지는데 이는 사상의학에서 말하는 개인별 체질 구분과 일맥상통함을 전제로 한다. 체질은 선천적으로 타고나는 것이니 유전자의 차이로도 확인할 수 있다. 다만 체질도 복합적이어서 이에 대한 유전정보도 복잡한 구조를 가질 것이므로 분석이 쉽지는 않겠지만 전혀 불가능한 일은 아니다. 유전자 분석을 이용한다면 체질 분석의 정확도를 훨씬 높이고 객관화할 수 있다.

이 두 가지 연구가 성공한다면 객관화된 체질 진단을 통해 맞춤형 치료 기법으로 특화된 체질 의료 서비스 시장을 개척할 수 있다고 보았다.

추진 기간 내 한의학연구원에서 개발한 체질 판단 기술로는 맥진기, 설진기, 체질 분석 툴(K-PRISM), 피부 진단기, 안면 진단기 등이 있다. 이런 과학적인 기술 개발에도 불구하고 3단계 목표인 의약을 포함한 맞춤형 치료 기술은 물론, 2단계 목표인 체질별 생물학적 특성 분석과 체질 정보 은행 구축 단계까지 이르지 못한 채 정체된 것은 매우 안타까운 일이다.

이제마 프로젝트가 성공하지 못한 원인은 여러 가지가 있겠지만, 단순히 의학적 기술로 돈을 벌기 위한 목표에만 치중하지는 않았는지 조심스러운 반성도 필요하다고 본다. 체질 진단기법을 기술화, 기계화하는 것도 물론 필요하고 중요하지만 좀 더 폭넓은 시각으로 유전자 등 타 연구 분야와의 협업에 치중하였더라면 훨씬 좋은 결과를 만들어낼 수도 있었겠다는 생각이 든다. 어쨌거나 국책 사업으로 추진할 만큼 사상의학은 가치가 있는 분야임이 분명하다.

제3장

음양오행론

주역

주역(周易)은 주나라의 역이란 뜻으로 유교 경전 가운데 가장 오래된 책인 '역경(易經)'을 말한다. 우주 만물은 음과 양으로 구성되어 있으며, 그 위치나 생태에 따라 끊임없이 변화한다는 자연현상의 논리와 원칙을 설명하고 풀이하였다. 또한 이 원칙을 인간사에 대입하여 체계적으로 비교, 연구, 풀이하였는데 생년월일시로 괘를 내어 미래를 내다보는 점복술의 교과서로도 자리매김하였다.

역에는 간역·변역·불역의 세 가지가 있는데, 간역(簡易)이란 천지 자연 현상은 끊임없이 변하나 간단하고 평이하다는 뜻이다. 변역(變易)이란 천지 만물이 멈추어 있는 것 같으나 항상 변하고 바뀐다는 뜻이다. 불역(不易)이란 모든 것은 항구 불변의 법칙에 따라 변하기 때문에 법칙 자체는 영원히 변하지 않는다는 뜻이다.

역은 양과 음의 이원론으로 이루어진다. 천지 만물은 모두 양과 음으로 되어 있다는 것이다. 하늘은 양, 땅은 음, 해는 양, 달은 음, 강한 것은 양, 약한 것은 음, 높은 것은 양, 낮은 것은 음과 같이 모든 사물과 현상을 양과 음으로 구분하고 그 위치나 생태에 따라 끊임없이 변화한다는 원리다. 달이 차면 기울고, 여름이 가면 가을 겨울이 오는 현상은 변하나 그 원칙은 불변하는 것이라고 본다.

태극은 음과 양으로 나뉘고, 음양은 사상(四象)·사괘(四卦)를 이루며,

우주 만물 현상인 8괘를 조합하여 최대 가능 한계를 64괘로 분류하였는데, 1에서 30까지는 상경, 31~64까지는 하경으로 나뉘며 상경은 우주 생성 원리를, 하경은 인간의 후천적인 변화와 순환 과정을 나타낸다. 거기에 괘사와 효사를 붙여 설명과 풀이를 단 것이 바로 주역 경문이다.

괘사와 효사는 옛날에 벌어진 사건의 기록이라서 현대 생활에 응용할 만한 가치가 떨어진다는 비판적 시각도 있지만, 그 사건들이 현재에도 얼마든지 일어날 수 있는 어떤 정해진 유형 같은 것이라면 미래를 예측하고 삶의 지혜를 연구하는 데 도움이 될 것이다.

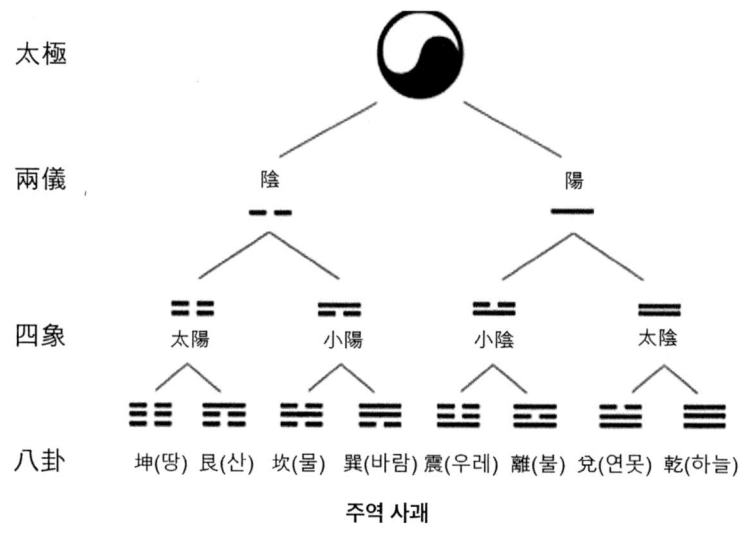

주역 사괘

이제마는 사상체질을 주역의 사괘(사상)를 바탕으로 태양인·태음인·소양인·소음인으로 분류하였는데,『동의수세보원』서문을 보면, "하늘과 땅과 사람의 생성 원리는 합하면 태극이라 부르고, 나누면 삼극이라 부른다. 태극은 음양을 낳고 음양은 사상을 낳는다. 하늘에는 춘하추동의 사시(四時)가 운행하고 땅에는 동서남북의 사방(四方)이 정해지고 사람은 태소음양의 사상(四象)이 구분되어 각기 소멸, 성장하고 차고 비는 등의 원리를 가지게 되며 동시에 1만 가지로 변화하고 생성하는 생기를 갖게 된 것이다"라고 하였다.

사괘와 팔괘를 사상체질에 대입하면, 태(兌: 연못=태양인), 건(件: 하늘·태양=태양인), 손(巽: 바람=소양인), 감(坎: 물=소양인), 간(艮: 산=태음인), 곤(坤: 땅=태음인), 진(震: 우레=소음인), 리(離: 불=소음인)로 나뉘며, 앞의 4괘는 양에 해당하며 뒤 4괘는 음에 해당한다. 하지만 주역은 해석이 분분하여 괘는 사상체질과 반드시 일치하지는 않는다.

양				음			
건(件: 하늘) 태양인		감(坎: 물) 소양인		곤(坤: 땅) 태음인		리(離: 불) 소음인	
태(兌: 연못) 태양인		손(巽: 바람) 소양인		간(艮: 산) 태음인		진(震: 우레) 소음인	

음양, 생명 창조의 원리

 기독교의 성경을 보면 제일 먼저 세상 만물을 있게 한 천지창조에 관한 기록이 나오는데, 천지창조의 순서에서 가장 먼저 한 것은 빛과 어두움을 나누어 밤과 낮을 있게 한 일이다. 빛과 어두움은 시간의 흐름을 말한다. 어두운 밤이 지나면 밝은 아침이 온다. 밤은 낮으로 이어지면서 시간을 만든다. 시간은 생명 원리에서 가장 으뜸 요소다. 시간이 없으면 생명도 없다. 천지창조에서 가장 먼저 빛과 어두움을 만든 것은 시간이 바로 생명 창조를 위한 필수 요소였기 때문이다. 시간의 흐름 속에서 비로소 생명은 존재한다.

 여기서 빛과 어두움은 바로 음과 양의 상징이다. 음과 양의 원리에서 시간이 만들어졌듯이 음과 양은 항상 조화를 이루어야 한다. 그것이 창조 원리다. 공간도 육지와 육지 위 공간의 두 개로 나뉘고, 물로 육지 아래 물과 육지 위 물로 나뉜다. 물은 육지 위에만 있는 것이 아니다. 땅속에도 물이 있다! 사람도 남과 여 둘로 나뉜다. 모든 것은 쌍으로 창조되었고 둘이 아닌 것이 없다. 생명 중 으뜸은 사람인데 사람은 남자와 여자로 창조되었다. 왜 둘을 만들었을까? 똑같은 사람이지만 기능과 모양을 서로 다르게 한 이유는 무엇일까? 그것은 바로 생명 창조의 원리를 사람에게도 똑같이 적용한 것이다. 모든 생명체의 원리와 설계도는 기본적으로는 같다. 따라서 혼자 사는 건 생명 창조의 원리를 거스르는 일이다. 음과 양의 조화가 없이는 생명체가 탄생될 수 없다. 음과 양은 분리되어서는 생명을 만들 수 없다. 음양 조화는 생명 탄생뿐 아니라 생명을 연장하는데도 작용한다. 이성 간 교제와 상호 관계는 면역력을 높이고 생명을 재생하여 건강 상태를 향상하며 노화를 늦추어 수명을 연장한다.

음양의 이치는 생명체뿐만 아니라 비생명체나 추상적인 현상에도 널리 적용된다. 하늘과 땅, 해와 달, 냉온, 흑백, 앞뒤, 생사, 창과 방패, 성공과 실패, 참과 거짓, 선악, 강약, 신과 인간, 남북, 좌우, 영혼 육체, 승패, 공과 사, 허와 실 등 무궁무진하다. 둘은 함께 존재하기도 하고 따로 존재하기도 한다. 평소에는 따로 떨어져 있거나 서로 대치하다가도 또 어떤 경우는 나란히 함께 공존하기도 한다. 어쩌면 우리 인생은 음과 양의 파도타기인지도 모른다.

서양철학의 정반합(正反合) 이론은 음양론과도 부합한다. 정과 반이 조화를 통해 합으로 나아가듯이 음과 양도 조화를 통해 온전한 상태로 나아간다. 정과 반이 합을 이루려면 먼저 상호 이해와 인정이 전제되어야 한다. 타협, 즉 다시 말해 합은 이해와 인정함이 없이는 이루어지지 않는다. 한쪽만으로는 합을 이룰 수 없다. 한쪽만으로는 완전하지 못하다는 말이다. 한쪽으로만 치우쳐선 온전함을 이루지 못한다. 지식이든 사상이든 무엇이든지 한쪽으로 치우치면 무서운 일이 벌어진다. 정반합 이론이 유물론으로 나아간 것도 이러한 까닭이다.

동양철학이 생명 창조 이치를 음양 원리로 간파한 것은 실로 치밀하고 현명하다. 아주 단순하지만 더 이상 지루한 설명이 필요 없을 만큼 간단명료하다. 음양 원리에는 반드시 조화라는 단어가 따라붙는다. 동양철학은 시작부터 조화를 추구한다. 장황한 논리와 까다로운 문구로 치장된 서양철학과는 사뭇 다르다. 음과 양의 조화로부터 모든 것은 비롯되며, 그 조화가 깨지면 생명 창조 질서도 함께 무너진다.

사상체질론은 음양 이론을 바탕으로 세워졌다. 사상체질론이 추구하는 것은 서로 다름에서 시작하여 조화로 나아가는 생명 창조 원리를 그대로 따르고 있다.

음양오행

음양설과 오행설은 원래 서로 독립되어 있었으나 세월이 흐르면서 두 관점이 하나의 이론으로 통합되었는데, 음양오행설이 우리나라에 전래된 것은 삼국시대부터이며, 조선 후기에 이르기까지 성리학과 유교적 세계관에 접목되면서 우리 민족 사상에 큰 영향을 끼쳤다.

음양은 서로 상반이지만 대립 개념이 아니다. 오히려 조화다. 조화의 원리가 음양의 본질이다. 음양은 조화를 통해 생명 창조의 원리를 이어간다. 음양, 흑백, 밤낮, 남녀 이 모든 것은 서로가 조화를 이룰 때 생명을 탄생시키고 수명을 이어가게 한다.

남한과 북한도 마찬가지다. 서로 대립이 아니라 조화와 협력을 통해 균형을 이루어나간다면 지금보다 훨씬 더 발전하고 백성의 삶은 윤택해질 것이다. 쓸데없이 서로 총부리나 겨누고 있어 봤자 결코 나아질 게 없다.

나라와 나라도 마찬가지다. 나라 사이에 대립과 반목보다는 협력과 상생, 조화의 외교를 펼쳐나간다면 양쪽 다 훨씬 더 풍요롭고 평화로운 삶을 누리게 될 것이다. 대립과 분쟁은 공멸을 자초할 뿐이다. 혼자만 살겠다고 자국 이익 중심으로 나가는 건 매우 위험한 노릇이다.

오행(五行)은 글자 그대로 다섯 가지 걸음걸이라는 뜻으로, 우주 만물이 변화하는 양상을 말한다. 음양오행론은 만물이 다섯 가지 성질인 불(火)·물(水)·나무(木)·쇠(金)·흙(土)으로 구성되며, 음양과 함께 작용하면서 우주 만물이 생성하고 소멸하는 가운데 오행은 서로 조화하기도 하고 발전 및 쇠퇴한다는 이론이다. 오행은 정상적일 때는 상생(相生)과 상극(相剋)하며, 이 균형이 깨어지면 상승(相乘)과 상모(相侮) 현상이 일어난다. 상생과 상극은 정상적이지만, 상승과 상모는 비정상적인 현상이다. 오행론을 인체에 적용해 만든 것이 바로 사상의학이다.

오행에서는 물의 역할이 가장 크다. 물은 흙에 생명을 불어넣으며, 나무가 성장하는 데도 물은 필수다. 물은 불과 쇠를 다스린다. 불은 모든 것을 태워 없애지만, 물은 생명을 유지하고 성장시킨다. 물은 쇠를 다스림으로써 생명을 지켜낸다. 물이 없다면 생명은 유지되기 어렵다. 모든 생명체에는 물이 필수다. 인간의 몸 역시 물이 대부분을 차지한다.

오행 가운데 물·나무·쇠·흙의 네 가지는 성질을 지니며 실체가 있지만, 불(火)은 실체가 없다. 따라서 오행의 본질은 사행이라고도 하겠으나 불(火)의 존재를 결코 무시할 수 없다. 오히려 불은 모든 것을 변화시키며 모든 것에 영향을 끼친다. 물을 끓이고, 수증기로 날려 보내기도 하며, 나무를 태워 에너지로 만들고, 쇠를 단련시켜 더 강하게 하며, 흙을 구워 벽돌과 도자기를 만들기도 한다. 오행에서 불의 역할은 바로 화목(和睦)에 있다. 상대를 해치거나 망가뜨리는 게 아니라 더 좋은 상태로 단련하거나 변화시키는 것을 돕는다.

오행의 형태는 여러 다른 분야에서도 적용된다. 방향을 나눌 때 동·서·남·북(東西南北)으로 사방이라 하지만 사실은 그 가운데 하나가 더 있는데 그것은 바로 중앙이다. 중(中)은 중심이자 축이며 핵이다. 중이 없으면 방향도 있을 수 없다. 따라서 엄밀하게 말해서 방향은 동서남북 사방이 아니라 중을 더해 오방(五方)이라고 해야 한다.

　오방은 색으로도 표현하는데 흑·백·청·황·적으로 이를 오채, 오색 또는 오정색이라 부르며 흑색은 북방, 백색은 서방, 적색은 남방, 청색은 동방, 황색은 중앙을 가리킨다. 청은 동쪽의 수호자 좌청룡으로 용을 상징하며, 백색은 서쪽의 수호자 우백호로 호랑이를 상징하며, 적색은 남쪽의 수호자 남주작으로 봉황을, 흑색은 북쪽의 수호자 북현무로 거북을 상징하며, 황색은 중앙의 수호자 황룡으로 황제를 상징한다. 오방은 궁이나 건물을 지을 때 각각 문마다 상징 형상을 그림이나 조각으로 표현하여 건물을 지키는 수호신으로 삼았다. 군사에서도 다섯 가지 색깔에 문양을 그린 오방기를 군영에 사용하였다.
　계절도 마찬가지다. 우리는 봄·여름·가을·겨울 사계절만 있는 것으로 알지만, 사실은 그사이에 사계절을 이어주는 역할을 하는 간절기가 있다. 계절은 하루아침에 바뀌지 않는다. 계절은 반드시 간절기를 거치며 바뀌지만 우리는 그것을 잘 알아차리지를 못할 뿐이다. 간절기는 계절이 다음 단계로 나아가는 준비 기간이다. 그러므로 계절도 마찬가지로 사계(四季)가 아니라 오계(五季)가 맞다. 계절을 오방과 색에 대입하면 봄은 동쪽과 청색에 해당하고, 여름은 남쪽과 적색, 가을은 서쪽과 백색, 겨울은 북쪽과 흑색에 해당한다.

지구의 대륙도 바다를 중심으로 대서양·태평양·인도양·북극해·남극해의 오대양(五大洋)으로 나누어져 여섯 대륙을 이룬다.

감각은 오감(五感)이라 하여 시각(보는 것, 눈), 청각(듣는 것, 귀), 후각(냄새, 코), 미각(맛, 입), 촉각(접촉, 피부)으로 구분하며, 맛에도 쓴맛·단맛·매운맛·짠맛·신맛 등 오미(五味)가 있다.

또한 우리의 몸을 표현할 때 오장육부(五臟六腑)라고 한다. 오장은 간장·심장·비장·폐장·신장을 말하며, 육부는 대장·소장·위장·담낭·방광·삼초를 말한다. 오장의 핵심은 심장이며, 육부의 핵심은 위장이다. 육부는 망가져도 죽지는 않지만, 오장은 망가지면 죽는다. 육부 가운데 삼초(三焦)는 장기가 아니라 장기와 신체 부위를 상초(심장·폐), 중초(비위·간담), 하초(신장·방광·소장·대장)로 삼등분하는 구분과 경계를 뜻하므로 엄밀히 말하면 우리 신체는 오장 오부다.

『황제내경』에서는 사람의 체형을 오행에 결부하여 태양인, 태음인, 소양인, 소음인, 음양화평인의 다섯 가지로 분류했는데, 이제마의 사상체질이론도 이를 기초로 하였다. 사상체질론에서 가장 중요하게 다루는 핵심은 사상인이 아니라 음양화평인에 있다.

이렇듯 음양오행론은 우리 삶의 여러 부분에서 활용되고 있으며 일부 사람들은 이를 억지 이론이라고 비하하기도 하지만, 누가 뭐래도 이를 전혀 무시할 순 없다.

4생

4는 동양, 특히 우리나라에서는 일반적으로 죽음(死)을 의미하는 숫자라고 여기는데 철학적으로는 오히려 생명의 순환 원리로 본다. 4는 생명의 숫자이며 완전성을 나타내며 질서를 상징한다.

예를 들면, 생명의 조건인 4대 원소는 물(水)·불(火)·공기(風)·흙(土)의 네 가지이며, 삶을 통틀어 생로병사(生老病死)라고 하며, 계절도 춘하추동(春夏秋冬)의 네 가지로 분류하고, 방위를 나타낼 때 동서남북(東西南北) 사방으로, 주역의 사주도 생년월일(生年月日)을 말하며, 방향은 전후좌우(前後左右), 기온과 기후의 성질은 건열냉습(乾熱冷濕), 얼굴은 이목구비(耳目口鼻), 직업을 논할 때도 사농공상(士農工商)이라 한다. 그 외에도 희로애락(喜怒哀樂), 생사화복(生死禍福) 등 사자성어로 이루어진 말들은 너무나도 많다. 네 단어만으로 표현하지 못할 대상이 없을 정도다.

이렇듯 우리 삶의 여러 이치와 부분을 논리적으로 다루거나 철학적으로 접근할 때 4는 여러모로 매우 유용하게 쓰인다. 4는 가장 단순해 보이지만 가장 완전하며 생명을 뜻하는 숫자다. 사상체질론도 동양철학에 바탕을 둔 것으로 사람의 체질을 네 가지로 분류하였다. 이제마는 모든 것을 네 가지로 정리하여 새로운 체계를 제시했다.

1주일

달력은 서양에서 시작되고 일주일이 만들어진 유래와 원리는 여럿이 있지만, 우연인지는 모르나 동양철학 원리와도 정확하게 일치한다. 일월화수목금토, 음양오행 원리를 가장 분명하게 담고 있는 것이 바로 달력에 있는 1주일 주기다. 월(달)과 일(해)은 음과 양을 상징하고, 화수목금토는 오행을 나타낸다. 이는 곧 음양오행의 원리를 통해 시간이 흐르고 자연의 생명이 유지되며 우리의 삶이 흘러가고 있다는 것을 뜻한다.

해와 달이 있어야 시간이 흐르고, 시간의 흐름이 있어야 생명이 일어난다. 그리고 오행인 화수목금토(불·물·나무·쇠·흙)는 생명이 살아가는 데 필수 요소다.

일주일 단위 기간은 그 생명의 흐름을 유지하기 위한 질서를 담고 있다. 제일 먼저 빛(태양)이 있고 밤과 낮이 반복되면서 비로소 시간의 흐름이 유지되며, 음과 양의 조화가 있어야 생명이 잉태되고 탄생하며, 모든 생명체는 화수목금토라는 생명 유지에 필요한 요소들을 바탕으로 삶을 영위해가는 것이다.

그 주기가 1주일 단위로 반복되는 것은, 모든 생명체는 생명 유지에 있어 재생 작업이 필요하다는 것을 뜻한다. 모든 생명체는 생체 주기가 있다. 생명체에는 밤과 낮, 빛과 어두움이 있어야 하고, 생명 유지에 필요한 요소들과도 조화를 이뤄야 하며, 그 과정은 일정한 시간과 주기를 가지고 반복되어야만 한다. 물론 모든 생명 주기가 반드시 일주일 단위로만 정해지는 것은 아니지만, 대부분 생명체의 기본 주기는 일주일 단위로 일어나며, 특히 인간은 이 주기에 따라 창조 이래 지금까지 살아왔다.

그런데 한 가지 의아스러운 것은, 오늘날 왜 일요일이 쉬는 날로 바뀌었을까? 이는 기독교의 영향이 크다. 성경을 보면 지금의 일요일 격인 안식일은 일요일이 아니라 토요일이었다. 6일간 일하고 쉬는 날이 토요일이었다. 일요일은 끝이 아니라 새로운 생명의 시작점이었다. 오늘날 일요일이 휴일로 바뀐 건 바로 기독교의 중심인 예수가 부활한 날이기 때문이다. 예수 부활로 안식일은 없어지고 그 안식일은 일요일로 대체되었다. 예수 탄생 이전의 세계(BC)에서는 토요일이 안식일이고 일요일이 1주일의 시작이었지만, 예수 부활 이후 시기(AD)부터는 일주일의 시작이 자연스럽게 월요일로 바뀌게 되었다.

하지만 안식일의 개념만 바뀌었을 뿐, 여전히 상징적으로는 1주일의 시작이 일요일이라는 건 변함이 없다. 예수 부활로 죽었던 생명이 다시 살아난 것처럼 예수 부활을 기점으로 모든 생명체가 회복하고 다시 새 생명을 유지해가는 시작점은 여전히 일요일이라는 것에는 의미가 같기 때문이다. 빛이 모든 생명의 근원이듯 일요일이 일주일의 시작이다. 그것은 생명 창조의 원칙이며 음양오행의 원리다.

컴퓨터와 음양 이론

컴퓨터의 중앙처리장치인 CPU가 사용하는 언어는 0과 1의 2진수로 이루어진 기계어인데, 우리는 기계어를 잘 이해하지 못한다. 왜냐하면 그것은 일종의 암호처럼 되어 있기 때문이다. 이 기계어로 된 언어를 사람이 인식할 수 있는 것으로 바꿔주는 것을 니모닉(기억술)이라 하는데, 개발된 다른 언어들은 컴퓨터가 이해할 수 있는 기계어로 번역되어 전달되며 기계어는 모든 프로그래밍 언어의 종착지와 같다.

기계어는 비트 단위로 표현하기 때문에 0과 1의 이진수 형태로 표현된다. 개념을 이해하기 위한 수단으로 0과 1을 쓴 것뿐, 엄밀히 말해서 숫자는 아니며, 음과 양 또는 있고 없고 정도의 개념으로, 흰색과 검은색, 음극과 양극과 같이 서로 대조되는 수단일 뿐이다.

다시 말하면 그 복잡한 연산을 하고 엄청난 일을 수행하는 컴퓨터도 알고 보면 음과 양의 원리로 작동한다는 것이다. 이렇듯 음양 이론은 생명체뿐만 아니라 비생명체에서도 작동 원리로 쓰인다. 음양 이론은 모든 것을 가능케 하는 지혜를 담고 있으며, 생명을 이루는 가장 기본 수단이다.

일월오봉도

　일월오봉도(日月五峯圖)란 조선 왕실 왕의 권위와 존엄을 상징하는 그림으로 해와 달, 다섯 개의 봉우리, 소나무, 두 개의 폭포와 물이 그려져 있는 병풍을 말하며 정전 용상 뒤에 배치했다. 해는 왕, 달은 왕비를 상징하고, 하늘과 땅, 물과 나무는 오행을 의미하는데, 오행 가운데 불과 쇠는 각각 붉은색과 푸른색으로 표현했다. 폭포와 소나무 그리고 해와 달이 모두 두 개인 것은 음과 양의 조화를 뜻하며, 다섯 개의 봉우리는 오행의 의미를 품고 있다. 일월오봉도는 신비롭게도 그 자체로 다름 아닌 음양오행의 원리를 고스란히 담고 있다.

　일월오봉도는 단순히 왕의 위엄을 상징하거나 아무 뜻 없이 그린 그림이 아니라 임금이 나라와 백성을 다스림에 있어 음양오행의 원리를 바로 알고 온 나라 백성이 배부르고 평화로운 삶을 영위하게 하는 책임과 깊은 정치철학을 그림에 새겨놓은 것이다!

　그저 왕의 위엄을 나타내려고만 했다면 중국처럼 용을 그리거나 미국처럼 독수리 또는 용맹스러운 호랑이를 그려 넣었을 것이다. 특이하게도 우리나라는 그런 상징물보다는 음양오행의 원리와 심오한 철학이 담긴 그림을 왕의 집무실에 붙여놓았다. 이 얼마나 위대한 지혜가 담긴 생각이란 말인가! 우리는 이 사실을 분명히 알고 자랑스러워해야 한다. 일월오봉도는 중국이나 일본에는 없고 우리 조선에서만 제작되고 사용되었으며, 이는 충분히 자랑스러워할 만한 문화이자 소중한 가치임이 분명하다.

정치에도 음과 양의 조화는 매우 중요하다. 모든 백성을 함께 아우르는 상생의 정치, 폭력과 탄압이 아닌 자유와 인권이 보장되는 화평의 세상을 만드는 것이 정치의 목표가 되어야 한다. 모든 백성을 편안하게 하고 네 편 내 편 없이 조화와 화평을 이룬 세상, 모두가 행복하고 아름답고 풍요로운 삶을 영위하도록 돌보고 힘쓰는 것이 정치의 목적이 되어야 함을 일월오봉도는 우리에게 가르쳐준다.

태극기

 태극기는 1882년 5월 22일(고종 19년) 조선과 미합중국 사이에 체결된 수교 조약에서 최초로 사용되었는데, 본래 국기가 없던 조선에서 조약을 체결하기 위한 외교적 상징물이 필요하다는 미국 측의 제의로 김홍집이 역관 이응준에게 명하여 국기를 그리게 하였다. 이때 사용된 태극기는 현존하는 가장 오래된 것으로, 이후 통리교섭통상사무아문 등에서 도안하여 이듬해인 1883년 3월 6일 고종에 의해 공식 국기로서 공포되었다.

 대한제국이 1910년 국권을 상실한 이후 일제에 의해 사용이 금지되었으나 1919년 3·1 운동 이후 대한민국 임시정부에 의해 국기로서의 정통성이 계승되었고 광복 이전까지 한국 독립운동의 상징으로 사용되었다.

 과거 초등학교 시절 학교에서 태극기를 그려보는 수업이 있었다. 아마도 교과서에 수록이 되어 있었던 걸로 기억한다. 하지만 워낙 오래돼서 기억이 가물가물하다. 지금 태극기를 정확하게 그려보라고 하면 과연 제대로 그릴 수 있을지 모르겠다. 건이감곤 4괘의 배열 순서조차도 헷갈린다. 게다가 국기가 어떤 의미를 담고 있는지 제대로 아는 사람이 얼마나 있을까? 학교에서도 그리는 법만 배웠지, 그 속에 담긴 의미는 제대로 배운 적이 없는 듯싶다. 국민 가운데 태극기를 똑바로 그릴 수 있고 또한 그 의미를 제대로 설명할 수 있는 사람이 과연 몇이나 될까? 인터넷을 찾아봐도 태극기에 대한 설명이 아주 자세하게 나와 있지는 않다. 그저 수박

겉핥기식으로 짧게 서술만 해놓았을 뿐이다. 그것도 사람마다 조금씩 설명이 다르고 정확하게 이거라고 딱 규정해놓은 건 없으며 현대에는 태극기 문양에 대한 비판적인 시각도 많다.

태극기는 다른 나라 국기들과는 달리 모양이 조금 특이한데, 흰색 바탕에 가운데에는 청홍 태극 문양이 있으며 그 주위를 4괘가 감싸고 있는 형태를 이루고 있다. 기본 문양 자체는 바로 주역에 나오는 음양론에서 따온 것으로, 따라서 태극기에는 동양철학의 의미가 담겨 있다. 국기 문양에 철학적 의미를 새겨 넣은 나라는 어쩌면 전 세계 국기 가운데 대한민국이 유일할지도 모른다.

태극기에 담긴 의미를 하나하나 짚어보면, 먼저 바탕의 흰색은 백의민족이란 말처럼 평화를 사랑하는 민족성을 나타내며, 가운데 청홍색 태극은 삼라만상을 움직이게 하는 우주의 순환 원리와 음과 양의 조화를 통한 생명 창조 원리를 담고 있다. 태극 문양 주위에 4괘인 건이감곤(乾離坎坤)은 각각 하늘과 땅, 물과 불을 의미한다.

주역에서는 우주 만물의 창조와 운용 원리를 8괘인 태(兌: 연못), 건(件: 하늘·태양), 손(巽: 바람), 감(坎: 물), 간(艮: 산), 곤(坤: 땅), 진(震: 우레), 리(離: 불)로 표현했는데, 태극기를 만들기 이전 조선시대 어기(御旗)에는 8괘를 모두 넣었으며, 최초 태극기를 처음 도안할 때도 8괘를 모두 넣는 것을 고심하기도 했으나 너무 복잡해 그리기가 어렵다는 의견이 있어 대칭을 이루는 4괘만 넣었다고 한다.

요약하면, 태극기는 우주 만물이 음양의 상호 작용에 의해 생성하고 번성하듯 나라의 무궁한 번영과 아울러, 만백성이 서로 어우러져 조화를 이루고 살아가는 평화롭고 행복한 세상을 추구한다는 뜻을 담고 있다고 하겠다. 번영과 조화와 평화는 태극기 핵심 사상이다.

태극기는 사상체질론 사상과도 일맥상통하는데, 그것은 태극기와 사상체질론 모두 주역의 음양론을 바탕으로 하고 있기 때문이다. 이제마가 사상체질론을 통해 말하고자 했던 '음양화평지인'이 바로 태극기에 담긴 의미와 같다.

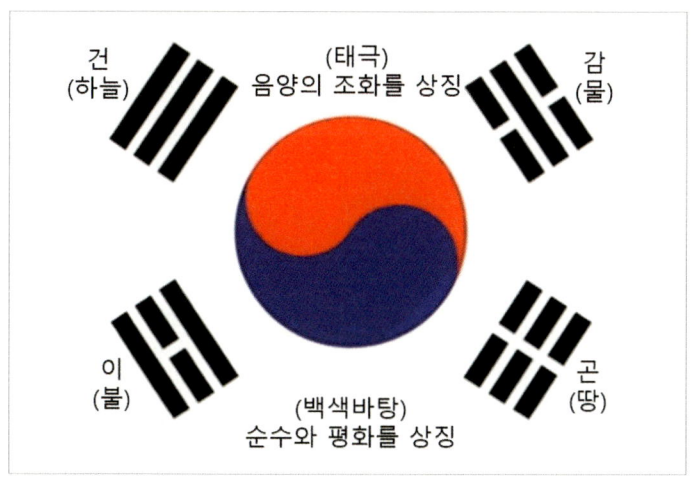

훈민정음

훈민정음은 세종대왕이 1443년 창제하고 1446년 반포한 문자로, 오늘날 우리가 한글이라 부르는 문자의 바탕이다. 정음을 '언문'이라고도 하는데 이는 문자를 비하하려는 의도가 아니라 본시 사람들이 주고받는 말을 그대로 옮겨 적을 수 있다는 뜻이 담겨 있다. '정음'도 말을 문자로 표현하는 '바른 소리'란 뜻이다. 실제로 문자로 표현하지 못할 소리가 없을 정도로 정음은 뛰어난 문자다. 정음은 다목적성에 부응한 다기능성을 지닌 매우 실용적인 문자다.

해례본 반포 서문에서도 나타나 있듯이 문자가 없어 제 뜻을 드러내지 못하는 백성들의 불편함을 없애고자 임금이 직접 문자를 만든 것이다. 훈민정음은 단순히 한자를 읽기 위해 만든 발음기호가 아니며, 여기저기서 문자를 빌려다 짜깁기로 대충 만들어낸 문자가 아니다. 언어학적 지식뿐 아니라 천지인과 음양오행의 원리를 바탕으로 만든 철학적인 문자이며, 음악·수학·천문학 등 다양한 학문을 배경으로 만든 과학적인 문자다.

문자 하나하나는 각자 소리가 나는 위치에 따라 모이며 서로 어우러져 조화를 이룬다. 모음은 하늘과 땅 가운데 사람을 중심으로 동서남북으로 쌍을 이루며 펼쳐지는데, 남거나 모자라지도 않으며 더함도 덜함도 없으며, 크게는 양(맑은 소리)과 음(어두운 소리) 둘로 나누어진다. 자음도 마찬가지로 발음되는 위치에 따라 동서남북중으로 서로 모이고 나뉘며, 이를 오행이나 오음에 견주어도 딱 들어맞는다.

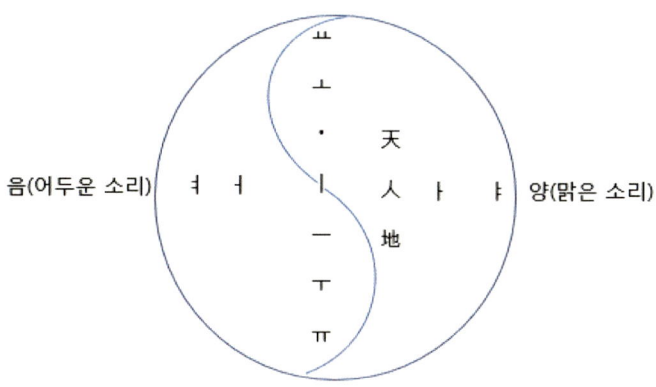

모음 11자 제자 원리
(출처: 한글 탄생의 역사 훈민정음해례본, 김슬옹 해제, 2015, 교보문고)

모음에는 천지인이 음양 사상과 조화를 이루는 문자 철학이 담겨 있다. "천지자연의 이치는 오로지 음양오행뿐이다. 그러므로 사람의 말소리는 모두 음양의 이치가 있는 것인데, 생각해보니 사람들이 살피지 못했을 뿐이다. 이제 정음이 만들어지게 된 건 애초부터 지혜를 굴리고 힘들게 찾은 것이 아니고 단지 말소리의 이치를 끝까지 연구한 것이다(정음해례편 제자해)."

	혀	
	치	
불 (火)	ㄴ ㄷ ㄹ ㅌ	여름
	북	

어금니				입술				이		
	각				궁				상	
나무 (木)	ㄱ ㅋ ㆁ	봄		흙 (土)	ㅁ ㅂ ㅍ	늦여름		쇠 (金)	ㅅ ㅈ ㅊ ㅿ	가을
	서				중앙				동	

	목구멍	
	우	
물 (水)	ㅇ ㆆ ㅎ	겨울
	남	

자음 17자에 담긴 원리

훈민정음해례본 제자해에서는 초성(자음)을 철학(오행), 음악(오음), 자연(오시, 오방)의 오행 원리로 분류하고 있다(출처: 한글 탄생의 역사 훈민정음해례본, 김슬옹 해제, 2015, 교보문고).

이토록 체계적이고 철학적인 문자가 전 세계 어디에 또 있을까? 자음과 모음이 서로 조화를 이루며 체계적인 질서를 지니고 구현되는 문자는 전 세계에서도 찾아보기 드물다. 우리는 우리 문자에 자부심을 품어야 한다. 이토록 고차원의 문자를 가지고 있으면서도 다른 나라 문자에 더 관심을 두고, 다른 문자와 함부로 섞어서 고유한 문자 질서를 어지럽히며 엉터리 언어를 만들어 쓰기를 유행처럼 좋아하고 있으니 참으로 안타까운 노릇이다. IT산업이 발달하면서 전 세계가 우리 문자에 주목하고 있다. 사람의 입에서 나는 모든 소리를 글로 표현할 수 있는 건 한글을 뛰어넘을 만한 문자가 없다. 우리만 우리 문자를 스스로 천시하고 하찮게 여기는 건 아닌지 깊이 돌이켜 볼 일이다.

제4장

사상체질 분석

사상체질 판별 질문지

 사상체질에서 가장 중요한 것은 자신의 체질을 어떻게 아느냐는 것이다. 사상의학에서는 체질 진단의 기준을 크게 네 가지로 분류했는데, 첫째는 몸의 형태와 발달 여부로 가리는 체형 기상, 둘째는 얼굴의 형태와 말하는 태도로 가리는 용모 사기, 셋째는 타고난 성격과 재능으로 가리는 성질 재간, 넷째는 평소 증상과 약물에 대한 반응으로 가리는 병증 약리이다. 이는 오늘날 한방병원에서 체질 감별 방법으로 주로 사용하고 있다. 하지만 분류에 따른 구체적인 기준이 없고 현장에서 실제로 적용하는 사람마다 해석에 차이가 있어 공통된 답을 찾기는 쉽지 않다. 혹여라도 체질을 잘못 감별하여 처방을 내린다면 큰 문제가 될 수도 있다.

 사상체질을 판별할 때 일반 사람들이 가장 손쉽게 접근할 수 있는 건 바로 질문지를 통한 방법이다. 체질이 갖는 특성들을 미리 분석하고 분류하여 본인에게 맞는 항목을 선택하게 하는 방식이다. 한 가지 주제를 정하여 주제별로 선택하게 하는 방법도 있고, 체질별 전체 특성을 놓고 자신에게 해당하는 항목을 선택하게 하는 방법도 있다. 더욱 정확한 자신의 체질을 알아내기 위해서는 여러 가지 방법을 동시에 다 사용하는 것이 좋다. 하지만 질문지마다 내용이 다르고 접근 방법이 달라 이것도 완벽하다고는 할 수 없다.

 결과는 반드시 체질에 따른 항목과 일치하지 않을 수도 있으며 다른 체질에서도 선택지는 얼마든지 나올 수 있다. 왜냐하면 이중 체질이나 다중 체질일 경우는 여러 항목이 동시에 해당하기 때문이다. 결과가 한 방향으로 나오지 않는다고 해서 이상하게 여기거나 선택지를 애써 수정할 필요가 없다. 항목을 선택할 때는 자신의 감정에 충실하여 솔직하게 있는 그대로 바라보는 자세가 필요하다. 미래에 바라는 것이나 그랬으면 좋겠다는 식의 정답을 요구하는 것이 아니므로 현재 상태와 생각에 집중해야 한다.

여기에 수록한 질문 항목은 여러 질문지를 참고하고 분석하여 될 수 있으면 중복되지 않고 확실한 내용만 추렸다. 질문지 형식으로 된 선택지는 위로부터 소음인, 소양인, 태음인, 태양인 순이다. 전체 질문지를 다 선택하고 나서 그 숫자를 체질별로 분류해 세어 적고 가장 많이 나온 숫자부터 시작해서 세 가지 체질까지를 분석에 사용한다. 단, 한 가지 체질에 속하는 선택 항목이 5항목 이하면 그 체질은 배제한다.

결과를 분석하는 방법은, 네 가지 체질 항목에서 가장 많이 나온 체질부터 세 번째 체질까지 가린 후 가장 많은 숫자는 주 체질, 다음은 부 체질로 보고 세 번째 체질까지 숫자가 5항목 이상일 경우만 취한다. 예를 들어 소음인이 25항목, 태음인이 10항목, 소양인이 4항목이면 소음인이 주 체질이고 태음인이 부 체질인 이중 체질에 해당하며, 소양인은 4항목으로 5항목 이하이므로 배제한다. 만약 어느 것이든 주 체질이 30항목 이상이 나왔다면 그는 부 체질과 관계없이 전형 체질로 본다.

※ 예
- 소음인 25, 태음인 10, 소양인 4
  → 이중 체질(주 체질: 소음인 / 부 체질: 태음인)
- 소양인 32, 태음인 6
  → 전형 체질(소양인)
- 소양인 27, 태음인 8, 소음인 6
  → 다중 체질(주 체질: 소양인 / 부 체질: 태음인, 소음인)

나의 체격은

상체보다는 엉덩이와 하체가 발달한 편이다.	소음
체구가 작고 아담하며 목과 허리, 발목이 가늘다.	소양
뼈대가 굵고 전체적으로 몸집이 크다.	태음
약간 마른 체격이며 상체가 발달한 편이다.	태양

어떤 일을 할 때

일하기 전에 먼저 계획부터 세워야 한다.	소음
먼저 시작해 놓고 본다.	소양
남이 계획한 대로 따라간다.	태음
다른 사람에게 시켜서 계획을 짠다.	태양

일할 때 가장 중요한 것은?

계획, 기획, 분석	소음
즐거움, 재미, 동기, 체험	소양
진행 과정	태음
목표, 성과, 실행	태양

나는

평소 땀이 잘 나지 않는 편이다.	소음
손발에 열이 많으며, 더워도 여름이 좋다.	소양
매운 음식을 먹으면 땀이 난다.	태음
추워도 겨울이 좋다.	태양

어떤 일을 하다가 문제가 생겼을 때

스스로 해결 방법을 찾아 해결한다.	소음
누군가가 대신 해결해주기를 바란다.	소양
잘될 것으로 생각하며, 함께 도와 해결한다.	태음
될 때까지 그냥 밀어붙인다.	태양

집을 지을 때 가장 중요한 것은?

설계, 기초, 마무리	소음
디자인, 꾸밈, 기술자	소양
안전, 내구성, 자재	태음
고급스러움, 웅장함, 비용	태양

노래방에 갔을 때 도우미에 관한 생각은?

우리끼리 노는 게 더 좋다.	소음
흥을 돋우기 위해서는 부를 수도 있다.	소양
도덕적이지 않으므로 부르면 안 된다.	태음
당연히 불러야 한다.	태양

나의 여행 스타일은?

유적지·박물관 탐방, 배낭·자유여행, 휴식, 치유	소음
친구 모임, 패키지, 명소, 맛집 탐방, 관광	소양
트레킹, 체류형, 유학, 취업, 목적 여행	태음
오지 체험, 탐험, 취미, 스포츠	태양

상대와 대화 중에 의견이 맞지 않으면?

대화를 중단하고 끝내는 것이 낫다고 생각한다.	소음
상대의 의견을 들어주고 내 의견도 분명히 말한다.	소양
내 의견을 낮추고 상대의 말을 들어본다.	태음
어떻게든 상대를 눌러 이기려고 한다.	태양

대인 관계 1

여럿이보다는 단둘이, 오래된 친구가 좋다.	소음
새로운 사람을 만나는 것을 좋아한다.	소양
다양하고 유명한 사람들과 어울리는 것이 좋다.	태음
단체 모임이나 시끌벅적한 모임이 좋다.	태양

대인 관계 2

처음 보는 사람과는 대화하기가 어렵다.	소음
처음 만나는 사람과도 대화를 잘한다.	소양
취향(취미)이 비슷한 사람과 대화하는 것이 좋다.	태음
뜻이 맞는 사람들과 만나는 것이 좋다.	태양

대인 관계 3

말하기 전에 먼저 생각하고 논리 있게 말한다.	소음
평소 말이 많고, 재미있게 꾸며서 말하는 편이다.	소양
말을 돌려서 하는 것을 싫어하며, 중재를 잘한다.	태음
상대가 내 말을 들어주지 않으면 화가 난다.	태양

부하 직원이 잘못을 저질러 문제가 생겼을 때

어떻게든 해결 방법을 찾아본다.	소음
누군가는 해결할 테니 신경 쓰지 않는다.	소양
다 잘 해결될 거라는 생각으로 기다린다.	태음
그냥 밀어붙인다.	태양

내가 가장 좋아하는 계절은?

아름답고 분위기 있는 가을이 좋다.	소음
따뜻하고 생기 돋는 봄이 좋다.	소양
편안하고 쉼이 있는 겨울이 좋다.	태음
여유 있고 활기 넘치는 여름이 좋다.	태양

좋아하는 음식은?

육류보다는 채소류, 데운 음식을 좋아한다.	소음
과일, 채소류, 찬 음식을 좋아한다.	소양
빵, 피자, 튀김, 육류를 좋아한다.	태음
해산물, 면 종류, 찬 음식을 좋아한다.	태양

사상체질별 기본 특징

소음인

- 나쁜 맛을 싫어하며 입맛에 민감한 편이다.
- 추위를 많이 타며 겨울이 가장 힘든 계절이다.
- 겁이 많고 무서운 영화를 잘 못 본다.
- 음식을 잘못 먹거나 몸이 좋지 않으면 설사나 배탈이 자주 난다.
- 세밀하고 정확하며, 계산적이고 짜임새를 중시한다.
- 계획성 있게 일을 추진하며 끝까지 마무리를 잘한다.
- 표현을 잘못해 타인의 관심을 받지 못하며 외롭고 우울감에 자주 빠진다.
- 타인의 도움보다는 혼자서 일해내려고 하며 자존심이 매우 강하다.
- 지나치게 논리적이고 치밀하여 인간성이 부족하다는 소리를 듣는다.
- 직설적으로 말하기보다는 은근히 돌려서 말하는 편이다.
- 상대의 약점이나 실수를 물고 늘어지기를 잘한다.
- 지기를 싫어하여 자주 부딪힌다.
- 앞에 나서는 것을 좋아하지 않으며 낯을 많이 가린다.
- 사람들과 관계를 맺기까지 오랜 시간이 걸린다.
- 사교성이 부족해 인간관계 범위가 좁다.

- 거절을 잘하지 못해 손해 보는 때가 많다.
- 작은 일에도 민감하게 반응하며 혼자 속을 끓일 때가 많다.
- 실행에 앞서 걱정이 많으며 완벽을 추구하다 보니 스스로 힘들 때도 있다.
- 남에게 피해를 주는 것도 싫지만, 도움을 받는 것도 좋아하지 않는다.
- 지나간 일에 집착하며 과거를 잘 잊지 못한다.
- 꽁해서 마음이 한번 틀어지면 잘 풀리지 않는다.

소양인

- 색채감각이 민감한 편이다.
- 웬만하면 옷은 갖춰 입으며, 화려한 옷을 좋아한다.
- 더위를 많이 타며 손발에 열이 많은 편이다.
- 찬 음식을 좋아하며, 무엇이든 잘 먹는다.
- 배탈은 잘 나지 않으나 몸이 좋지 않으면 변비가 생긴다.
- 쾌활하고 명랑하며 사람의 비위를 잘 맞추는 서비스 정신이 있다.
- 애교가 있으며 감성이 풍부하다.
- 솔직하고 진실하며 순수하다고 생각한다.
- 틀에 갇히거나 진지한 것보다 재미있는 것을 좋아한다.
- 규칙에 따르거나 간섭받는 것을 싫어한다.
- 변화를 추구하며 집안이나 주변 분위기를 자주 바꾼다.
- 기분에 따라 행동하며 욕심이 적다.

- 계획을 잘 세우지 못하며 즉흥적이다.
- 집 안에 있는 것보다 밖으로 나가 활동하는 것이 좋다.
- 자신을 가꾸기를 좋아하며, 사람들에게 관심받는 것을 즐긴다.
- 일을 벌이는 것을 두려워하지 않으나 끝마무리가 약하다.
- 일을 미루었다가 한꺼번에 하는 편이다.
- 민첩하고 순간적인 융통성이 빠르다.
- 활동적이고 외향적이며 긍정적인 편이다.
- 말을 들어주기보다는 말을 많이 하는 편이다.
- 친한 사람들과 어울리는 것을 좋아한다.
- 말이 앞서다 보니 난처한 상황이 생기기도 한다.
- 세밀함과 정확성이 부족하여 계산을 잘하지 못하며 꼼꼼하지 못하다.

태음인

- 냄새에 민감한 편이다.
- 숨이 차서 오래달리기를 잘하지 못한다.
- 감기에 걸리면 목이 불편하고 기침도 많이 한다.
- 음식을 먹으면 쉽게 살이 찌고 체구가 큰 편이다.
- 고집이 세며 고지식하다는 소리를 가끔 듣는다.
- 평소에는 편안한 옷을 즐겨 입는다.
- 간섭받는 것을 싫어하며, 욕심이 많은 편이다.
- 아부나 친절한 언행을 잘하지 못한다.

- 직장생활보다는 사업을 하는 편이 낫다고 생각한다.
- 변화나 도전보다는 안정을 추구한다.
- 밖으로 나도는 것보다 가정이나 안에 있는 것이 편하다.
- 의심이 많고 예민하며 까다롭고 신중한 편이다.
- 정이 많고 남을 도와주는 일을 좋아한다.
- 타인이 상처받지 않게 배려하는 편이다.
- 싫어하는 티를 잘 내지 않아 손해를 보는 경우가 있다.
- 세상은 살아갈 만하며 사랑과 봉사는 미덕이라고 여긴다.
- 평소에 잠이 많고 행동이 느리다.
- 문제가 생기면 긍정적으로 바라보며 잘 해결될 거라고 믿고 기다린다.
- 계획은 잘하나 진취성이 약하고 철저하지 못해 마무리가 약하다.
- 결단력이 약하며 겁이 많다.
- 정리 정돈을 잘 못하며 둔 물건을 잘 찾지 못한다.

태양인

- 냄새에는 둔감하나, 소리에는 민감한 편이다.
- 술은 좋아하지 않으며 술을 마시면 숙취가 오래간다.
- 문자나 카톡보다는 전화나 직접 만나서 이야기하는 것이 더 좋다.
- 진취적이며 개성이 강한 편이다.
- 과감하고 직설적이다.
- 자기중심적이고 독선적인 성향이 있다.

- 모르는 사람과의 관계도 어렵거나 거리낌이 없다.
- 틀에 박힌 조직 생활보다는 인간관계를 통해 일을 해나가는 것을 좋아한다.
- 자신에게 도움을 준 사람에게는 반드시 신세를 갚는다.
- 여러 가지 일도 한꺼번에 잘 처리하는 편이다.
- 집중력이 강하며 일 처리가 빠르다.
- 복잡하게 생각하는 것을 좋아하지 않으며 단순명료한 것이 좋다.
- 일은 빠르고 신속하게 처리해내야 직성이 풀린다.
- 너무 빠르게 진행하다 보니 실수가 잦고 타인을 힘들게 할 때도 있다.
- 의견이 대립하면 이기려는 생각 때문에 화가 나며, 인간관계가 악화하기도 한다.
- 변화와 혁신도 좋아하지만, 비타협적이고 독선적인 측면도 있다.
- 과정보다는 결과를 더 중요하게 여기며 목표 지향적이다.
- 일에 열정이 많고 욕심도 많은 편이다.
- 잔재주나 요령을 피우지 않으며 매사에 충실하다.
- 남에게 지기를 싫어하며 남보다 앞서거나 높이 올라가는 것을 추구한다.
- 무언가를 이루기 위해서는 열심히 노력해야 한다고 생각한다.
- 화를 잘 내며 참을성이 약하다.

사상체질별 특질 구분

태양인

① 특징

어깨와 등이 발달한 편이며 왜소한 체격이 많다. 목소리가 쩌렁쩌렁하여 마이크가 없이도 충분히 알아들을 정도로 크고 굵다.

자신만의 개성이 강하며 자신이 최고라는 생각을 지니고 있으며 물러설 줄을 모르며 후회도 잘 하지 않는다. 자기주장이 강하여 남을 잘 의식하지 않으며 제멋대로 행동하고 공중도덕을 무시하기도 한다. 돈과 권력에 욕심이 많고 돈과 힘이 있으면 모든 것을 할 수 있다고 믿는다. 자신의 욕구 충족과 목표 달성을 위해서는 주변을 돌아보지 않는다. 과정보다는 결과를 중시하며 목표 지향적이다. 모로 가든 똑바로 가든 서울만 가면 된다고 생각한다. 이상보다는 현실적이며 필요하다면 정략결혼도 마다하지 않는다. 말보다는 행동이 앞서며 과감한 성격으로 항상 자신감이 넘치며 적극적이다.

조직 장악력과 부하 관리 능력이 뛰어나며 보스 기질이 있다. 주변에 사람을 몰고 다니며 혼자 있는 것보다 함께 떼를 지어 다니는 것을 좋아하며 과시욕이 강하다. 필요에 따라 관계를 형성하는 경향이 있으며, 자신에게 도움을 준 사람은 끝까지 챙긴다.

문자나 카톡을 하기보다는 전화나 직접 만나서 이야기하는 것을 선호한다. 역사 드라마를 좋아하며 역사 지식에 밝으며 정치에도 관심이 많으며 보수적이다.

큰 사업가나 재벌 총수, 정치인이 많으며 조직의 두목이나 수장, 우두머리, 대표, 회장이 많다. 조직에 익숙하며 공정과 상식을 추구하지만, 권력이 생기면 통제와 억압도 마다하지 않는다. 태양인에게는 훌륭한 아내보다는 훌륭한 어머니가 많다.

연애관은 "가려거든 울지 말아요, 울려거든 가지 말아요. 그리워 못 보내는 님, 못 잊어 못 보내는 님. 당신이 떠나고 나면 사랑도 끝이 난다오"라는 노랫말 가사처럼 한번 틀어지면 뒤도 안 돌아보고 떠난다.

② 장점

물불을 가리지 않으며 화끈하며 빠른 직관과 판단으로 결단력이 있고 통솔력과 추진력이 강해 한번 시작하면 주저 없이 끝까지 밀어붙이며 끝장을 본다. 책임감이 강하며 자존심이 강하다. 직선적이고 적극적이며 진취적이다. 주변 분위기에 쉽게 동화되지 않는다. 문제 해결 능력이 뛰어나며 위기관리에 능하고 장군 같은 기질이 있다.

통이 커서 돈을 잘 쓰며 기왕이면 명품을 쓰며 기분이 내키면 종업원에게 팁을 잘 주는 편이다. 영리하고 조리가 정연하며 확고한 신념이 있으며, 이론적이며 치밀하고 결단력이 있다. 의외로 일편단심이며 자기 사람은 끝까지 챙기며 의리가 있다.

③ 단점

독단적이며 권위적이고 위압적이며 고압적이나 뒤끝은 없는 편이다. 강할 땐 강하지만 약할 땐 한없이 약하다.

추상적이며 관념적이고, 무미건조한 면이 있다. 정서적으로 메마르고 냉정하다. 비타협적이며 공격적이며 작은 건 무시하는 경향이 있다. 고집과 독선이 심해 주변 사람들과 융화가 잘 안되는 편이다. 자기편만 챙기다 보니 편 가르기로 인해 아군도 많지만, 적도 많다.

성격이 급하고 싸움을 좋아하여 사람들과 자주 부딪히며 특히 치받는 성향이 있어 공직 같은 조직 생활에서는 자칫 도태되어 낙오자가 되기도 한다. 성공해서도 혼자만의 세계에 갇혀 자칫 외로워지기 쉽다.

화를 잘 내며 참을성이 약하다. 순간적인 판단에 의존하며 감정의 기복이 심하다. 금방 웃다가도 금방 화를 낸다. 자선이나 봉사 같은 일에는 관심이 적다. 으스대고 큰소리치며 과장된 면이 있다. 쓰레기를 아무 데나 버리거나 침을 뱉거나 대중교통 및 극장에서 큰 소리로 전화를 하는 등, 공중 질서나 규칙을 무시하는 경향이 있다.

주변 사람들을 잘 챙기고 베풀면 나중에 어려운 처지가 되어도 도움을 받을 수 있지만, 평소 자기 것만 챙기고 욕심을 부리면 말년이 비참하게 되니 주의해야 한다. 여성일 경우 여성스러운 면이 적어 정상적인 부부 관계를 하기 어려우니 관계 개선을 위한다면 되도록 여성성을 살리도록 애써야 한다.

태음인

① 특징

　남자답게 잘생긴 외모가 많으며, 골격이 발달하여 덩치가 큰 편이나 균형 잡힌 몸매라기보다는 다소 둔해 보이며, 여자는 육감적이며 관능적인 면이 있다. 땀을 많이 흘리며 머리 쓰는 일보다는 힘쓰는 일을 좋아한다. 규칙을 잘 지키며 원칙대로 한다. 법 없이도 산다. 육식을 좋아하며 술은 잘 마시는 편이나 잘 못 마시는 사람도 있다. 분위기를 좋아하며 격식을 갖추는 것을 좋아하나 다소 털털한 면도 있어 성격 좋다는 소리를 많이 듣는다. 평화를 추구하며 포용적이고 너그럽고 이해심이 많으며 부드럽고 온순하다.

　도전보다는 안정을 추구한다. 현실적이고 상식적이며 욕심이 많다. 인내심과 끈기가 있으며 지구력이 좋다. 고집이 세서 자신이 좋아하는 일이 생기면 집요하게 파고들며 남의 눈치를 의식하지 않고 한 방향으로 계속해서 나아가며 쉽게 지치거나 도중에 포기하지 않는다. 식탐이 있어 새로운 음식에 호기심이 많고 식도락을 즐긴다. 조직 생활보다는 사업을 하는 편이 더 잘 어울린다. 참모 역할을 잘하지만, 막상 지도자가 되어도 잘해낸다. 태양인과 어울리면 혁명과도 같은 큰일을 이룬다. 계산과 수리에 밝으며 회계나 경리와 같은 사무적인 일 처리를 잘한다. 자신이 직접 고르기보다는 다른 사람이 사주는 물건(옷, 신발 등)을 거부하지 않는다.

　연애관은 시「진달래꽃」처럼 사귀다 헤어지면 돈을 챙겨주어서 보낼 정도로 고이 보내준다(나 보기가 역겨워 가실 때는 말없이 고이 보내드리오리다. 영변의 약산 진달래꽃을 아름 따다 가실 길에 뿌리오리다).

② 장점

정이 많으며 봉사 정신이 강해 남을 도와주는 것을 좋아한다. 어려운 사람을 보면 그냥 지나치지 못하고 열 일 제쳐놓고 나선다. 배려와 희생정신이 강해 남의 일에도 자기 일처럼 정성을 다하며 옳다고 믿으면 자기희생도 마다하지 않는다. 변화를 좋아하지는 않으나 잘 받아들이며 결정을 내리기까지 시간이 걸리지만, 한번 결정을 내리면 뚝심으로 끝까지 밀어붙인다. 위험하고 부담스러운 일은 저지르지 않으므로 경제적으로 손해 보는 일은 적다. 머리가 좋아 바둑을 잘 둔다. 목소리가 크고 굵으며 울림통이 커서 성악가가 많다.

③ 단점

조심스럽고 소심한 편이며 의심이 많아 돌다리도 두들겨보며 건너는 성격으로, 한번 내린 결정도 상황에 따라 마지막이 임박해서도 포기를 잘 하며 끝맺음이 약하다. 반응이 느리고 게으르며 결단력이 약하다. 덩치에 비해 겁이 많으며 우유부단하며 융통성이 없고, 물에 물 탄 듯 술에 술 탄 듯 고지식하고 앞뒤가 막혀 답답하게 느껴진다. 폐쇄적이며 감각이 둔하고 말귀를 잘 못 알아듣는다. 약속을 쉽게 어겨서 신뢰가 떨어진다. 술을 잘 마시지 못하며 대인 관계도 원만하지 못해 주변에 아는 사람이 적다. 자기 의사 표현을 잘 하지 않으며 따라가는 경향이 있다. 고집이 세고 편협하며 폐쇄적이고 방어적이며 관심이 없거나 하기 싫은 일은 잘 하지 않으려고 한다. 극단적인 반대 성향이 강해 가까운 사람들에게 혼란을 주기도 한다. 무엇에든 아는 척하고 참견하기를 좋아하여 자주 오해를 사며 손해 보는 경우가 많다.

청소와는 거리가 멀고 정리 정돈하는 것을 싫어한다. 어디에 물건을 두었는지 잘 찾지 못하며 쉽게 포기를 하는 편이다. 색채에 민감하지 못해 유행에 둔감하며 정보가 느려서 뒤늦게 알아차린다.

소양인

① 특징

체구가 작은 사람이 많으며 상체에 비해 하체가 부실하다. 말과 행동이 빠르고 급한 성격이며 일을 빨리해야 직성이 풀린다. 몸에 열이 많아 추위를 잘 타지 않으며 사계절 내내 찬물을 마신다. 찬 음식을 좋아하며 더위를 많이 타지만 활기찬 여름을 좋아한다.

꾸미기를 좋아하며 유행을 잘 타며 색채에 민감하여 화장이나 의상을 잘 차려입는다. 활동성이 있어 밖으로 나돌아다니기를 좋아하며 혼자 있는 것을 싫어한다. 순간의 즐거움을 추구하며 즉흥적이고 낙천적이며 새로운 것에 대한 호기심이 많아 직접 해봐야 직성이 풀린다. 여행 갈 때는 세밀한 계획을 세우지 않으며 즉흥적인 여행을 즐긴다.

욕심이 많고 지기를 싫어하며 성취 지향적이고 진취적이며 승리욕이 강하다. 본능에 따라 행동하며 규칙이나 간섭받기를 싫어한다. 자존심이 강하고 자신에게 주어진 일에 최선을 다하며 책임감도 강하다. 여자일 경우 몸매와 상관없이 짧은 옷을 과감하게 입고 다니며 치장에도 신경을 많이 쓴다. 변화를 추구하며 가구 배치나 집 안 분위기를 자주 바꾼다. 평소에는 정리 정돈을 잘하지 않으나 한번 시작하면 완전히 뒤집어놓는다. 일을 미루었다가 한꺼번에 하는 성격이다.

남자 소양인은 사람들 앞에 나서기를 좋아하며 말재주가 있어 사람을 잘 사귀며 예술 감각이 뛰어나 음악 등 재주가 많아 여자들로부터 인기가 높다.

연애관은 소음인과는 답답하여 잘 어울리기 어렵다. 여성은 일편단심이나 신뢰가 깨어지면 극명하게 냉정해지며 복수한다. 헤어지면 사귈 때 해준 것을 다 돌려받거나 없애버린다('아리랑' 노래: 나를 버리고 가시는 님은 십 리도 못 가서 발병 난다).

② 장점

늘 활력이 넘치며 밝고 명랑하며 처세술에 능하다. 재능이 많고 분위기를 잘 살린다. 적극적이며 앞에 나서기를 좋아하고 튀는 경향이 있으며 행동이 빠르고 활동적이다. 목소리가 카랑카랑하며 톤이 높으며, 말솜씨가 좋아 능변가가 많으며 친절하고 사귐성이 좋아 주변에 아는 사람이 많다. 작은 일에도 잘 웃으며 사람들을 즐겁게 해주는 재주가 있다. 손재주가 있어 악기를 잘 다룬다. 여성은 애교가 많다.

③ 단점

세밀하지 못하고 주먹구구식이다. 계획성이 없으며 먼저 지르고 본다. 숫자에 약하고 계산적이지 못하다. 여러 가지 일을 한꺼번에 벌여 분주하나 완성력은 떨어지며 실수를 많이 한다. 사고가 깊지 못하여 이랬다저랬다 말의 주제가 자주 바뀌며 산만하며 침착하지 못하다. 끓는 냄비와도 같아 금방 뜨거웠다가도 금방 식으며 싫증을 잘 낸다. 아부 근성이 있지만 변절하기도 쉽다. 지구력이 약해 쉽게 지치며 오래 하는 일을 잘하지 못하며 기운이 떨어지면 흥미도 함께 떨어진다.

날카로우며 성미가 급하고 화를 잘 낸다. 말이 속도가 빠르고 행동이 말을 따라가지 못하며 행동보다 말이 앞선다. 말은 많으나 경박스러우며 논리는 떨어진다. 말이 안 통하는 사람과는 말을 하지 않고 입을 닫아버린다.

애정관은 투정을 잘 부리며 신경질적이고 베풀기보다는 요구 지향적이며 계산적이다. 부부간에 한번 틀어지면 이혼할 확률이 높다.

소음인

① 특징

땀을 잘 흘리지 않으며 여름에도 온수로 샤워한다. 뜨거운 음식을 좋아한다. 상체보다는 허벅지와 엉덩이가 발달하여 하체가 튼튼하다. 하체를 쓰는 운동이 잘 맞으며 팔 힘이 약해 팔로 하는 운동은 잘 맞지 않는다.

내성적이고 소극적이며 과묵하고 독립적이다. 세심하고 꼼꼼하며 책임감이 강하여 맡은 일은 철저하고 치밀하고 완벽하게 처리한다. 놀 때는 놀고 일할 때는 일한다. 행동이 느리지만 한번 무엇에 꽂히면 집요하게 물고 늘어진다. 연구·분석·판단·통찰력이 뛰어나며 탐구심과 집중력이 높아 깊이 파고드는 것을 좋아하며 논리적이다. 평소에는 조용하다가도 한번 말문이 터지면 장황하게 떠들며 상대가 말할 기회를 주지 않는다.

여러 사람과 어울리기보다 혼자 있는 것을 좋아하며 글 읽기, 음악 감상, 명상, 나 홀로 산행하거나 고독과 사색을 즐기며 시적이고 감성적이다. 고집과 독선이 세서 모든 것을 혼자서 해결하려고 한다. 평소 외로움을 타며 조금만 슬퍼도 눈물을 잘 흘린다.

평소 정리 정돈이 안 되어 있으면 계속 신경이 쓰이며 즉시즉시 정리하는 편이다. 자기 옷은 반드시 본인이 선택해서 사 입으며 남이 사준 옷은 마음에 안 들면 교환해서 입는 성격이다.

여성은 아기자기하고 애교가 많고 나긋나긋하며 여성스러운 목소리를 가지나, 남성은 목소리가 작아서 잘 알아들을 수가 없을 정도로 소심하다.

애정관은 헤어진 사람도 미련을 버리지 못한다. 어울리는 노래는 '나를 두고 아리랑'(나를 나를 두고 산 넘어가시더니, 한 달 두 달 해가 또 가도 편지 한 장 없네. 언제 오시려나 그리운 내 님 보고 싶은 내 님, 돌아와주오. 나를 잊지 말고 무정한 내님아).

② 장점

감수성이 예민하고 본능적이며 다정다감하고 온정이 많다. 중간 조정과 중재와 변론 역할을 잘한다. 참모 역할을 빈틈없이 잘해내며 혼자서도 많은 일을 소화해낸다. 일머리를 알아 어려운 일도 척척 잘해낸다. 다방면에 잔재주가 많고, 무엇이든 잘하며 임기응변에도 강하다.

자신에게 일을 맡기지 않아도 자신이 해야겠다고 마음먹으면 스스로 나서서 전력을 다해 추진한다. 일할 때는 주변과 잘 타협하지 않으며 자기 생각대로 밀어붙이는 경향이 있어 자주 마찰을 일으키기도 한다. 잡음이 있더라도 계획대로 끝까지 해내려는 근성이 있다.

깔끔한 성격이고 책임감이 강하며 헌신적이고 완벽을 추구하며, 시간을 잘 지키고 원칙과 약속을 중요하게 여긴다. 몰입도가 높으며 추진력이 있다. 세밀하고 정확하며 계산적이다. 여행 계획, 일정표 등 계획을 잘 세운다.

자유로움을 추구하며 초월적이며 자아실현을 중시하고 이상적인 삶을 즐긴다.

③ 단점

소심하고 방어적, 비판적, 내성적이라 앞에 나서는 것을 좋아하지 않으며 낯을 많이 가리며 인간관계를 잘하지 못한다. 사교성이 부족해 인간관계 범위가 좁으며, 사람들과 관계를 맺기까지 오랜 시간이 걸린다. 표현력이 약하고 말을 잘하지 않아 속을 잘 알 수가 없으며 답답하다. 융통성이 부족하고 활동적이지 못하다. 까다롭고 이성적이며 지나치게 논리적이어서 다소 차가운 구석이 있다. 마음이 끌리면 쉽게 속을 드러내기도 하지만, 애정 표현을 잘하지 못해 오히려 가까운 사람에게는 냉정한 모습을 보이기도 한다. 겁이 많고 결정력과 실천력이 약하고 의지심이 많다.

지나치게 남을 의식하며 평가받는 것에 민감하고, 신중하여 결정 장애를 일으키며 결벽증이 있다. 조바심이 있어 미리 앞서서 근심과 걱정을 달고 산다. 꽁하는 성격으로 지나간 일을 잘 잊어버리지 않고, 기분 나쁘거나 안 좋은 일 또는 상처를 오래 기억하며 뒤끝이 있다. 질투가 심하고 쉽게 삐친다. 자기 번복을 심하며 말과 행동이 다른 면이 있다.

리더 기질은 있으나 막상 지도자가 되면 소심하여 자기 목소리를 내지 못하고 질질 끌려다니다가 비난받고 그 자리를 물러난 뒤에 후회한다.

체질과 본성

맹자는 인간의 본성에서 우러나오는 마음을 네 가지로 보고 사단론(四端論)을 펼쳤는데, 사단은 측은지심(惻隱之心)·수오지심(羞惡之心)·사양지심(辭讓之心)·시비지심(是非之心)의 네 가지 마음으로 각각 인(仁)·의(義)·예(禮)·지(智)에서 나오는 감정이라고 한다.

이 본성은 체질에서도 같게 적용이 되는데, 태양인은 어질고(仁) 남을 불쌍히 여기는 마음이 있으니 측은지심에 해당하나, 예를 버리고 방종할 위험이 있으니 무례함을 버리고 예를 중시하는 노력을 기울여야 한다. 태음인은 윗사람을 공경하고(禮) 겸손한 마음이 있으니 사양지심에 해당하나, 인자함을 버리고 고집과 탐욕을 부리기 쉬우니 인을 중시하는 노력을 기울여야 한다. 소양인은 의로우며(義) 불의를 부끄러워하는 마음이 있으니 수오지심에 해당하나, 지혜를 버리고 천박하게 외모를 가꾸는 데만 관심을 두기 쉬우니 지를 중시하는 노력을 기울여야 한다. 소음인은 선악을 구별하는 지혜가(智) 있으니 시비지심에 해당하나, 의를 버리고 편안함을 추구하기 쉬우니 의를 중시하는 노력을 기울여야 한다.

체질마다 장점도 있으나 부족한 단점도 있으니 음양화평지인인 중용을 이루려면 자신에게 있는 장점은 살리고 단점은 보완하는 노력이 필요하다. 장점만 강조하고 한쪽만 추구하다 보면 장점이 단점이 될 수도 있으니 항상 이를 경계하여 반대쪽을 살피고 부족한 점을 채우려고 노력해야 한다.

| 태양인 | **인(仁)**
측은지심 | | 지(智)
시비지심 | 소음인 |

| 소양인 | **의(義)**
수오지심 | | 예(禮)
사양지심 | 태음인 |

체질과 성향

체질별로 성향도 각기 다른데, 태양인은 '안 되면 되게 하라' 하는 식으로 과감하게 밀어붙이며 목표를 향해 도전하는 실행 위주의 성향을 갖고 있으며, 과정보다는 목표를 중시한다. 태음인은 목표보다는 진행 과정을 중시하며 '시작이 반'이라는 생각으로 한번 시작한 일은 끈기 있게 수행하여 끝장을 본다. 소양인은 '일단 저지르고 보자'라는 식으로 마음 가는 대로 살며 즉흥적이고 흥미를 쫓으며 결과에 연연하지 않으며 동기부여와 경험에 의미를 둔다. 소음인은 '돌다리도 두들겨보고 건넌다'라는 생각으로 일에 앞서 계획을 세우고 분석하고 예리한 판단력으로 실수를 줄이려고 한다. 일을 진행하기에 앞서 계획하고 확실하지 않으면 시작하지 않는다.

태양인	안 되면 되게 하라 과감·도전 목표·실행	돌다리도 두들겨보고 건넌다 계획·분석 예리·판단	소음인
소양인	일단 저지르고 본다 즉흥적·흥미 동기부여·경험	시작이 반 진행·과정 끈기·수행	태음인

체질과 인성

체질별로 인성을 굳이 나눈다면, 태양인은 강한 아버지상이며 천상천하 유아독존형이다. 매사에 솔선수범하고 운동력이 있으나 현실에 치중한 나머지 감정 면에서는 다소 건조하게 느껴진다. 태음인은 착한 어머니상이며 헌신주의자다. 배려심과 정이 많고 이상과 완벽을 추구하며 감정 면에서는 촉촉한 느낌이다. 소양인은 철없는 아들 형이며 연예인 형에 속한다. 쾌락을 추구하여 회복 탄력성이 강하며 긍정적이며 가슴이 뜨겁고 늘 행복해 보인다. 소음인은 철든 딸 형으로 완벽주의자이다. 논리와 원칙을 좋아하여 외톨이가 되기 쉬우며 다소 차갑게 보인다.

태양인	강한 아버지 솔선수범 천상천하유아독존 현실주의자 건조한	철든 딸 고진감래 외톨이 논리주의 차가운	소음인
소양인	철없는 아들 쾌락 추구 연예인 긍정주의 뜨거운	착한 어머니 헌신·양보 착한 바보 이상주의 촉촉한	태음인

체질과 인생 태도

 체질별로 인생을 대하는 태도를 살펴보면, 태양인은 '내 말만 맞다. 그러니 네가 죽어라' 하는 생각으로 자기는 긍정하지만, 타인은 부정한다. 자신에게는 관대하나 타인에게는 인색하다. 태음인은 '네 말이 맞다. 나 죽고 너 살자'라는 생각으로 타인은 긍정하지만 자기는 부정한다. 타인에게는 관대하나 자신에게는 인색하다. 소양인은 '네 말도 맞고 내 말도 맞다. 그러니 너도 살고 나도 살자'라는 생각으로 자기와 타인 모두 긍정한다. 자신과 타인 모두에게 관대하다. 소음인은 '네 말도 틀리고 내 말도 틀리다. 그러니 나도 죽고 너도 죽자'라는 생각으로 자신과 타인 모두 부정한다. 자신과 타인 모두에게 인색하다.

태양인	**내 말만 맞다** 그러니 네가 죽어라 자기 긍정 (수용 ○, 용서 ○) 타인 부정 (배려 ×, 격려 ×)	**네 말도 틀리고 내 말도 틀리다** 나도 죽고 너도 죽자 자기 부정 (수용 ×, 용서 ×) 타인 부정 (배려 ×, 격려 ×)	소음인
소양인	**네 말도 맞고 내 말도 맞다** 너도 살고 나도 살자 자기 긍정 (수용 ○, 용서 ○) 타인 긍정 (배려 ○, 격려 ○)	**네 말이 맞다** 나 죽고 너 살자 자기 부정 (수용 ×, 용서 ×) 타인 긍정 (배려 ○, 격려 ○)	태음인

체질과 감정

　체질별로 감정을 표현하는 방식을 보면, 태양인은 불의에 분노하며 참지 못하고 노여워한다. 태음인은 작은 일에도 쉽게 기뻐하고 오래 유지하는 편이다. 소양인은 자기에게 기분 나쁘게 하면 잊지 못하며 뒤끝이 있고 모욕을 참지 못하며 누군가 자신을 업신여기면 분노한다. 소음인은 자주 감정에 복받치며 기쁨과 즐거움이 홍수처럼 밀려오면 몹시 흥분하여 어쩔 줄 몰라 하며 기절하거나 졸도를 일으킨다.

　이제마는 생사의 관건이 바로 희로애락이며 건강과 질병의 비밀이 바로 희로애락에 달려 있다고 선언하였다. 희로애락이 설치면 장기를 난도질하여 건강을 해치게 되니 각각 희로애락을 경계해야 한다고 했다. 다시 말해 감정에 이끌리지 말고 감정이 어느 한쪽으로 치우치지 않도록 조절하는 것이 곧 중용임을 강조한다.

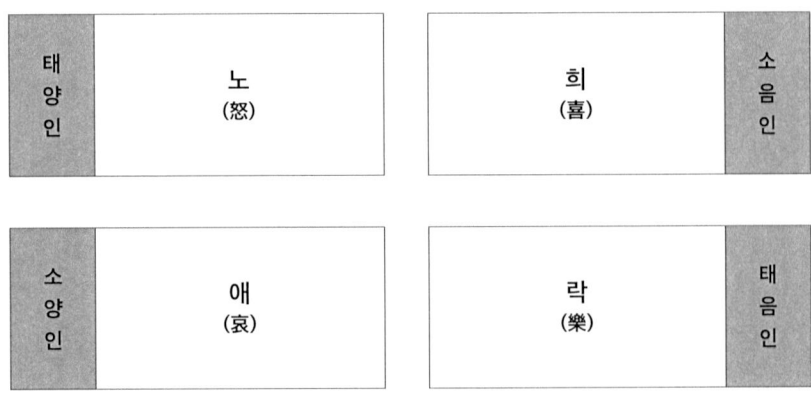

체질과 문제를 바라보는 시각

체질에 따라 문제를 바라보는 시각도 천차만별이다. 문제에 부딪히면 태양인은 '도대체 뭐가 문제야' 하면서 문제를 문제로 인식하지 못하고 밀어붙이기식으로 나간다. 태음인은 문제 자체가 무엇이 문제인지를 인지하지 못하고 좋은 게 좋은 거란 생각과 다 잘될 거라는 낙관적인 태도를 보인다. 소양인은 문제 자체에 끼어들기를 원치 않으며 누군가 나서서 해결하겠지 하는 생각으로 회피하거나 관망하는 자세를 취한다. 소음인은 혼자 문제를 붙잡고 끙끙 앓으면서 어떻게 문제를 해결할 수 있을지 해결방안을 연구해서 제시한다.

다양한 체질의 사람이 모이면 다투고 의견 일치를 보지 못한 채 파탄이 나는 경우가 허다하다. 정치가 그렇고 논쟁이 그렇다. 논쟁이 일어나는 원인은 체질마다 생각하는 방향이 다르기 때문이다. 이럴 때 어떻게 하면 문제를 꼬이게 하지 않고 풀어갈 수 있을까? 누구든 골치 아픈 문제가 생기길 원치는 않는다. 그런데도 문제는 생긴다. 태양인에게 문제를 맡기면 쉽게 잘 해결이 날 수도 있지만 원치 않게 억지로 따라가게 되어 마음이 편치가 않다. 태음인에게 맡기면 가만히 있다가 갑자기 뒤통수를 맞기 쉽다. 소양인에게 맡기면 해결되기는커녕 문제는 점점 더 커지기만 한다. 소음인에게 맡기면 해결될 확률은 높으나 시간이 오래 걸린다.

어떤 문제에 직면했을 때 우선 문제를 바라보는 시각이 모두 다르다는 걸 인정하는 게 중요하다. 그리고 문제를 피하거나 방관하지 말고 누군가 해결 방안을 제시하면 딴지 걸지 말고 함께 나서서 도와주는 쪽으로 가야 한다. 억지 논쟁은 상호 체력만 소진시킬 뿐이다. 자신이 나서서 해결할 생각이 없다면 차라리 가만히 있는 게 낫다.

태양인	도대체 뭐가 문제야 문제를 문제로 인식하지 않음	어떻게 해결할 수 있을까 해결 방안 연구 제시	소음인
소양인	난 모르겠다 누군가 해결하겠지 문제 회피 관망	좋은 게 좋은 거 다 잘될 거야 문제가 무엇인지 모름	태음인

체질과 감각

　체질별로 감각적인 면에 있어 특징이 서로 다르다. 태양인은 소리에는 민감하나 냄새에는 둔감하며, 태음인은 냄새에는 민감하나 색채에 둔감하며, 소양인은 색채에는 민감하고 맛에는 둔감하며, 소음인은 맛에 민감하나 소리에는 둔감한 편이다.

　감각은 반드시 그 느낌만을 뜻하는 것이 아니며, 그 감각에 따르는 상황도 함께 아우른다. 다시 말해 소리에 민감하다는 건 단순히 들리는 소리만이 아니라 누군가 자신에게 하는 말에 대해 민감하게 반응한다는 뜻이다.

　태양인은 누군가 자신을 폄하하거나 자신과 상반되는 의견을 말하거나 자신에게 대들면 절대 참지 못한다. 하지만 환경은 그다지 개의치 않는다. 냄새에 민감하다는 건 단순히 냄새만을 의미하지 않으며, 주변 환경에 민감하며 분위기를 즐길 줄 안다는 말이다. 태음인은 특별한 사람들과 분위기 있게 어울리는 것을 즐긴다. 하지만 색채에는 둔감하여 화려함과는 거리가 있어 편의 위주로 산다. 색채는 반드시 색깔만을 의미하는 것이 아니며, 옷이나 화장과 같은 꾸밈을 포함하는 개념이다. 소양인은 자신을 꾸미고 화려한 옷을 입기를 좋아하고 명품을 즐긴다. 하지만 음식에 대한 식견은 없는 편이라 제대로 갖추어 먹지는 못한다. 맛에 민감하다는 건 단순히 음식만을 의미하는 것이 아니며, 상황에 까다롭게 반응한다는 뜻이기도 하다. 소음인은 매사에 신중하여 단정하고 깔끔하여 허점을 보이지 않으려 한다. 하지만 소리에 둔감하여 남의 말에 솔깃하여 넘어가거나 작은 일로도 혼자서 끙끙 앓는다.

| 태양인 | 소리 |

| 맛 | 소음인 |

| 소양인 | 색채 |

| 냄새 | 태음인 |

체질과 사랑

　사랑을 체질별로 구분해보면, 태양인은 리더로서 아우르는 사랑을 하며 소유적이며 성취적이다. 사람을 두루 잘 챙기지만 지나치면 자기 밑에 두려 하므로 상대를 힘들게 하며 목적을 달성한 뒤에 내팽개치면 원망을 듣게 되니 주의해야 한다. 태음인은 영적인 사랑을 중시하며 가족애가 남다르고 순응적이다. 종교심이 지나쳐 현실에서 벗어나거나 사이비에 빠지지 않도록 경계하며, 물에 물 탄 듯 미지근한 사랑은 지겹게 느껴질 수 있으니 항상 신선함을 잊지 않도록 애써야 한다. 소양인은 쾌락적이고 육체적인 사랑을 한다. 쾌락만 좇다 건강을 잃을 수도 있으니 지나친 정욕을 경계하며, 사랑에 진정한 의미를 담는 노력을 해야 한다. 소음인은 정신적인 사랑을 하며 한번 마음이 쏠리면 지고지순 일편단심이다. 하지만 애정도 육체를 멀리하면 사이가 멀어질 수 있으니 지나치게 정신적인 면만 치우치지 말고 육체적인 사랑도 곁들이도록 힘써야 한다.

태양인	지도자적 사랑 소유적 성취적	정신적 사랑 일편단심 지고지순	소음인
소양인	쾌락적 사랑 육체적	영적인 사랑 순응적 가족애	태음인

체질과 계절

　체질을 계절에 비유한다면 태양인은 여름, 태음인은 겨울, 소양인은 봄, 소음인은 가을에 어울린다. 태양인은 늘 열정이 있고 패기가 넘치며 진취적이므로 뜨거운 여름이 어울리고, 태음인은 차분하고 따뜻한 마음을 품고 남을 배려하며 가정에 충실하므로 다소 건조하게 느껴질 수도 있지만 가슴은 따뜻한 겨울에 어울리고, 소양인은 화사한 것을 좋아하고 꾸미기를 좋아하며 늘 밝고 즐거움을 추구하므로 생동감 있는 봄이 어울리며, 소음인은 고독과 사색을 좋아하며 분위기를 잘 타므로 가을이 어울린다. 하지만 사람마다 해석 여하에 따라 각기 다른 계절을 대입하기도 하므로 딱히 하나로 고정된 것은 아니다.

　한편, 체질을 하루라는 시간 개념으로 표현하면 태양인은 열정이 높으니 햇볕이 뜨거운 한낮에 해당하고, 태음인은 평온을 즐기니 모두가 편안하게 수면과 휴식을 취하는 밤에 해당하며, 소양인은 표정이 밝으니 어둠을 걷어내고 해가 떠오르며 생기 있는 아침에 해당하며, 소음인은 사색에 빠지니 노을을 물들이며 밤을 준비하는 저녁에 해당한다. 이 또한 해석에 따라 다를 수 있으니 일면 공감되면 족하다.

| 태양인 | 여름
낮 | | 가을
저녁 | 소음인 |

| 소양인 | 봄
아침 | | 겨울
밤 | 태음인 |

체질과 여행

  체질에 따라 즐기는 여행 방식도 차이가 난다. 태양인은 활달하고 사람을 거느리는 성향이므로 개인보다는 단체 여행을 선호하며 오지 체험이나 탐험을 즐기며 여행지에서 골프나 스포츠 같은 취미 활동을 곁들이는 것도 좋아한다. 태음인은 단순히 관광성 여행보다는 맛집 탐방처럼 목적을 가지고 떠나는 것을 즐기며 짧은 일정보다는 힘들더라도 순례길 트레킹과 같은 긴 체류형 일정을 택한다. 소양인은 혼자 떠나는 것보다 친구들과 함께 어울려 여행하는 것을 좋아하며 핫플(인기가 많은 장소) 방문 등과 같은 관광성 여행을 즐긴다. 소음인은 단체보다는 혼자 떠나는 배낭여행 형태를 좋아하며, 박물관이나 유적지 역사 탐방 등 한 곳을 가더라도 깊이 있게 알아보는 것을 즐긴다.

태양인	단체 여행 오지 체험·탐험 스포츠·취미	단독 여행 박물관·유적지 역사 탐방	소음인
소양인	친구들과 여행 관광 핫플	목적 여행 체류형 트레킹	태음인

체질과 색깔

체질별로 어울리는 색깔이 있고, 실제로 체질별로 좋아하는 색깔을 보면 어느 정도 공통점이 있다는 걸 발견하게 된다. 태양인은 빨간색이나 흰색처럼 분명한 색깔을 좋아하며, 태음인은 색채감은 없는 편이어서 감청색이나 검은색 계열의 어두운색을 좋아하며, 소양인은 색채감이 좋아서 밝고 화사한 노란색·연두색·주황색·하늘색 등을 좋아한다. 소음인은 베이지색·보라색·초록색·살구색과 같은 안정감 있는 색을 좋아한다. 하지만 이것은 어디까지나 보편적인 기준일 뿐, 모든 사람이 똑같이 그렇다는 건 아니다. 단순 체질은 그럴 확률이 높지만, 이중 체질이나 복합 체질은 종잡을 수 없어 한 가지로 국한하기가 어렵다.

태양인	분명한 색깔 빨간색 흰색	안정감 있는 색깔 베이지색·보라색 초록색·살구색	소음인
소양인	밝고 화사한 색깔 노란색·연두색 주황색·하늘색	어두운 색깔 검은색·회색 파란색·감청색	태음인

체질과 의상

체질에 따라 옷 입는 취향도 다른데, 태양인은 한복이나 정장과 가죽 계통의 무게감 있는 옷을 좋아하며, 태음인은 청바지나 운동복처럼 편의 위주로 입고, 소양인은 골프 의류나 메이커 명품을 좋아하며, 소음인은 추위를 많이 타므로 파카나 캐시미어와 같은 두껍고 개성 있는 옷을 좋아한다.

태양인	독특하고 무게감 있는 가죽 잠바 한복·정장		개성 있는 파카 캐시미어	소음인
소양인	명품 골프 의류 메이커		편한 청바지 운동복	태음인

체질과 스트레스

체질별로 스트레스를 느끼는 정도와 그에 대처하는 방법도 다른데, 태양인은 폭발형으로 욱하는 성질이 있어 스트레스에 대항하여 투쟁한다. 태음인은 스트레스를 수용하는 편이며 지나치면 좌절하거나 합리화한다. 소양인은 스트레스와 타협하며 과하면 억눌리거나 조급해진다. 소음인은 스트레스를 참아내며 과하면 자기와의 갈등에 빠지며 고뇌한다.

스트레스에 대처하는 가장 좋은 방법은 위 네 가지를 모두 써야 한다는 것이다. 그것이 중용에 이르는 비결이다. 힘들다고 해서 한 가지 방향으로만 나아간다면 스트레스가 해소되기는커녕 더욱 심한 상황에 빠질 수도 있다. 때로는 고집스러움을 버릴 줄도 알아야 한다. 주변 사람들은 어떻게 대처하는지 돌아보고, 조언에 귀를 기울여야 한다. 자신을 좁은 울타리에 가두는 건 자기 자신이다. 엄밀히 말하면 헤어나지 못할 스트레스는 없다. 지금은 암울해 보여도 시간이 지나면 자연스레 사라지기도 한다. 체질별로 스트레스에 대처하는 특성을 살펴서 한번 적용해보는 것도 나쁘진 않다.

태양인	**폭발형** 욱함 투쟁		**인내형** 자기와의 갈등 고뇌	소음인
소양인	**타협형** 억눌림 조급		**수용형** 좌절 합리화	태음인

체질과 호르몬

　우리 몸에서 생성되는 호르몬은 약 80여 가지가 있는데 종류별로 각각 기능과 역할이 다르며 어느 것 하나라도 중요하지 않은 게 없다. 그 가운데 행복 호르몬이라고도 부르는 신경계 호르몬은 대표적으로 네 가지가 있다. 도파민은 혈압 상승, 쾌감, 동기부여, 보상, 만족감을 일으키는 데 작용한다. 옥시토신은 편안함, 사랑, 유대감, 신뢰, 일체감을 형성하는 데 작용한다. 엔도르핀은 진통 효과, 기쁨, 스트레스 해소, 웃음, 즐거움에 작용한다. 세로토닌은 평안, 안정감, 흥분 억제, 기분 전환, 불안감 제거, 자존감에 작용한다.

　체질을 신경계 대표 호르몬에 비유한다면, 태양인은 강한 자극을 좋아하며 흥분을 잘하므로 도파민에 해당하고 싸워 이겼을 때 만족감을 느낀다. 태음인은 접촉과 관계를 좋아하며 신뢰를 중요시하므로 옥시토신에 해당하며 배가 부르면 만족감을 느낀다. 소양인은 항상 설레며 웃음이 많고 통증을 잘 느끼지 못하므로 엔도르핀에 해당하며 즐거울 때 만족감을 느낀다. 소음인은 안정과 명상을 즐기며 분위기를 좋아하여 세로토닌에 해당하며 생각에 잠길 때 행복을 느낀다.

　단순히 비유에만 그치는 것이 아니라 같은 상황을 두고 체질별로 느끼는 감정이 다르므로 호르몬도 당연히 따라서 작용할 가능성은 있다. 하지만 호르몬은 균형이 필요하듯 감정도 한쪽으로만 치우치면 나쁜 결과를 가져올 수도 있으므로 나에게 부족한 정반대의 감정도 느끼도록 애써야 한다.

태양인	도파민 흥분·성적 강한 자극 이기기 위해 존재	세로토닌 안정·명상 분위기 생각하기 위해 존재	소음인
소양인	엔도르핀 설렘·웃음 진통 놀기 위해 존재	옥시토신 접촉·관계 신뢰 먹기 위해 존재	태음인

체질과 원소

고대 그리스 엠페도클레스는 만물의 근본이 되는 물질은 물·불·흙·공기의 네 가지 원소라고 주장하였다. 아리스토텔레스는 물질의 속성을 건·습·냉·열로 보고 네 가지 중 두 원소가 결합하면 하나의 원소가 생긴다고 주장하였는데, 즉, '습+냉=물', '건+열=불', '건+냉=흙', '습+열=공기'라는 것이다.

후대에 히포크라테스는 이를 근거로 4체액설을 주창하였는데 혈액은 공기에, 점액은 물에, 황담액은 불에, 흑담액은 흙에 각각 대입시켜 네 가지 체액이 인체를 이루는 기본 성분이며 이 체액들이 균형을 잃으면 질병이 생겨난다고 보았다. 이 체액설은 많은 비판이 있음에도 불구하고 갈레노스에 의해 재정립되었으며, 현대에도 성격이나 기질을 분류하는 데 있어 자주 사용되고 있다. 사상체질론에 이를 인용하여 체질별로 대입해보는 것도 나름대로 의미가 있다.

태양인은 불같이 넘치는 에너지를 가지고 있으므로 불의 원소에 해당하며, 체액으로는 담즙질이다. 태음인은 바다같이 넓은 마음으로 생명을 보존하고 어디서나 윤활유와 같은 역할을 하므로 원소는 물에 해당하며 체액은 점액질이다. 소양인은 공간의 제약을 받지 않으며 바람처럼 떠도는 자유로운 영혼이므로 원소는 공기에 해당하고 체액은 다혈질이다. 소음인은 온갖 생명을 품은 산실과도 같이 생명을 탄생시키고 성장케 하는 흙과 같은 존재이며 체액은 우울질이다.

| 태양인 | 불
열(熱)
담즙질 | | 흙
건(乾)
우울질 | 소음인 |

| 소양인 | 공기
습(濕)
다혈질 | | 물
냉(冷)
점액질 | 태음인 |

체질과 음악

 체질에 따라 좋아하는 음악도 다르다. 태양인은 헤비메탈·록과 같은 다소 과격한 음악을 좋아하며, 태음인은 성악이나 국악·판소리·랩·힙합 등과 같은 차분한 음악을 좋아하며, 소양인은 뮤지컬·재즈·포크송·팝송·탱고·로큰롤 등과 같은 리듬을 타는 음악을 좋아하며, 소음인은 레게·컨트리송·뉴에이지·블루스·클래식·발라드·CCM 등과 같이 조용하고 분위기 있는 음악을 좋아한다.

 한편, 록 밴드 그룹에 비유하면 태양인은 리드 보컬, 소양인은 전자 기타, 태음인은 키보드나 드럼, 소음인은 베이스 기타에 해당한다. 전문 음악인에 의하면 그룹에서 가장 음악성을 지닌 사람은 사실 보컬이 아니라 베이스 기타나 키보드라고 한다. 뒤에서 별 움직임도 없이 조용히 받쳐주는 것 같지만 사실은 모든 그룹을 좌지우지하는 건 그들이라는 것이다. 사상체질에 대입해 봐도 재미있고 어느 정도는 일리가 있다.

 태양인이 모든 것을 주도해가는 것 같지만 사실은 그 뒤에서 조력하는 사람들이 없다면 리더는 껍데기에 불과하다. 소음인은 겉으로 잘 드러내지는 않지만 속으로는 철저하고 지능적이며 계획적이다. 소양인은 앞에서 화려하게 돋보이지만 실속이 없는 경우가 많으며, 태음인은 단순해 보이지만 어머니처럼 모든 이를 보듬으며 받쳐준다.

태양인	**리드 보컬** 헤비메탈 록		**베이스 기타** 레게·컨트리송 뉴에이지·블루스 클래식·발라드	소음인
소양인	**전자 기타** 뮤지컬·재즈 포크송·팝송 탱고·로큰롤		**키보드** 성악·국악 판소리·랩 힙합	태음인

사상체질별 어울리는 직업

직업도 체질별로 어울리는 분야가 있다. 체질에 따라 성격도 다르고 타고난 재능도 다르기 때문이다. 직업은 체질과 매우 깊은 연관이 있으므로 처음부터 어울리는 쪽을 잘 찾아가야 한다. 만일 체질에 어울리지 않는 직업을 선택하면, 똑같은 일을 하면서도 힘들게 하거나 도저히 체질에 맞지 않아 중도에 그만두게 되는 경우가 많다. 자신에게 맞는 직업을 찾는다는 건 그만큼 삶의 실패를 줄이는 데 있어 매우 중요한 일이다.

하지만 체질에 따른 직업을 일률적으로 정하기는 어렵다. 왜냐하면 둘의 관계가 반드시 등식을 이루거나 고정된 건 아니기 때문이다. 교사 직업에 소음인들이 많다고 해서 소음인이 교사 직업에 가장 잘 맞는다고 할 수는 없다. 소음인으로만 교사가 구성된다면 오히려 교육의 질은 떨어질지도 모른다. 왜냐하면 모두가 똑같이 일률적인 방식으로만 가르친다고 해보자. 그 밑에서 배우는 학생들은 어떻게 되겠는가?

오히려 소양인들이 학생을 가르친다면 소음인이 가지지 못한 교육 방식과 재능으로 더 큰 효과를 거둘 수도 있다. 학원가의 소위 일타 강사라는 사람들을 보면 짐작이 간다. 그들은 건조한 교육 방식에서 벗어나 그들만의 독특한 교육 기법을 활용하기에 남보다 두드러지는 것이다. 다른 직업도 마찬가지다.

여기에 다룬 직업 분류는 그저 체질별로 보편적으로 어울리는 직업을 나열한 것이니 참고로 하면 족하다. 어떤 직업을 선택하든 자신이 가진 장점이나 특성을 살려서 잘 적용하면 별로 어울리지 않는 곳에서도 의외로 좋은 결과를 얻을 수도 있다. 또한 어떤 직업이든 한 가지 특정한 분야만 있는 것이 아니다. 한 직장 내에서도 여러 분야가 있으므로 자신에게 맞는 분야를 찾아가면 된다.

또한, 이중 체질이나 복합 체질을 지닌 사람의 경우는 주 체질이 갖지 못한 능력이 부 체질에서 나타날 수도 있으므로 무조건 맞지 않는다고 거부하지 말고 별로 내키지 않더라도 무엇이든 한번 일단 시도해보는 게 좋다. 보통 사람들은 대개 그다지 잘 맞지 않는 직업에서도 정년까지 잘 견딘다. 이것저것 도전하고 경험하다 보면 의외로 생각지 않은 곳에서 자신에게 맞는 직업을 발견할 수도 있다. 맞지 않은 옷을 계속 입으려고 고집할 필요는 없다.

체질	특징	직업
태양인	창조적, 독창성, 진취적, 추진력, 사교성, 과단성, 통솔력, 도전적, 영웅심, 활동적, 선동적	경영인, 단체 대표, 발명가, 과학자, IT산업, 정치가, 혁명가, 군인, 탐험가, 종교가, 교육자, 의사, 법관, 벤처사업가, 건축가, 홍보부, 영업 관리, 기자, 특파원, 상품 중개인, 운동선수, 프로듀서, 영화감독, 예술감독, 마도로스, 국제회의 진행자, 지휘자
소양인	활동적, 사교적, 창의력, 솔직성, 기발성, 집중력, 명예 중시, 순발력, 아이디어, 즉흥적	언론인, 방송인, 종교인, 초급 지휘관, 단순 사무, 비서, 정보통신, 영업직, 자영업, 금융신용업, 증권업, 요식업, 접객원, 판매원, 호텔 경영, 관광업계, 여행 안내원, 항공 승무원, 이벤트업, 강사, 고객상담원, 패션 사업, 개인 사업, 디자이너, 소아과 의사, 가사 보조원, 유아 교사, 예술가, 가수, 배우, 동물 미용, 요리사, 영양사, 프로게이머, 플로리스트, 마술사, 개그맨, 행사 사회자, 유튜버
태음인	대인 관계, 욕심쟁이, 원만성, 꾸준함, 지구력, 인내심, 성취력, 적응성, 신사적, 이타적, 희생적	기술, 정치가, 외교관, 국제기구 종사자, 공무원, 법무사, 판사, 군인, 고급 지휘관, 경호원, 교도관, 성직자, 상담사, 사업가, 실업가, 건축가, 은행가, 무역업, 세무사, 회계사, 의사, 약사, 간호사, 사회복지사, 물리치료사, 임상병리사, 안경사, 영양사, 교육자, 학원, 외국어 강사, 변호사, 수학자, 특수학교 교사, 스포츠 감독, 성악가, 뮤지컬 배우, 제빵사, 장제사, 드론 조종사, 환경보호 전문가, 인공지능 전문가
소음인	자존심, 침착성, 신중성, 정확성, 계획성, 치밀성, 세밀성, 분석력, 완벽성	기획, 회계, 경리, 통계, 사무, 은행원, 세공업, 정밀업, 전자기술직, 발명가, 작전참모, 교육자, 과학자, 교수, 강사, 연구원, 평론가, 음악가, 작곡가, 미술가, 소설가, 수집가, 검사, 탐정, 수사관, 경찰, 소방, 컴퓨터 프로그래머, 한의사, 세공사, 의료기기, 항해사, 항공기 조종사, 측량사, 조경설계사, 임상심리사, 진로 상담사, 이미용사

사상체질별 어울리는 운동

체질에 따라 장기에 강한 면과 약한 면이 있어 운동도 그에 맞추어 할 필요가 있다. 자기 신체 구조나 장기의 강약을 고려하지 않고 운동하면 독이 될 수도 있다. 예를 들어 폐나 기관지가 약한데 달리기를 한다거나, 간이 약한데 힘든 운동을 하는 건 오히려 해가 될 수도 있다. 체질적으로 태양인은 폐대간소, 소양인은 비대신소, 태음인은 간대폐소, 소음인은 신대비소의 특징을 갖는다고 한다. 물론 이는 대체로 그렇다는 것이지 모든 사람에게 공통된 것은 아니며, 이중 체질이나 복합 체질의 경우는 다르게 나타날 수도 있다는 것을 염두에 두어야 한다.

태양인은 폐가 강하므로 오랜 시간 계속해서 하는, 지구력을 요구하는 운동이 적합하다. 반면에 하체가 약하여 하체를 보강해주는 운동을 해줘야 한다. 소양인은 하체가 날렵하므로 지구력을 요구하는 운동보다는 빠르게 움직이는 운동이 맞으며 하체가 약하므로 하체를 보강하는 운동이 필요하다. 태음인은 건장하고 허리가 강하므로 허리를 이용하는 운동이 적합하나 체구가 커서 빠른 동작을 요하는 운동은 적합하지 않다. 소음인은 하체가 튼튼하므로 하체로 버티는 운동이 적합하며 상체가 약하므로 상체를 보강해주는 운동이 필요하다.

하지만 이는 어디까지나 보편적인 정보일 뿐, 자신의 체질이 어떤지를 잘 진단해보고 자신에게 맞는 운동을 선택해서 하는 게 가장 좋다. 이중 체질이나 복합 체질일 경우는 신체 특징 여부와는 관계없이 다른 운동도 맞을 수가 있으므로 이것저것 경험해보고 나서 선택하는 게 좋다. 무조건 어떤 운동이 좋다고 유행처럼 따라 하는 건 오히려 독이 된다는 것을 명심해야 한다.

체질	특징		운동
태양인	강함	폐 기관지	걷기, 등산, 수영, 사이클, 펜싱, 스케이트, 스쿼시, 골프, 단전호흡, 웨이트트레이닝, 골반 수축 운동
	약함	간 소장	
소양인	강함	비장 위장	단거리달리기, 짧은 등산, 조깅, 자전거, 체조, 탁구, 족구, 배드민턴, 재즈댄스, 에어로빅, 펜싱, 승마, 스키
	약함	신장 생식비뇨기	
태음인	강함	간 소장	권투, 레슬링, 씨름, 역도, 유도, 야구, 수영, 런닝머신, 에어로빅, 헬스, 테니스, 등산, 서핑, 스케이트
	약함	폐 기관지	
소음인	강함	신장 생식비뇨기	걷기, 마라톤, 수영, 스트레칭, 맨손체조, 아령, 당구, 스쿼시, 라켓볼, 국궁, 양궁, 사격, 검도, 승마
	약함	비장 위장	

사상체질별 어울리는 음식

건강과 음식은 매우 연관이 크다. 어떤 음식이 좋다고 해서 모든 사람에게 다 맞는 게 아니므로 체질에 따라서 가려야 할 음식과 맞는 음식을 잘 골라서 섭취하는 게 중요하다. 체질별로 구분하여 음식을 소개하면 다음과 같다. 음식은 특히 장기와 밀접한 관련이 있어 대체로는 일리가 있다. 몸에 열이 없는 사람이 차가운 음식을 즐겨 먹는다면 몸의 기운을 빼앗기기 쉬우며, 위장이 나쁜데도 기름진 음식을 즐겨 먹는다면 소화에는 그다지 도움이 되지 않을 것이다. 물론 이것도 마찬가지로 반드시 그런 것은 아니며, 다른 체질에 맞는 음식이 나에게 맞을 수도 있다.

체질			음식
태양인	좋은 음식	담백하고 서늘한 음식	해물류, 새우, 조개, 굴, 전복, 소라, 붕어, 문어, 뱅어, 오징어, 게, 해삼, 포도, 감, 귤, 앵두, 다래, 모과, 머루, 메밀, 냉면, 나물, 쌀, 보리, 녹두, 옥수수, 검은콩, 들깨, 식초, 배추, 깻잎, 시금치, 호박, 가지, 양파, 감자, 고구마, 젓갈류, 김, 명태, 토마토, 배, 바나나, 녹차, 솔잎차, 오가피차
	나쁜 음식	맵고 뜨거운 음식	빵, 면, 인스턴트 식품, 통조림, 설탕, 무, 조기, 마늘, 은행, 두유, 밤, 커피, 콩, 호두, 고추, 돼지고기, 소고기
소양인	좋은 음식	시원한 음식	돼지고기, 계란, 오리, 굴, 해삼, 새우, 전복, 명태, 복어, 우렁이, 멍게, 게, 가자미, 수박, 참외, 메론, 배, 감, 포도, 사과, 토마토, 딸기, 바나나, 파인애플, 배추, 케일, 오이, 가지, 호박, 토란, 상추, 시금치, 열무, 신선초, 취나물, 감자, 미나리, 당근, 쌀, 보리, 팥, 녹두, 검은콩, 참깨, 메밀, 들기름, 구기자차, 결명자, 녹차, 맥주
	나쁜 음식	뜨거운 음식	청량음료, 아이스크림, 빵, 면, 인스턴트 식품, 통조림, 닭고기, 쇠고기, 우유, 꿀, 염소, 인삼, 후추, 겨자, 카레, 땅콩, 고추, 생강, 파, 마늘
태음인	좋은 음식	담백한 음식	생선, 대구, 고등어, 청어, 쇠고기, 우유, 버터, 치즈, 명란, 우렁이, 뱀장어, 대구, 미역, 다시마, 김, 게, 해조류, 배, 밤, 호두, 은행, 감자, 고구마, 밤, 잣, 복숭아, 자두, 매실, 살구, 무, 도라지, 상추, 호박, 부추, 연근, 마, 토란, 버섯, 더덕, 당근, 고사리, 가지, 마늘, 생강, 밀, 콩, 콩나물, 밀가루 음식, 두부, 콩비지, 들깨, 쌀, 현미, 찹쌀, 보리, 옥수수, 땅콩, 호두, 은행, 오미자차, 율무차, 칡차, 설록차
	나쁜 음식	고칼로리 음식 지방식	청량음료, 아이스크림, 인스턴트 식품, 통조림, 달걀, 닭고기, 개고기, 염소, 배추, 사과, 게, 조개류, 생굴, 우렁이, 돼지고기, 꿀, 설탕
소음인	좋은 음식	따뜻한 음식	닭고기, 양, 염소, 꿩, 명태, 대구, 미꾸라지, 도미, 조기, 멸치, 미역, 다시마, 대추, 사과, 귤, 복숭아, 딸기, 토마토, 시금치, 미나리, 양배추, 감자, 쑥갓, 고사리, 파, 마늘, 생강, 고추, 참깨, 들깨, 겨자, 후추, 카레, 쌀, 현미, 찹쌀, 옥수수, 통밀, 고구마, 우유, 인삼차, 생강차, 유자차, 꿀차
	나쁜 음식	찬 음식	빵, 면, 메밀, 배추, 우유, 배, 수박, 참외, 바나나, 오이, 고구마, 밤, 호두, 보리, 돼지고기

제5장

사상체질 연관 분야

MBTI

　MBTI(마이어스-브릭스 유형 지표)는 자기보고서 문항을 통해 개인 성향을 찾아 그 경향들이 인간 행동에 어떤 영향을 미치는가를 파악하여 실생활에 응용할 수 있도록 만들어진 심리검사다. 융의 성격유형 이론을 근거로 마이어스와 그녀의 딸 브릭스가 공동으로 제작하였으며, 성격유형을 내향성 또는 외향성, 감각 또는 직관, 사고 또는 느낌(감정), 판단, 지각(인식)의 네 가지 범주로 분류한다. 네 가지 척도마다 두 가지 경우의 수가 존재하므로 모두 16가지 유형이 나온다.

　MBTI는 성향의 특징을 분류함에 있어 사상체질론과도 일맥상통하는 면이 있다. MBTI 네 개 범주를 크게 구분하면 음과 양의 2개 유형으로 나누어지는데, INFP는 음(내향) 체질, ESTJ는 양(외향) 체질에 속한다.

분류	유형			
음(내향)	I	N	F	P
	내향	직관	감정	인식
양(외향)	E	S	T	J
	외향	감각	사고	판단

　다시 16개 유형을 사상체질에 대입하면 모두 각각 4개 체질에 속함을

알 수 있다. 다만 이것은 내향과 외향을 기준으로 분류했기 때문에 사고와 감정을 기준으로 나눈 MBTI 분류 방법과는 차이가 있다.

분류	체질	유형	해석	형태
음 (내향)	태음인	ISTJ	내향 감각 사고 판단	현실주의자, 세상의 소금형
		ISTP	내향 감각 사고 인식	장인, 백과사전형
		ISFJ	내향 감각 감정 판단	수호자, 원칙주의자
		ISFP	내향 감각 감정 인식	모험가, 성인군자형
	소음인	INTJ	내향 직관 사고 판단	전략가, 과학자형
		INTP	내향 직관 사고 인식	논리술사, 아이디어뱅크형
		INFJ	내향 직관 감정 판단	옹호자, 예언자형
		INFP	내향 직관 감정 인식	중재자, 잔다르크형
양 (외향)	태양인	FNTJ	외향 직관 사고 판단	통솔자, 지도자형
		ENTP	외향 직관 사고 인식	변론가, 발명가형
		ENFJ	외향 직관 감정 판단	선도자, 언변능숙형
		ENFP	외향 직관 감정 인식	활동가, 스파크형
	소양인	ESTJ	외향 감각 사고 판단	경영자
		ESTP	외향 감각 사고 인식	사업가, 활동가형
		ESFJ	외향 감각 감정 판단	집정관, 친선도모형
		ESFP	외향 감각 감정 인식	연예인, 사교형

MBTI는 나와 상대방이 각각 16개 유형을 가지므로 상호 연관되는 조합은 모두 256가지다. 사상체질과 마찬가지로 MBTI 유형에도 서로 어울리는 조합이 있고 어울리지 않는 조합이 있는데, 요즘 젊은이들 사이에서

는 이것으로 상호 궁합을 알아보기도 한다. MBTI로 단순히 성격유형을 알아내는 데만 그쳐서는 아무런 유익이 없다. 네 성격이 그러니 그냥 그렇게 살라는 게 아니라, 서로 이해하고 조화를 이루며 사는 게 중요하다. 16개 유형은 사상체질과도 깊은 연관성이 있으므로 비교를 위해 유형별 특징을 간략하게나마 알아보면 다음과 같다.

ISTJ(관리자형)

공명정대, 실용, 믿음직한 현실주의자, 일 중독자, 자기 생각을 솔직하게 얘기하고, 책임감이 강해 어떤 일에 헌신하기로 하면 최선을 다하며, 한번 시작하면 목표를 달성해야 직성이 풀린다. 현실감각이 뛰어나며 진솔한 삶을 추구하고, 조직 생활을 잘한다. 자신에게는 엄격하며 약간은 보수적이며 의무를 지킨다.

ISTP(장인)

도구를 잘 다루며 탐구를 즐긴다. 타고난 손기술, 만능 재주꾼, 기술자, 엔지니어, 개방적인 태도, 친절, 내향적, 호기심, 창의성, 효율성과 색다름을 추구하며, 새로운 관심사를 찾아다닌다. 단점은 즉흥적이고 주의가 산만하며 참견을 잘하고, 성급하며 보복 성향이 있고, 갑자기 계획을 변경하기도 하며 공감 능력이 떨어지고 규칙에 얽매이지 않는다.

ISFJ(수호자)

헌신적이고 따뜻한 수호자, 겸손한 자세로 세상을 지탱하는 역할, 조정 능력, 근면하고 차분하며 인내심이 크고 대인 관계가 뛰어나다. 주변 사람을 잘 배려하며 주변 사람이 어려운 일에 처하면 발 벗고 나서서 도와준다. 단점은 정작 자신을 돌보는 일에는 소홀하기 쉽다.

ISFP(모험가)

매력 넘치는 예술가, 진정한 예술가, 독특한 개성, 자유로운 영혼, 다양한 분야에 관심과 열정, 개방적인 태도, 겸손하고 따뜻하며 친절하고 배려심이 많다. 조화로운 삶을 추구한다. 단점은 수줍음이 많으며 비판에 대해 유연한 대처가 어려워 평정심이 흔들리며 크게 화를 내기도 한다.

INTJ(전략가)

상상력이 풍부한 전략가, 개척자 정신, 지식에 대한 갈망, 호기심이 많고 집중력이 높으며, 분석 능력이 뛰어나고, 독립적인 성격이나, 취약한 사교 능력과 모순이 가득한 성격, 고집이 세고 고지식한 면이 흠이다.

INTP(논리술사)

혁신적인 발명가, 뛰어난 창의성과 독창성, 상상력과 호기심, 탐정과 같은 분석력이 뛰어나며, 논리와 이성에 집중하며, 어려움을 잘 해결해내는 능력이 있다. 하지만 과묵하고 내향적이며, 자신만의 생각에 빠지는 경향이 있고, 자기 생각을 스스로 뒤집기도 한다.

INFJ(옹호자)

이상주의자, 원칙주의자, 양심적, 자아실현, 완벽 추구, 확실한 가치관, 통찰력, 목적 중시, 사명감, 독립적, 강한 의지, 내향적 성향, 다른 사람을 도우며 세상에서 선을 실천하며 산다. 사려가 깊고 공감 능력이 뛰어나고 소통을 잘한다.

INFP(중재자)

이타주의자, 창의력, 풍부한 상상력, 몽상가, 자기 생각과 감정에 집중하며, 이해심이 높고 개방적이며, 상대의 이야기를 경청하며 높은 공감 능력이 있으며, 솔직함을 추구한다.

ENTJ(통솔자)

타고난 리더, 의지가 강한 지도자, 카리스마, 자신감, 목표 달성을 위한 노력, 통솔력과 추진력이 있으며, 외향적 성향이며 효율성을 강조한다. 반면에 감정 표현에 취약하고 타인에게 무관심한 경향이 있다.

ENTP(변론가)

호기심 많은 사색가, 지식이 풍부하고 독창적이며 혁신적이다. 활기찬 유머 감각이 있으며 늘 새로운 아이디어를 제시한다. 반면에 이의 제기와 반론 논쟁을 즐기며 반항심이 있다. 규칙과 고정관념을 파괴하며, 갈등을 불러일으키는 성향이 있어 사고의 유연성이 필요하다.

ENFJ(선도자)

카리스마 넘치는 타고난 지도자, 다른 사람을 이끄는 선도자, 올바른 일에 앞장서는 사람, 다른 사람이 더 나은 삶을 살도록 돕는 사람(이타주의), 모범을 보여주는 사람, 이상주의적인 성향을 보인다.

ENFP(활동가)

사교적이며 자유로운 영혼, 외향적, 솔직, 개방적, 활기차고 낙관적인 태도, 일상생활에서 즐거움을 추구한다.

ESTJ(경영자)

뛰어난 능력을 지닌 경영자, 전통과 질서, 정직과 헌신, 어려운 일에 기꺼이 앞장섬, 사람들이 화합하도록 하는 일에 자부심을 느끼며, 모범을 보이는 지도자, 흐트러짐이 없는 완벽주의자, 주변 관찰력이 뛰어나며, 명확하고 입증이 가능한 사실을 중시한다.

ESTP(사업가)

영리하고 에너지 넘치는 사업가, 물질적인 가치를 추구, 직설적인 유머 감각, 많은 사람에게 관심받는 것을 즐김, 먼저 행동하고 시행착오를 겪으며 실수를 바로잡는 방식을 선호, 행동 지향적 성향, 현재에 집중, 생각을 바로 행동으로 옮긴다. 단점은 불필요하다고 생각하면 규칙을 어길 때가 많고 폼생폼사 경향이 있다.

ESFJ(집정관)

사교성 높은 마당발, 주변 사람들에게 강한 책임감, 관대하고 신뢰할 만한 성격, 책임감 있는 삶의 아름다움, 옳고 그름에 대해 명확한 자신의 기준을 갖고 있으며, 배려심이 많고 외향적인 성격이다. 규칙과 질서를 중시하며 계획된 일정을 선호한다. 단점은 오지랖이 넓어 간섭과 잔소리가 심하다.

ESFP(연예인)

주변 사람을 즐겁게 하는 연예인, 즉흥적이며 현재 순간을 즐김, 다른 사람을 즐겁게 해주며, 세상은 하나의 무대라는 생각으로 새롭고 즐거운 일을 시도한다. 사교적, 유쾌 발랄, 열정적인 삶, 의상 감각이 뛰어남, 가꾸는 일에 소질이 있으며, 다른 사람의 감정을 잘 알아차린다. 단점은 주의가 산만하고 계획성이 부족하며 분석과 통계에 취약하다.

애니어그램

애니어그램은 아홉을 뜻하는 그리스어 '에네아'에서 유래하였으며 사람을 아홉 가지 성격으로 분류하는 성격 이론이다. 이론의 근거와 유래는 명확지 않으며, 이슬람교와 유대교의 영향을 어느 정도 받은 것으로 추정한다.

아홉 가지 유형은 어느 것이 더 좋다 나쁘다를 따지기보다는 서로 동등한 입장으로 보고 언어보다는 숫자를 사용하여 분류하는데, 분류 방법에 따라 여러 형태로 나뉜다. 분류 방법 몇 가지를 소개하면 다음과 같다.

- '센터 중심' 분류법은 가슴 중심(2, 3, 4번), 머리 중심(5, 6, 7번), 장 중심(8, 9, 1번)으로 분류한다.
- '토비니언' 분류법은 의존형(1, 2, 6번)과, 공격형(3, 7, 8번), 움츠림형(4, 5, 9번)으로 분류한다.
- '하모닉 그룹' 분류법은 긍정적인 태도(2, 7, 9번), 능력 있는 태도(1, 3, 5번), 반응(4, 6, 8번)으로 나뉜다.
- '대상관계 이론'에서는 애착 그룹(3, 6, 9번), 좌절 그룹(1, 4, 7번), 거부 그룹(2, 5, 8번)으로 분류한다.
- '수직 구조' 분류법은 건강한 레벨(1, 2, 3번), 평균 레벨(4, 5, 6번), 불건강한 레벨(7, 8, 9번)로 나뉜다.

- '날개 이론'에서는 9개 영역은 각 영역별로 날개를 달고 있는데 보조적인 삶의 전략을 취하며 변형된다고 보았다. 형식은 모두 18개(1W9, 2W1, 3W2, 4W3, 5W4, 6W5, 7W6, 8W7, 9W8, 1W2, 2W3, 3W4, 4W5, 5W6, 6W7, 7W8, 8W9, 9W1)를 이룬다.

아홉 가지 유형 특성을 표로 그려보면 다음과 같다.

1	개혁가	노력 발전	이상, 완벽주의자	완벽/부족
2	조력자	다정 다감	봉사자	조력/자기욕구
3	성취가	능력 지향	전문가	성공/실패
4	예술가	개성 낭만	귀족, 보헤미안	특별/평범
5	탐구자·사색가	박학 다식	문제 해결사	통찰/공허
6	충성가	성실 신중	방어(옹호)자, 친구	순종/일탈
7	열정가·낙천가	다재 다능	현실주의자, 연예인	쾌락/고통
8	도전자·지도자	솔직 과감	독립투사	강함/약함
9	화합가·조정자	외유 내강	평화주의자	평탄/갈등

애니어그램은 단순해 보이지만 단순하지 않다. 동전의 양면과도 같이 하나의 각 유형은 정반대의 형태를 동시에 가지고 있어서 한 상태에 머무르거나 고정되어 있지 않고 역동적으로 움직인다. 아홉 가지 유형들은 심리적 상태에 따라 움직이며 때로는 긍정적인 방향으로 나아가기도 하지

만, 때로는 부정적인 방향으로 퇴보하기도 한다. 자아가 건강하거나 의식 수준이 높을 때는 긍정적인 방향으로 나아가고, 자아가 불건강하거나 의식 수준이 낮을 때에는 부정적인 방향으로 진행된다.

MBTI와 마찬가지로 성격을 유형론적 관점에서 접근하고 있는데, 모든 사람이 그 유형에 반드시 정확하게 들어맞는가에 대해서는 아쉽게도 회의적이다. 두 가지 모두 성격 진단에 있어 어느 정도 정보를 제공해주는 도구일 수는 있으나 맹신할 정도로 정확성이 있다고 보기는 힘들다. 왜냐하면 두 가지 모두 측정 상황에 따라, 또는 그 당시 심리 상태나 상황에 따라 매번 다르게 측정 결과가 나오기도 하기 때문이다.

어쨌거나 성격유형을 다양한 각도에서 접근하고 분류하려는 시도 자체는 의미가 있는 건 사실이다. 하지만, MBTI와 애니어그램 모두 성격에 관한 분야, 다시 말해 사람을 구성하는 많은 요소 가운데 특정한 분야만 다루고 있어 인간의 본질을 모두 이해하기에는 여전히 부족하다 할 것이다.

다중지능

다중지능 이론은 발달심리학자인 하워드 가드너가 1983년 그의 책 『마음의 틀, 다중지능 이론』에서 제시하였다.

인간의 지능은 서로 독립적이며, 언어·논리수학·공간·신체운동·음악·자기성찰·인간친화·자연친화·실존적 등, 여러 능력으로 구성된다는 이론이다. 이것은 IQ와 EQ 개념의 단점을 극복하는 이론인데, 원칙적으로는 9개 지능이 상호 독립적이며 사람은 모든 영역을 지니고 있지만 그 발달 수준에는 차이가 있으며, 특정 영역에서는 여러 지능이 상호 작용할 수 있음을 인정한다.

9단계 가운데 실존적 지능은 철학적 사고의 영역으로 뚜렷하게 뇌의 어떤 부분과 연관이 있는지를 밝히지 못해 반쪽짜리 지능으로 취급하기도 한다.

다중지능 이론은 다른 분석 이론에서 포용하지 못한 부분, 즉 다양성에 관해 폭넓게 이해하려 했다는 점에선 가치가 있다. 사람은 지능이나 재능에서 여러 형태를 보임에도 주된 것만 다루고 부차적인 건 무시하는 경향이 있다. 사상체질도 단순히 네 가지 부류만으로 나누는 건 문제가 있다. 사상체질론을 더욱 확대 발전시켜야 할 과제가 여기에 있다. 있는 그대로를 가지고 분석해야 제대로 된 답을 찾을 수 있다.

세상엔 다양한 재능을 가진 사람들이 얼마든지 있다. 이탈리아 루치아

노 바이에티라는 사람은 15개의 다른 학위를 취득해 기네스북에 올랐는데, 체육교육학으로 시작해서 관광학·식품과학·정치과학·철학·범죄학·군사전략학에 이르기까지 다양한 분야에서 학위를 취득했다. 아무리 학문이라고 해도 전혀 관심과 흥미가 없는 쪽을 배우기란 쉽지 않다. 이는 애초부터 그는 다양한 분야의 재능과 지능을 타고났음을 간접적으로 증명한다.

우리가 미술가로 알고 있는 레오나르도 다빈치도 실은 화가이기 이전에 운동선수이자 검객이며, 발명·건축·과학·음악·공학·문학·해부학·지질학·천문학·식물학·역사학·지리학·도시계획·요리·수학에도 해박한 지식과 업적을 남겼으며 의사이기도 했다.

사람은 다양한 분야에 호기심을 지닌다. 실행하지는 못하더라도 관심 분야는 얼마든지 가질 수 있다. 나 자신을 틀 안에 가둘 필요가 없다. 사고 영역은 언젠가는 실행으로 현실이 될 수도 있다. 인류 역사가 그러하다. 누군가 생각한 것은 언젠가는 현실이 된다. 다양성은 가능성과도 직결한다. 사상체질도 단순하게 다룰 대상이 아니다. 얼마든지 확장성을 지닌다. 유전학이나 다른 분야에서도 이미 확장성을 입증하고 있다. 사상체질론을 발전시키려면 이러한 다양성에 관해 열린 시각으로 접근해야 한다.

사주팔자

사주(四柱)는 네 개의 기둥, 팔자(八字)는 여덟 글자를 말한다. 이 여덟 글자가 모여서 네 개의 기둥을 이룬다고 해서 사주팔자라고 한다. 사주는 자신이 태어난 연월일시를 말하며, 태어나는 순간 우주로부터 부여받은 일종의 암호로 본다. 사주의 여덟 글자는 생애를 담고 있는 지문과 같아서 자신만의 고유한 것으로 성격과 기질에서부터 인간관계, 진로 등의 생애 전반까지 알 수 있다고 주장한다. 년주(年柱)는 한평생 운명을 나타내는데 주로 초년 운으로 보며, 조상이나 윗사람과의 관계를 뜻한다. 월주(月柱)는 성년의 운수를 나타내며 배우자·가정·정신세계·성격 등을 상징한다. 시주(時柱)는 유년과 소년의 운수를 나타내며 재물·건강·자손·아랫사람과의 관계를 상징한다.

사주팔자 기본 구조는 만세력으로 알 수 있으며 사주팔자를 바탕으로 대운을 살펴서 운명을 논하는데, 월지·오행·일간·육친·신살·형충회합 등 복잡한 단계를 살펴서 종합적으로 감정한다.

사주팔자 기본 틀을 기초로 타고난 운명을 탐구하는 학문을 '명리학' 또는 '주명학'이라 한다. 명리학은 너무 어려운 분야여서 많은 이론에 능통하지 않으면 쉽게 가리기 어려우며, 사람마다 대입 과정에서 방법을 조금만 달리해도 해석 결과는 크게 달라질 수 있어 신뢰도는 그다지 높지 않다.

게다가 모든 사주는 무한한 게 아니고 약 50만여 개로 제한되어 있어 모든 사람이 서로 다른 사주를 갖는 게 아니고 같은 연월일시에 태어난 사람은 사주도 같게 나오지만, 실제로 살아보면 사주가 같다 하더라도 삶은 다르게 펼쳐지므로 반드시 운이 1:1 대응이 된다고는 할 수 없다.

사주는 주변과 시대 환경에 따라 얼마든지 달라질 수 있다고 본다. 삶에 영향을 미치는 요소는 생활환경, 지리적 환경, 생김새, 자기 수양 등 여러 가지가 있어 사주팔자가 모든 것을 결정한다고 보기는 어렵다. 그럼에도 우리나라는 과거로부터 결혼이나 운세를 점칠 때 사주팔자를 활용해 왔으며, 지금도 재미 삼아 혹은 여러 상황에 따른 운세를 알아보기 위해 점을 칠 때 여전히 활용되고 있다.

관상

관상이란 겉으로 드러난 얼굴 모양을 말한다. 그 생김새로 사람의 성격과 기질을 파악하는 복술을 뜻하기도 한다. 관상의 역사는 문명의 역사와 같으며, 이를 체계화한 건 송나라 때 마의(麻衣) 선생의 관상학이 구전으로 전해오던 것을 제자 진박이 체계적으로 저술한 책인『마의상법』에서 비롯한다.

유전학적으로 얼굴형은 조상의 유전자에 의해 그 특징이 결정되는데, 이것을 운명에 대입하는 것은 자칫 우려스러운 결과를 가져올 수도 있어 주의가 필요하다. 마의상법에서도 "잘난 관상은 몸이 튼튼한 신상만 못하고, 몸이 좋은 신상은 마음이 좋은 심상만 못하다. 심상이 좋으면 관상이나 신상이 좋은 것보다 낫다"라고 하여 관상의 맹신을 경계한다. 결국 생김새보다는 마음먹기에 달려 있다는 것이다.

서양에서도 관상학에 대한 일부 연구가 있었으나, 동양처럼 점술 형태로까지는 나아가지 않고 개인의 성격이나 특성을 설명하는 정도에 그쳤다. 관상은 타고나지만 나이가 들면서 바뀌기도 하고 성형으로도 바꿀 수가 있어 고정된 것이라기보다는 바뀔 수 있다고 보는 것이 대세다. '이제마 프로젝트'에서 얼굴 형태와 체형 구분에 따른 체질형을 구분하는 툴을 개발했으나 현장에서는 활용도가 높지 않다.

상은 타고나는 것보다는 만들어간다는 쪽이 맞을지도 모른다. 마음가

짐에 따라 길흉화복이 일어나고, 원인 없이 갑자기 생기는 일은 드무니 평소 음덕을 베풀고 함부로 낭비하지 않으며 검약을 실천하면 절로 복이 따른다.

관상학에서는 얼굴 모습을 3부분으로 나누는데, 이마를 상정, 눈썹부터 코·광대뼈를 포함하여 중정, 인중부터 턱까지를 하정이라고 하며, 상정은 30세까지, 중정은 40대, 하정은 50세 이후 운을 지배한다고 본다. 귀는 어릴 때의 운을 본다. 관상을 보는 요소들은 이 밖에도 점·피부·얼굴형을 동물에 비유한 물형 관상 등이 있다. 사람의 상을 볼 때는 그 사람의 모든 일상생활을 통해 전체적인 모습을 살펴야 한다. 그다음으로는 기력의 강약과 마음 씀씀이, 말과 행동을 관찰하고 또한, 골격·혈색·나이 등을 종합적으로 살핀 후 판단해야 한다. 관상학에서 정리한 내용을 알아보면 다음과 같다. 나름 세밀한 분석으로 분류해놓아 여러모로 참고할 만하다.

얼굴

크기	큰	자기주장이 강함
		참견, 잘난 체, 거만함
	넓은	적극적, 대담함, 이론보다 현실적인 행동
		체력형 직업
	작은	자기 자신에게 충실, 사회 규칙을 잘 지킴
		소극적, 의존형
	좁은	신중함, 자존심, 지적, 배려심
		행동보다 먼저 생각, 예민함
옆모습	볼록한	외향적, 밝은 성격, 적극적, 행동적
	오목한	내향적, 어두운 성격, 소극적
앞모습	직사각형	의지, 실행력, 지적, 포용력, 지도력
		대기만성, 장수
	긴(말상)	예의, 의리, 인정, 통찰력, 직감적, 계획 설계
		비판력, 스스로 개척, 장수
	삼각형	의리, 유연한 사고, 지도력, 포용력, 사교성
		원만한 성격, 경험 풍부
	역삼각형	성실, 섬세, 냉정, 지식
		이기적, 의존성, 사교성 부족, 지위 명예욕
	둥근형	정서적, 사교성, 배려심, 인맥, 낙천적
		소심, 신중, 인내심 부족, 우유부단, 이해타산
	네모형	끈기, 의지, 인내력, 성실, 합리적
		고집, 완고, 냉정, 단순
	달걀형	지적, 의지, 명석, 끈기, 노력가
		사교성 융통성 부족, 가정 소홀

눈

큰	감수성, 낙천적, 관대, 적극적, 대담함, 열정적, 말이 많음
작고 가는	관찰력, 꼼꼼함, 신중, 냉정, 의심 많은, 음침한
째진	통찰력, 포용력, 결단력, 통솔력, 창의력
왕방울	직감적, 근시안적 사고, 단순, 충동적, 이기적
돌출형	윗눈꺼풀이 두꺼운 → 다정다감, 예리
	윗눈꺼풀이 얇은 → 소극적, 소심, 신경질적
움푹한	이성적, 인내심, 아량
	냉정, 집착, 음침한, 사교성 부족
눈꼬리	올라간 → 자존심, 용기, 결단, 판단력, 진취적, 이기적
	처진 → 온후, 인성, 배려심, 유머, 사교성, 소극적

눈과 눈썹 사이

넓음	대범, 화제 풍부, 여자 - 색기
좁음	성실, 세심, 꼼꼼, 급한 성격, 도벽

눈과 눈 사이

넓음	대범, 밝은 성격, 낙천적
좁음	직감적, 시대 감각, 달변가, 합리주의자, 신경질적, 근심

눈 밑 살

볼록	정력, 건강, 자녀 운 좋음
움푹	배우자 인연 약함, 자녀 운 약함

코

콧대가 높은	냉정, 개성, 자존감, 자신감, 지위, 명예욕
콧대가 낮은	소극적, 현실적, 실질적, 주체성 부족, 윤리의식 부족
두꺼운	적극적, 의지, 인내력, 아량, 배려심, 물욕, 식욕, 성욕
얇은	성실, 지적, 이성적, 소극적, 섬세, 신경질적
끝이 둥근	명예심, 정, 배려심
끝이 뾰족한	성실, 지적, 재능, 급함, 자존심, 명예심, 허세, 신경질

콧방울

넓은	인간관계, 실무 능력, 실리적, 야성적, 정력, 재력
좁은	감성적, 섬세, 자존감, 체면 중시, 지구력 부족

콧구멍

위로 향한	개방적, 사교적, 자기중심적, 인심
아래로 향한	신중, 조심성, 비밀스런, 자린고비
큰	개방적, 대인 관계, 낭비력
작은	신중한, 저축성, 절약

코 모양

가운데가 휜	직감력, 욕심, 금전운, 냉혹, 이해타산, 이기적, 인내심
위가 꺾인	공격적, 개성, 독립심, 용기, 의지, 실행력
중간 꺾인	감수성, 예민, 치밀, 방어 본능, 참견, 의리, 감성적
일직선	품위, 풍족한, 자존감, 우아한, 지성, 교양, 미적 감각
잘 생긴	남성적, 배짱, 명쾌한, 대담한, 완고한, 재주, 재능

뭉툭한	식욕, 성욕, 물욕, 본능적, 현실주의자, 금전운
위로 들린	야성적, 급한, 이기적, 비상식적, 낭비벽
납작한	낮은 주체성, 의지 부족, 경박한, 낮은 자존감

입

큰	지도력, 통솔력, 결단력, 행동력, 생활력, 금전운
작은	솔직, 성실, 미적 감각, 지적, 신경질적, 소심, 소극적, 꼼꼼

입술

두꺼운 윗입술	적극적, 정, 현실적, 식욕, 성욕, 예능 감각
얇은 윗입술	이성적, 지적, 냉정한
두꺼운 아랫입술	자기중심적, 개성
얇은 아랫입술	주체성이 없는, 생활력이 약한

입 모양

직사각형	의리, 인정, 온후, 원만한, 글재주, 장수, 재력
일자형	성실한, 의지가 강한, 성실한
위로 휜	밝은, 풍부한 애정, 유머, 온후, 원만한
아래로 휜	까다로운, 음침한, 불평불만, 고집스런
길게 찢어진	밝고, 사교적, 성실, 인정, 원만한
튀어나온 아랫입술	인내력, 시기심, 의심, 이기적
덮힌 아랫입술	이론적, 정의감, 개성
삐죽 튀어나온	거칠고 감정적, 고집스런
움푹 들어간	소극적, 내성적, 의지가 약한, 낮은 주체성
위로 말린 입	자만심, 감상적, 외톨이, 속기 쉬운
뻐드렁니	호기심, 야성적, 자기주장, 고집, 끈기 부족

귀

눈보다 높은	생활력, 야성미, 인정, 성실한, 부자
눈보다 낮은	지성, 품성 우수, 리더십, 신경질적, 질투심
가운데가 튀어나온	개성, 혁신적, 적극적, 실행력, 자유로운, 이기적
가운데가 들어간	원만, 온후, 상식적, 보수적, 조심성, 우유부단한
뒤로 누운	인내력, 지도력, 직감력, 용기, 아량, 재능, 성공
귀가 큰	장수, 재물, 상식적

귀가 작은	공격적, 급한 성격, 기분파, 고집
말랑하고 얇은	소극적, 예민, 신경질적, 예능, 문학, 지적, 배려
단단하고 두꺼운	적극적, 주체성, 끈기, 둔감한, 완고한
귓불이 큰	밝고 활동적, 사교적, 원만, 포용력, 부유
귓불이 작은	직감적, 예리한, 야박한
귓구멍이 큰	원만한, 총명한, 지혜
귓구멍이 작은	겁이 많은, 감수성, 예민한

이마

주름	주름이 없는	운이 강한, 좋은 인간관계
	주름 세 개	가장 좋음
	위 주름 하나	취직운, 승진운
	가운데 주름 하나	자력갱생
	아래 주름 하나	부하나 아랫사람에게 존경받음
모양	각진	고집, 실행력, 현실적, 판단력, 실무 능력
	꼭지형	협조심, 솔직한, 여성스런, 소극적, 노력형
	M 자형	독창적, 집중력, 명석, 완고, 독선적, 예능
	돌출형	직감력, 기억력, 활동적, 협조심, 질투심
	둥근형	성실, 노력가, 친절, 온화, 금전운

턱

넓은, 사각	현실적, 남성적, 애정, 포용력, 리더십, 성실, 완고
없는	주관 부족, 의지 약한, 이성 유혹, 불평불만
뾰족한	감수성, 예민, 선견지명, 진지, 치밀한, 냉정한, 명예, 허세
긴	온후, 품성, 인간성 좋은, 배려, 정, 경박한
짧은	조심성, 의심, 이기적, 인내심 부족
둥근	포용력, 신뢰성, 배려, 원만한, 침착한, 자녀 운
이중턱	금전운, 건강운, 사교성, 애정, 포용력
주걱턱	낙천적, 결단력, 실행력, 재능, 재력, 성실 근면, 성공운
들어간	소극적, 걱정 근심, 차가운, 생활력 부족
두툼한	결단력, 애정, 포용력, 의지, 재력
살이 없는	지적, 주체성 없는, 신경질적, 고집, 고독운
가운데 홈	감수성, 예민, 열정적, 집중력, 의지력, 창의적, 예술

눈썹

눈썹	짙은	욕망, 집착
	옅은	감정적, 고독
	긴	느긋, 배려, 세심, 사교성
	짧은	성질 급한, 편협, 이기적, 고독
	굵은	결단력, 실행력, 생각 부족
	가는	소극적, 조심성, 우유부단
	반달형	유연한 사고, 지혜, 지식
	직선형	직선적, 단순, 결단력, 고집, 완고
	눈꼬리가 올라간	과격, 결단력, 실행력
	아래로 내려간	평화주의자, 주변을 잘 챙김
미간	넓은	여유로운, 대범, 낙천적, 사교성
	좁은	신경질적, 급한 성격, 소심, 질투

법령(코의 양옆으로부터 감싸고 내려오는 선)

긴	장수, 리더십
짧은	리더십 부족
입을 에워쌈	소극적, 말년 운이 나쁨
입으로 들어간	거지 팔자, 신경질적
중간이 끊어진	무책임한
길이가 다른	양면성, 고집, 불성실, 변화가 많음

이중 선	강한 개성, 협조심 부족
넓은	독립심, 장수
좁은	신경질적, 이기적. 사교성 부족

인중

넓고 긴	의지력, 인내심, 자녀 운 좋음, 장수
좁고 얕은	이해심 부족, 끈기 부족, 금전 및 자녀 운 나쁨
점이 있는	복잡한 이성 관계, 자녀 운 나쁨

궁합

궁합은 자궁 궁(宮)과 합할 합(合)이 합쳐서 된 단어로, 서로 다른 두 객체가 잘 어울리는지에 대한 척도를 가리킨다. 궁합은 주로 남녀 사이에 쓰이는 말이지만 실은 모든 인간관계에 해당한다. 남녀, 부부, 부모와 자식, 직장 상사와 직원, 친구, 동료, 선후배 등 모든 인간관계에서 궁합은 매우 중요하다. 궁합이 맞지 않으면 관계 자체가 어려워진다. 궁합이 맞는지를 알아보는 방법은 사주(생년월일시간)를 주로 이용하는데, 태어난 날과 시간에 따라 정해지는 특징을 상대방과 비교하여 서로 맞는지를 가늠해 보는 것이다.

방식은 다르지만 사상체질론에서도 궁합은 중요한 부분에 속한다. 이제마는 『동의수세보원』에서 그런 류의 지식은 다루지 않았지만, 사상체질을 알고자 하는 이유 가운데 하나로 궁합을 제쳐놓을 수가 없다. 서로 체질을 알고 그 체질로 서로 어울리는지에 대한 정도는 얼마든지 유추 가능하며, 반드시 꼭 100% 일치하지는 않는다고 해도 어느 정도는 도움이 되는 것은 부정하지 못한다. 꼭 궁합이 아니더라도 상대를 이해하고 인정할 수 있는 수준에만 이르러도 관계 형성에 있어 분명 유익한 도움이 될 것이다.

체질별로 조화가 되는 조합이 있고 맞지 않는 조합이 있는데, 체질별로 구분해보면 조화로운 조합은 양과 음, 음과 양의 조합이 가장 이상적이다. 그다음으로는 음과 음, 양과 양의 조합인데 상호 보완적이므로 나쁘진 않다. 완전히 같은 체질 조합은 원만한 조화를 이루기 어려우므로 피하는 게 좋다. 그러나 조합은 조합일 뿐, 서로 맞추어 산다면 어느 조합인들 문제가 있겠는가. 아무리 좋은 조합도 상대에게 무관심하고 자기중심으로만 살아간다면 무슨 소용이 있겠는가.

이상형(남/녀)		보완형	부조화
소양인 태음인 소양인 소음인 태양인 소음인 태양인 태음인	태음인 소양인 소음인 소양인 소음인 태양인 태음인 태양인	소음인 태음인 태음인 소음인 소양인 태양인 태양인 소양인	소양인 소양인 소음인 소음인 태음인 태음인 태양인 태양인

토정비결

운세를 보는데 널리 쓰이는 연대 작자 미상의 도참서(圖讖書)다. 개인 사주 가운데 육십갑자를 이용해, 한 해 동안의 신수를 달별로 설명하는 형식으로 되어 있다. 사주인 연월일시 가운데 시는 따지지 않으므로 3주를 기반으로 한다.

흔히 조선시대 토정 이지함 선생이 1578년 아산 현감으로 있을 때 민생 문제를 해결하기 위해 걸인청을 만들어 경제적으로 궁핍하고 생활고에 시달리는 당시 시대적 약자인 서민들을 위해 주역을 근간으로 384괘를 가지고 만들었다고 알려졌으나 이를 뒷받침할 만한 근거는 없으며, 학계에서는 정설로 인정하지 않는다.

주역을 근거로 하였다고 하나 주역과는 많은 차이를 보인다. 주역은 덕을 쌓는 내용을 중심으로 하는 데 비해 토정비결은 길흉화복에 대한 예측이 주이며, 1년 12달의 운을 각각 4언 3구의 시구 형태로 풀어내고 있다. 주역에서는 중괘가 64괘인 데 비해 여기서는 48괘만 사용하고 16괘는 쓰지 않았다. 주역에는 한 괘에 본상 1, 변상 6, 도합 7상으로 총계 424괘의 상이 나오지만 토정비결에서는 단 144괘 상만 다루고 있다. 처음에는 384괘를 다루었으나 신기하게도 적중률이 높아 무위도식하거나 악용하는 사람들이 늘자 이를 막기 위해 하권에 해당하는 240괘를 없애버려 지금은 144괘뿐이라고 한다.

토정비결은 당시 남성 본위 사회상과 맞물려 여성 경시 경향이 두드러지며, 가난하고 힘없는 백성에게 희망을 주기 위해 배려한 면이 많아 전체 괘의 70%가 좋은 운세를 예고한다. 안타깝게도 지금은 그 내용 전부가 존재하지 않아 평가절하를 받고 있기는 하나, 그 의미는 음양의 이치를 깨우치는 동양철학의 진수를 담은 역작임에는 분명하며, 오늘날에도 여전히 영향력을 끼치고 있다.

풍수지리

풍수지리는 삼국시대 민간 토속신앙에서 비롯하여 조선시대를 거쳐 오늘에 내려오게 되었으며, 집터나 묏자리의 좋고 나쁨을 가려내는 데 주로 사용되었다. 산과 물의 형세와 방위 등을 고려해 지리적 조건이 좋은 곳을 명당이라 부르며, 이런 자리에 집을 짓거나 묘를 쓰면 집안이 잘되고 자손도 번창한다고 믿었다. 이론적으로는 명리학의 음양오행과 주역 사상을 기반으로 한다. 하지만 이론이 워낙 어렵고 복잡하여 이를 공부하여 해석하는 사람에 따라 의견이 분분하여 현실에 적용하고 실생활에 응용하기에는 어려움이 많다. 통상적으로 터가 좋은 곳을 배산임수라고 하는데, 북쪽에 산을 두고 남쪽으로 물이 흐르는 지형을 말한다. 뒤에서 산이 북풍을 막아주고 앞에는 물이 흘러 생수를 걱정하지 않아도 되기 때문에 한국의 지리적 특성상 이치에 부합된다고 하겠다.

하지만 음양오행으로 본다면 가려야 할 부분이 많아지는데, 우선 조광 정도에 따라 음지와 양지로 갈리고, 주변 상황에 따라 음기가 강한지 양기가 강한지로 구분된다. 양지라 하더라도 음기가 강하면 좋은 터라고 할 수 없을 것이다. 물이 있다고 다 좋은 것도 아니다. 물이 흐르는 위치와 터에 미치는 영향에 따라 땅의 용도가 달라진다. 산도 마찬가지다. 바위로 뒤덮인 산과 흙으로 이루어진 산은 풍기는 기운이 다르다. 터가 좋다고 모든 사람에게 다 좋은 것도 아니다. 그 기운을 감당할 능력이 되는 사람에게는 도움이 되지만 기운을 이기지 못하면 오히려 해가 될 수도 있다. 지형과 기운은 밀접한 관련이 있다.

　음양만 중요한 것이 아니라 오행도 살펴봐야 한다. 나무와 흙, 암석과 물이 어떻게 조화를 이루고 있는지를 살펴야 한다. 서로 상극인 요소가 함께 있다면 좋은 터라고 할 수 없을 것이다. 그리고 모든 것을 한꺼번에 앗아가는 불도 항상 염두에 두어야 한다. 물길의 흐름도 잘 살펴야 한다. 물은 원시 습성을 지니고 있다. 도시 형성 과정에서 물길을 바꾸고 둑을 쌓고 지형을 바꾸면 안전과는 거리가 멀어진다.

　풍수지리는 체질에도 영향을 끼친다. 체질이 약한 사람이 강한 기가 모인 터에 살면 해를 입을 수도 있다. 터의 기운을 명확히 알기는 어렵다. 터의 기운이 나와 맞는지는 여러 가지 경험상 짐작할 수 있다. 또한 터의 기운은 인위적인 개입으로 바뀌기도 한다. 사람에게도 기운이 있어 터의 기운에 영향을 끼친다. 혼자서는 힘들겠지만, 여럿이면 가능하다. 자연은 그대로 있어도 사람의 개입으로 터의 기운은 옮겨 다닌다. 풍수지리가 인간사에 영향을 끼치듯 사람도 자연에 영향을 끼친다. 그러므로 자연에 너무 기대지도 말고 일부러 거스르지도 말고 항상 균형과 조화를 이루며 살아가는 방식을 추구함이 옳다.

제6장

사상체질 인문학

사회 문제

사회 건강 척도를 나타내는 여러 가지 지수들을 살펴보면 우리 사회는 그다지 건강한 쪽으로 나아가지 못하고 있다는 것을 알게 된다.

그 가운데 먼저 통계청에서 발표한 이혼율을 살펴보면, 2023년 기준 전체 혼인 건수는 19만 4천여 건으로 약 1%가량 증가하였으나 같은 해 전체 이혼 건수도 9만 2천여 건으로 만만치가 않아서 이 수치로만 본다면 연간 결혼 대비 약 49%가량이 이혼하며, 나이로 보면 40대 중후반 이혼율도 1천 명당 약 7.5건으로 이혼은 꼭 젊은 층뿐만 아니라 중년대에서도 많이 일어나고 있음을 알 수 있다. 실제로 30년 이상 혼인을 지속하는 비율은 16.8%에 불과하다. 결혼 실패 원인은 여러 가지가 있겠지만 결국은 서로 맞지 않는 사람을 잘못 만났기 때문이다. 그만큼 잘 맞는 사람과 만나기가 쉽지 않은 셈이다.

직업을 선택하는 데에도 2022년 기준 청년 10명 중 8명이 첫 직장을 떠난다는 통계 기사(중앙일보 2022. 6. 13.)가 나올 정도로 자신의 진로 결정에 있어 제대로 된 선택을 하지 못하고 있다는 것을 알 수 있다. 이것은 본인이 무엇을 원하는지, 어떤 직장이 나에게 맞는지를 모른 채 아무 생각 없이 직장 선택을 한다는 반증인 셈이다.

이는 직장뿐 아니라 그 이전에 학업으로 진로를 선택해야 하는 대학교 때부터 과를 잘못 선택하여 다른 과로 전과하는 비율에서도 나타나는데,

조금 오래된 통계이기는 하지만 2019년 잡코리아에서 실시한 설문조사에 의하면 대학생 39.9%가 다른 전공을 원하는 것으로 나타났으며, 5명 가운데 1명만이 진로 선택을 명확히 정하고 있음을 보여준다. 안타깝게도 고등학교까지 마치면서 자신의 진로와는 상관없이 획일적인 주입식 교육과 대학 진학을 위한 시험공부에만 치중한 고질적인 원인이 크다.

인간관계에서 발생하는 범죄 비율을 살펴보면, 2023년 대검찰청 통계자료에 따르면 전체 범죄율은 약 15%가량 줄어든 데 비해 강력(흉악)범죄 비율은 20%가량 증가하고 있는 것으로 나타났는데, 이는 사람들이 감정 면에서 점점 더 흉포해지고 있다는 것을 보여준다.

시대에 뒤떨어진 느낌이 들지만, 날이 갈수록 점점 심각해지는 갈등 요인은 여전히 이념 갈등이며, 노사 갈등, 세대 갈등, 수도권과 지방 간 갈등도 좀처럼 줄어들지 않고 있다. 게다가 남녀 갈등도 새롭게 증가 추세여서, 사회에 자신 또는 자기편밖에 모르는 이기주의가 팽배하며 타협과 조화와는 거리가 멀고 건강하지 못한 쪽으로 변해가고 있다.

국민건강보험공단의 2023년 자료에 의하면 정신병도 5년 사이 37%가량 증가하였고, 우울증 환자만 100만 명을 넘은 것으로 나타났다. 그만큼 사회에 적응하지 못해 도태하거나 낙오자 또는 외톨이가 늘어나고 있다는 것을 보여준다. 노인 인구가 늘어나면서 늘어난 수명만큼 경제적으로 어려운 환경에 처한 사람들이 많아지고, 군중 속에서도 외로움을 느낄 만큼 현대인의 삶은 녹록지 않다. 한편 스마트폰이 보편화되고 기술이 발달하면서 자신을 홀로 좁은 공간에 가두는 외톨이가 되고, 덩달아 사회성도 점점 떨어지고 있다.

질병관리청의 2022년 통계자료에 의하면, 지난 2012년부터 2022년까지

10년간 자살률은 약 2.3배가량 증가하였으며, 이 가운데 10대 자살률은 30.8%에서 46.2%로 약 15.4%가 증가하였는데, 주목할 만한 것은 자살 원인으로 인간관계에 의한 갈등보다는 정신과적 문제로 인한 요인이 16.5%에서 44.1%로 더 비중이 높아진 것으로 나타났다는 사실이다. 이는 사회가 보편적인 행복 지수가 높지 않으며, 집단사회로부터 이탈하는 사람들이 늘고 있음을 보여준다.

각종 통계수치로 보면, 우리 사회는 안전하고 건전한 방향보다는 나쁜 쪽으로 나아가고 있음을 보여주어 씁쓸하다. 이를 개선하기 위해서는 우리 모두의 노력이 필요하다. 정치·사회·경제·교육 모든 분야가 발 벗고 나서야 한다. 어느 한 곳에다 책임을 전가하거나 미루어서 될 일이 아니다.

사상체질을 알아가는 것도 이러한 문제 해결에 조금이나마 도움이 되기 위함이다. 자신은 물론 다른 사람의 특성을 알고 서로가 이해심을 가지고 인정하고 소통한다면 사회 갈등은 줄어들고 좀 더 나은 사회로 발전할 수 있을 거라 확신한다.

갈등과 분쟁

 사람들이 모이는 곳에는 분쟁과 갈등이 있기 마련이다. 우리나라 연간 고소 고발 건수는 약 50만 건에 이르며, 이는 이웃 나라 일본에 비해 인구 비율로 계산하면 50배가량 높은 수치라고 한다.
 왜 이렇게 많은 갈등과 분쟁이 일어나는 것일까? 그 원인은 여러 가지가 있겠으나 국민적 특성과도 무관하지는 않다고 본다. 국민 의식 수준, 학업 정도, 성향, 기질 등 여러 요인과 관련이 있다. 물론 그런 요인들이 상대적으로 수준이 높다고 해서 반드시 갈등과 분쟁률이 낮다는 보장은 없다.
 그런데 엉뚱하게도 그보다도 더 아주 단순한 요인이 문제라면 어떨까? 서로의 존재를 이해하고 인정하는 아주 기초적인 능력이 모자라 이 모든 갈등이 생겨난다면 한 번쯤은 짚고 넘어가볼 문제가 아닐까? 대인 관계에서 서로를 이해하고 인정하는 아주 단순한 생활양식이 부족하여 수많은 갈등과 분쟁이 일어난다면 이는 매우 심각한 상황이다. 세 살 버릇 여든까지 간다는 말처럼 인간의 행동 양식은 어렸을 적부터 형성되어 나이가 들수록 점점 굳어져서 잘 바뀌지 않는다.
 환경이 여의치 못하여 기본적인 삶의 양식들을 학습하지 못한 경우를 제외하고, 정상적인 교육을 받았음에도 불구하고 그런 양식들을 얻지 못했다면 그 원인은 또 어디에서 찾아야 할까? 행여 사회나 국가교육이 기초 방식에서부터 잘못된 것은 아닐까? 곰곰이 되돌아보면 우리는 사실 어디서도 그런 교육을 받은 적이 없고 그런 것이 있는지조차 모르고 살아오지는 않았던가?

국가가 인권 보장에 관심을 가지기 시작한 게 2001년(국가인권위원회 발족)부터니 이제 겨우 20년 남짓이다. 아직도 우리 사회는 기본 인권을 두고도 여전히 논쟁이 치열하다. 그저 서로를 이해하고 인정하기만 하면 되는 아주 단순하고 간단한 논리마저 우리는 거부하면서 살아가고 있지는 않은가? 이 단순한 행동 원리를 받아들이지 못한 채 우리는 역사상 가장 갈등의 골이 깊은 시대를 살아가고 있지는 않은가? '서로, 우리, 함께, 더불어' 이런 말보다는 '경쟁, 계급, 권력, 돈' 이런 것들에 우리는 더 치중하며 살아오지는 않았는가? 후자가 판치는 세상에선 갈등과 분쟁이 그칠 날이 없다는 것을 우리는 잘 안다. 삶의 가치를 어디에 두고 사는가에 따라 사회 모습은 달라진다.

너는 너고 나는 나다. 너도 인간이고 나도 인간이다. 너도 인권이 있고 나도 인권이 있다. 너도 사람답게 살 권리가 있고 나도 사람답게 살 권리가 있다. 굳이 법을 만들지 않아도 천부적으로 타고나는 것들에 대해서는 원천적으로 보장되어야 한다. 누구도 이를 거스를 수 없으며 함부로 거슬러서도 안 된다. 우리는 서로를 그저 이해하고 인정하기만 하면 된다. 그것이 기본 중의 기본이다. 그것이야말로 수많은 갈등과 분쟁을 줄이고 해결하는 가장 쉽고도 확실한 방법이다.

다양성

　국제자연보조연맹(IUCN)의 자료에 의하면 지구상 생물체는 2020년 기준 약 212만 종이 있는데, 식물이 약 30만 종, 동물이 150만 종이며 동물 가운데 곤충이 105만 종, 조류 11,000종, 파충류 11,000종 포유류 6,000종이 포함된다. 한편, 지난 수십 년 동안의 연구에 의하면 지구상에는 최소 3백만에서 최대 1억 종의 생명체가 존재할 것으로 추정한다.

　이스라엘 식물 및 환경과학부 소속 바-온(Yinon M. Bar-On)에서 바이오매스 매트릭을 사용하여 생명을 정량화한 자료에 의하면, 식물류가 생물 총량의 약 82% 이상, 박테리아가 약 13%, 동물은 0.4%, 그 가운데 인간은 약 0.01%를 차지하며, 동물 가운데 인간이 차지하는 비중은 약 2.5%에 불과하다.

　생명체의 종류는 너무나도 다양하고 엄청나서 모두 다 조사하기는 불가능할 정도다. 서로 비슷하게 생긴 종류라도 그 수는 너무도 다양해서 고사리 속만 하더라도 전 세계에 약 1만여 종이 있고, 균계에 속하는 버섯은 전 세계에 약 15,000여 종이 있으며, 인간을 포함하는 전체 포유류는 약 4,629종으로 알려져 있다.

　또한, 모든 생명체는 비슷한 공간에 살아도 살아가는 방식은 천차만별이다. 같은 종이라 하더라도 생김새가 다르고 생명을 유지하는 방식도 다르다. 좋은 환경에서 30미터가 넘게 자라는 소나무도 있지만, 척박한 바위틈에서 5미터도 자라지 못하고 가늘게 생명을 이어가는 소나무도 있다. 먹이가 풍부한 호수에 사는 물고기가 있는가 하면, 가물면 물이 말라 버리는 사막의 늪에서 사는 물고기도 있다. 넓은 바다에서 사는 게가 있는가 하면, 산속에서 사는 게도 있다. 무리를 지어 사는 동물이 있는가 하면, 홀로 살아가는 동물도 있다. 아름다운 꽃과 잎줄기로 단장한 식물이 있는가 하면, 달랑 여린 줄기 하나만으로 생명을 유지하는 식물도 있다. 화려한 깃털과 장식으로 치장한 공작새가 있는가 하면, 볼품없는 대머리독수리도 있다. 다리를 펴면 최대 70㎝가량이나 되는 골리앗 개구리가 있는가 하면, 7.7㎜밖에 안 되는 페도프린 아마운시스라는 세상에서 가장 작은 개구리도 있다.

생명체는 알면 알수록 신비로움 그 자체다. 이렇듯 생명체의 모양과 종류도 다양하고 살아가는 방법도 복잡하지만, 우리가 생명체를 분류할 때 절대로 간과하거나 오해해서는 안 되는 게 있다. 종류는 종류일 뿐 우열의 기준은 아니라는 것이다. 종류는 서로 다름을 나타내는 구분 방식일 뿐, 어느 것이 더 우월하고 열등한지를 가리는 기준은 아니며 그렇게 사용되어서도 안 된다. 아무리 하찮은 식물이라도 나름대로 역할과 쓰임새가 있으며 생존의 이유가 있다. 하지만, 안타깝게도 인류 역사상 아주 단순하면서도 무지한 오해로 인해 치른 대가가 얼마나 참혹했는지 우리는 잘 안다. 지금도 마찬가지다. 인류 역사가 존재하는 한 비교와 경쟁 구도는 나쁜 결과를 만들 뿐이라는 사실을 기억해야 한다.

오히려 우리는 생명체의 다양성 앞에서 겸손해져야 한다. 이토록 많은 생명체와 함께 살아가고 있다는 것도 그 자체만으로도 너무나 신기하고 감사한 일이다. 지구상에 모든 생명체는 서로 어우러져서 생육하고 번성한다. 생명체뿐만 아니라 우주까지도 철저히 체계적이며 질서 있게 움직이며 돌아간다. 어느 한쪽이라도 균형을 잃으면 지구는 공멸할지도 모른다. 하찮고 단순해 보이지만 미생물이 없다면 다른 생명체도 존재 자체가 어려워질 수도 있다. 아인슈타인은 "만약 꿀벌이 사라지면 식물이 멸종하고 4년 안에 인류도 사라질 것이다"라고 경고한 바 있다. 실제로 꿀벌은 세계 식량의 90%를 차지하는 100대 주요 작물 중 87종을 생산하는 데 영향을 미친다고 한다. 만약 꿀벌이 사라진다면 인류는 식량난에 허덕이게 되고 식량 부족으로 굶어 죽을지도 모른다.

사람도 마찬가지다. 어떤 인종이 더 우월하고 어떤 인종이 열등하다는 근거는 있을 수 없다. 피부나 눈동자 색, 골격과 체형이 다르다고 해서 우열을 가리는 기준이 되는 것은 아니다. 근본적으로는 남과 여가 다르며, 생김새, 신체 특징, 성격, 취향, 특성은 물론 걸음걸이, 말투, 목소리까지 모두 다르다. 심지어 쌍둥이도 서로 다르다. 다른 것은 틀린 것이 아니다. 좋다 나쁘다는 개념이 아니다. 다르다는 것은 그 자체로 인정과 이해가 우선되어야 한다. 틀린 게 아니라 다른 것이다. 각 개인은 고유하며, 모두는 동등하다. 우와 열은 없다. 장단점이 있을 뿐이다. 그리고 누구에게나 장단점은 있다.

우리말 가운데 자주 헷갈리기 쉽고 또 일상에서 잘못 쓰고 있는 말이 바로 다름과 틀림이다. 그 의미는 엄청난 차이가 있음에도 아예 바꾸어 쓰고 있다. 왜 그럴까? 진짜 그 의미를 몰라서일까? 아니면 알면서도 한쪽만 고집스럽게 치우쳐 사용하는 것일까? 다름과 틀림의 의미를 모르는 사람은 없을 것이다. 그런데 왜 다르다는 말보다 틀리다는 말을 더 쓰려고 할까? 다르다고 할 때는 인정함이 따라야 하는데, 그렇게 되면 뭔가 손해를 본다는 느낌이 들기 때문은 아닐까? 다르다는 건 다양성에 관한 것이며, 틀리다는 것을 옳고 그름에 관한 것이다. 다름에서는 이해와 인정, 수긍, 배려, 존중 같은 긍정의 요소들이 작용하지만 틀림에서는 편 가르기, 갈등, 분열, 오해, 충돌, 분쟁, 폭력, 비난, 무시, 억압과 같은 부정의 요소들이 작용한다.

다름은 고쳐야 할 대상이 아니다. 다름은 잘못이 아니다. 틀림은 바꾸고 고칠 수 있다. 서로 다르게 태어난 것이 누구의 잘못은 아니지 않은가? 내 생각과 알고 있는 지식이 잘못되었다면 얼마든지 옳은 것으로 바꾸고 고칠 수 있다. 다름을 틀림으로 바꾸어 말하는 습관을 고쳐야 한다. 비난과 무시가 아닌 이해와 인정으로 언어 습관을 바꿔야 한다.

"너는 왜 그 모양이니", "네 생각은 틀렸어", "내가 맞아. 내 말대로 해", "네가 뭘 안다고 그래. 웃기고 있네", "쟤는 글러 먹었어. 생각이 삐뚤어"와 같은 말들은 다름과 틀림의 오해에서 비롯한 표현들이다.

"그렇구나. 네 생각은 그렇구나", "그럴 수도 있겠다. 듣고 보니 네 말도 맞다. 일리는 있다", "그렇습니까? 하지만 제 생각은 이렇습니다"와 같은 말들은 이해와 인정에서 나오는 표현들이다.

이해는 긍정(인정)을 전제로 하고, 오해는 부정(불인정)을 전제로 한다. 다르다는 것을 다름으로 인정하는 것이 이해고, 다르다는 것을 틀림으로 부정하는 것이 오해다.

'차이'라는 표현도 신중하게 써야 한다. 자칫하면 차이는 곧 차별이 될 수 있는 위험한 단어다. 우리는 서로에 대해 오직 '다름'으로만 접근해야 한다. 다름이란 서로를 인정하고 이해하는 데서 정립된다. 개인 능력이나 재능을 수치나 척도로 재고 차이를 가늠하는 건 좋은 방법이 아니다. 개인마다 특성이 다른데 몇 가지 기준으로만 평가하고 판단하는 것 자체가 문제다. 누구나 자신이 타고난 소질과 특성에 따라 자유롭게 뜻을 펼칠 수 있는 사회가 건강하고 좋은 사회다. 특정인만 대우받고 잘사는 그런 사회는 좋은 사회가 아니다.

사상체질 분석은 서로 다름을 인정하려는 것이지, 서로 틀림을 말하고자 함이 아니다. 서로 다르므로 다름을 이해하고 인정해야 한다는 것에 초점을 맞춘다. 서로 틀리다고 여기면 한쪽은 박멸의 대상이 되고 싸움의 대상이 되어 반목하고 대립하고 마침내 적이 된다. 동질만 내 편이고 아니면 모두 적이 되어버린다. 다름을 이해하고 인정하지 않으면 그때부터 전쟁이 시작된다.

우리가 체질을 연구하는 목적이 바로 여기에 있다. 사상체질은 틀림이 아니라 다름에 관한 것을 다룬다. 사람마다 서로 다름을 알고 인정하고 서로를 이해하는 가운데 저마다 자유롭고 평화롭게 살아가는 행복한 세상을 만들기 위함이다. 이해받으려거든 먼저 남을 이해해야 한다. 인정받으려거든 먼저 남을 인정해야 한다. 서로를 이해하고 인정할 때 우리는 서로의 영역을 침범함이 없이 평화롭게 잘 살 수 있다.

자연

생물학적으로 본다면 동물 세계에서는 사람이 으뜸이지만, 식물 앞에서는 한없이 하찮은 존재다. 식물이 사람보다 훨씬 더 월등한 존재다. 생명의 기본 단위인 DNA로 볼 때 그렇다는 얘기다. 식물의 DNA 구조는 사람의 것보다 훨씬 더 복잡하고 크다. 사탕수수는 인간의 3배에 달하는 100억 개의 염기쌍을 가지고 있으며, 밀은 160억 개, 옥수수도 24억 개의 염기쌍을 가지고 있다. 인간은 약 30억 개의 염기쌍을 가지고 있다. 유전자 수로 보면 인간은 20,000개, 옥수수가 32,000개, 쌀이 50,000개, 밀은 120,000개나 된다.

수명으로만 따지면, 사람보다 훨씬 더 오래 사는 동식물이 많다. 사람의 최대 수명은 150년인데 비해 잉어 150년, 코끼리가 150~200년, 거북이 200~300년, 붉은 성게는 200년을 산다고 한다. 북극고래도 200년, 한볼락 205년 이상, 담수 진주 홍합 250년 이상, 그린란드 상어 272년 이상, 새날 갯지렁이 300년 이상, 북대서양 대합 500년 이상, 히드라 1,400년 이상, 육방해면류 1만 년 이상, 작은 보호 탑 해파리는 세포가 늙으면 노화를 스스로 차단하고 원상태로 복구시킴으로써 영생할 정도로 오래 산다고 한다.

식물 가운데는 참나무가 700년, 소나무와 전나무가 600년, 긴가지해송은 4,000년 이상, 세계에서 가장 오래된 나무는 미국 서부 고산지대 브리

슬콘 소나무인데 2012년 기준으로 약 5,062년을 살았다고 한다. 우리나라에서 가장 오래된 나무는 강원도 정선군 두위봉에 있는 주목인데 수명은 약 1,200년~1,400년으로 추정한다.

지구상에서 가장 큰 동물은 육지에선 아프리카코끼리로 몸무게가 6톤이며, 바다에선 대왕고래인데 약 170톤에 이른다. 미국 미시간주 숲속에서 사는 곤봉 뽕나무버섯 균사체는 복제를 통해 번식하는 단일 생명체로 그 크기는 무려 축구장 100배에 달하며 무게만 약 400톤, 수명은 약 2,500살로 추정한다. 세계에서 가장 큰 단일 생명체는 미국 유타주의 '판도'라는 이름으로 불리는 사시나무 숲인데, 축구장 약 60개 면적에 4만 7천 그루 이상, 무게는 약 5,900톤에 이를 것으로 추정한다.

여기서 한 가지 특이한 점은, 오래 사는 생명체들은 대부분 주변 환경이 좋은 곳에서 장수하는 것이 아니라 오히려 오래된 나무일수록 척박한 환경에서 산다는 점이다. 기온이 차고 바람이 심하며 토양이 메마르고, 따뜻한 여름보다 추운 겨울이 긴 고산지대의 척박한 환경에서 고생하며 사는 나무일수록 생명력이 강하다.

죽지 않으려면 노화된 세포를 끊임없이 새로운 것으로 바꾸어주면 된다. 안타깝게도 인간을 비롯한 동물들은 세월의 흐름에 따라 노화의 길을 걷게 되어 죽음을 맞이한다. 반면에 식물은 노화로 죽지 않는다. 나무는 각각 뿌리와 줄기, 가지가 모두 다른 생명력을 가지고 있어서 어느 한쪽이 죽어도 전체가 다 죽지는 않는다. 무성생식을 하므로 뿌리만 살아있어도 가지치기 또는 스스로 재생·복제되어 계속 생명체를 이어가 1만 년 이상을 살기도 하는 것이다.

우리는 자연 앞에 겸손해져야 한다. 그리고 자연에 감사해야 한다. 우리는 자연과 함께 살며 자연을 떠나서는 단 하루도 살 수가 없다. 자연은 우리가 마시는 물과 공기를 정화해주고, 우리에게 필요한 모든 것을 공급해준다. 인간이 제아무리 능력이 뛰어난들 자연을 거스르거나 자연과 대항해서 이길 수는 없다. 자연은 사람을 항상 그 자리에서 묵묵히 지켜보고 있다. 어떤 말을 하지 않아도 그들은 끊임없이 우리에게 가르치며 교훈을 준다. 타고난 환경이 좋지 않다고 투덜거리거나 불평할 필요가 없다. 남보다 능력이 덜하다고 주눅 들 필요가 없다. 죽지 않으려고 발버둥 칠 필요도 없다. 왜 이런가에 목매지 말고 어떻게 살 것인지에 집중하는 게 더 낫다.

채 100년도 못사는 사람끼리 아웅다웅 다투며 살 일이 무어겠는가. 천년을 살 것처럼 움켜쥐고 있다가 빈손으로 가는 게 우리 삶이 아니던가. 서로 비교하거나 위축되거나 짓누르려고도 하지 말고 서로 함께 어울려 행복하게 사는 게 우리네 삶이어야 하지 않을까?

관계

　현대사회는 관계성 범죄가 점점 증가하는 추세다. 2020년에 4만 9,225건이던 것이 2023년에는 7만 7,150건으로 같은 기간 대비 55.7% 늘어났다. 관계성 범죄란 가족, 이성, 직장 등에서 서로 관계를 통해 일어나는 각종 범죄행위를 말한다. 언제부턴가 교제 폭력이란 범죄가 생겨났는데 교제 폭력이란 이성 간에 일어나는 각종 범죄행위를 말한다. 특히 이별 단계에서 일어나는 범죄가 가장 끔찍하고 흉악하다. 교제 폭력의 대부분 원인은 상대를 통제(지배)하고 간섭(조종)하려는 잘못된 의식에서 기인한다. 철학자 알랭 드 보통이 "이별 자체는 비극이 아니다. 이별에서 아무것도 깨우치지 못하는 것이 진짜 비극"이라고 했듯이 현재 대한민국에서는 안전하게 헤어질 자유가 위협받고 있다.

　가족 관계는 어떤가? 처음 연애할 때 서로를 알아가면서 가슴 설레기도 하고 애틋한 마음도 들었는데, 결혼하고 살다 보니 좋은 감정은 온데간데없고 미운 감정만 쌓여서 지금은 어떤 상태에서 살고 있는지? 마지막 남은 사랑이 있기라도 한 건지.

　자녀와의 관계는? 내가 몸으로 낳고 기른 자식이건만 처음에 태어났을 때는 세상에서 제일 이쁘고 사랑스러웠는데 지금은 어떤가? 자식이 아니라 원수는 아닌지. 부모 자녀 사이에 알지 못할 담장이 세워지고 서로를 고발하며 심지어는 살인까지도 망설이지 않는 무시무시한 세대가 아닌가.

친구 사이는? 소꿉친구라며 허물없이 지냈는데 너무 자주 만나다 보니 어느 순간 의견이 부딪히고 서로 토라져서 지금은 얼마나 자주 보는 사이가 되었는지. 술 한잔하자고 연락할 친구가 과연 곁에 있기나 한지.

동료 관계는? 함께 동고동락할 땐 죽고 못 산다며 의기투합해서 지내다가 서로 다른 곳으로 자리를 옮기게 되면서 지금은 연락이나 하고 지내는 사이인지. 휴대전화기에 전화번호가 저장이나 되어 있는지. 그뿐인가. 갑질과 을질에, 직장 상사와 부하, 동료 사이에 조금만 자신의 영역을 침범하기만 해도 서로 고소 고발전으로 나간다. 관계는 단절되고 의리나 동료애 같은 건 사라진 지 오래다. 직위를 통제 수단으로 여기던 시절은 옛말이 되었다. 간섭이나 쓸데없는 친밀감도 죄가 되는 세상이다.

열 길 물속은 알아도 한 길 사람 속은 알기 어렵다고 한다. 자신에 대해서도 알기 어렵지만 다른 사람에 대해서 안다는 것은 훨씬 더 어려운 일이다. 우리는 서로에 대해 얼마나 알고 있는가? 우리 곁에 있는 사람들, 가족, 친구, 동료 그 밖에 나와 관계된 수많은 사람, 나는 그들에 대해 무엇을 얼마나 알고 있으며 지금은 어떤 상태로 살아가고 있는가?

관계가 이리도 허망하게 깨어지고 허물어지는 건 무슨 이유에서인가? 처음엔 서로를 알아가는 과정에서 공감과 배려와 이해가 되었는데, 점점 시간이 지나면서 서로의 단점을 보게 되고 좋은 감정보다는 서운한 감정, 주기보다는 바람에 대한 기대치가 허물어지면서 사랑은 어느새 증오로 변하고, 서로에게 상처를 주는 것을 아무렇지도 않게 여기면서 관계는 점점 더 깊은 나락으로 곤두박질치게 되지는 않았는지?

관계 파탄 지경! 도대체 왜 이렇게 되었을까? 그것은 더 이상 상대를 이해하고 알아가기를 스스로 포기했기 때문은 아닐까? 상대의 말을 들어주거나 처지를 이해하기보다 내 말을 더 많이 하고 내 요구대로 따라와야 하고 내 마음대로 해도 된다는 의식의 지배가 둘 사이를 멀어지게 한 요인은 아니었을까?

그렇다면 이토록 허물어진 관계를 다시 회복하기 위해서는 어떻게 해야 할까? 따지거나 누르거나 이기려고 해서는 해결이 나지 않는다. 치유의 시간이 필요하다. 어렵겠지만 다시 처음으로 돌아가서 서로를 알아가기 위한 노력을 시작해야 한다. 처음 그랬던 것처럼, 바로 지금 서로의 현재 상태를 돌아보고 대화하면서 그동안 잘 안다고 여겼으나 미처 알지 못했던 것들을 알게 되면 둘 사이는 다시 좋아질 수 있다. 관계 회복은 상대와 깊이 있는 대화를 통해 더 섬세하게 알아감으로써 서로를 이해하고 인정하는 데서 다시 시작된다.

체질이 잘 바뀌지 않는 것처럼, 나도 상대도 잘 바뀌지 않는다. 바꾸려고 하기보다는 서로를 이해하고 인정하는 노력이 평생 계속되어야 한다. 누군가와 관계가 허물어졌다면, 누군가와 관계가 소원해졌다면 다시금 그를 이해하고 인정하려고 애써보자. 그리고 다시 그에게 다가가보자. 상대의 단점과 그와 좋지 않았던 기억은 지워버리고 장점을 보고 나부터 변화된 모습으로 다가간다면 관계는 회복되고 분명 전보다 더 좋아질 것이다. 관계 개선을 위해 다음과 같은 소통의 언어를 익혀서 사용해보자.

- 부부: "당신은 주변 또래보다 더 젊게 보여." "젊었을 때도 매력이 있었지만, 지금은 또 다른 매력이 있소." "당신 예전보다 편안하게 느껴져서 고맙소." "앞으로도 건강하고 행복하게 삽시다."
- 자녀: "너도 벌써 청년이 되었구나, 네 길을 알아서 잘 헤쳐나가니 고

맙다." "야 우리 아들 이제 어른이 다 되었네, 든든하고 보기 좋다." "바쁘더라도 가족과 함께 보내는 시간 만들어보자."

- 친구: "야 그동안 많이 좋아졌구나." "보기 좋다." "너 새롭게 보인다." "너에게 이런 모습도 있었구나. 그동안 나는 왜 몰랐지?" "너를 보니 나도 더 분발해야겠다는 생각이 드네." "앞으로도 우리 잘 지내보자."
- 동료: "오랜만이야, 그동안 많이 좋아졌구나." "전보다 훨씬 보기 좋네, 건강해 보여." "앞으로 시간 내서 가끔 보자."

부부

옛 시절에는 결혼에 앞서 사주단자를 보내 서로 궁합이 맞는지를 알아보기도 했다. 사주는 역리학(주역)에서 개인 특성을 알기 위한 필수 요소며, 그 괘에 따라 상대방과의 궁합을 맞추어보기 위한 기초 자료다.

사주에 따른 궁합도 중요하지만, 체질에 따른 궁합도 매우 중요하다. 결혼해서 살다가 서로 잘 맞지 않아 이혼까지 가는 사람들의 원인을 보면, 성격 차이가 가장 많은 부분을 차지한다. 물론 성격의 범주 안에는 단순히 성격뿐 아니라 의견, 습관, 행동, 기호, 취미, 사상 등이 포함될 것이다.

그런데 이 성격을 결정짓는 요인을 꼽으라면 단연 체질이라 할 것이다. 따라서 성격이 서로 맞지 않는다면 결국 체질이 서로 근본적으로 맞지 않거나, 서로의 체질을 알지 못해서 서로 부딪히거나 거리가 멀어지게 되는데, 애초부터 서로 맞지 않는 상극 체질이라면 서로 조화를 이루기가 어렵다. 그보다는 서로의 체질을 몰라서 이해와 수용을 하지 못해 관계가 깨지는 경우가 훨씬 더 많은 게 문제다.

서로에 대한 체질만 알았어도 싸우거나 다툴 일이 적었을 텐데 그렇지 못했기 때문에 사소한 것까지도 서로 이해하고 수용하지 못해 사이는 점점 벌어지고 극단적 대립의 상태까지 나아가게 되었다면 이는 얼마나 안타까운 일인가? 서로가 다른 체질을 이해하고 인정만 했어도 사소한 부딪힘은 없었을 것이다. 이렇듯 체질을 아는 것은 자신뿐 아니라 상대를 위해, 그리고 그 상대가 부부라면 더욱 중요하지 않겠는가?

  부부가 되기 전에 서로에 대한 체질을 알아보는 건 매우 중요하다. 콩깍지가 쓰여 사는 건 오래가지 못한다. 부부가 된 이후라도 서로의 체질을 아는 것은 필요하다. 지금이라도 늦지 않다. 당장 서로의 체질을 알아보고 늦었지만 서로 이해하고 인정하려고 노력하라. 그러면 이전보다는 훨씬 더 돈독하고 원만한 부부 관계를 만들어갈 수 있을 것이다. 헤어지지 않고 오래도록 행복한 부부 관계를 유지하는 비결은 바로 서로의 체질을 이해하고 인정하며 사는 것이다.

부모 자녀

아무리 자신이 낳은 자녀라 해도 물려받은 유전자와는 상관없이 체질은 서로 다르게 나타나기도 한다. 자녀가 부모의 성격과는 전혀 다른 경우 "어떻게 저런 아이가 나왔을까?" 하며 한탄을 터트린다. 부모는 부지런한데 아이는 게으르다거나, 부모는 활달한데 아이는 과묵하다거나, 부모는 온순한데 자녀는 과격하다거나, 이렇듯 정반대의 특징을 보이면 선뜻 이해하고 수긍하기보다는 서로 다른 특징으로 인해 부딪히거나 분쟁이 생기는 경우가 많은데 가까운 가족이기 때문에 쉽게 여기고 서로를 공격하려 든다.

특히 아이가 자라면서 사춘기가 되면 그 갈등은 더욱 심해져서 급기야 부모 자녀 간에 큰 금이 생기는 경우가 허다하다. 가장 가깝고 사랑스러워야 할 가족끼리 원수 같은 사이가 되는 것은 왜일까? 그야말로 아주 간단한 사실, 즉 서로의 타고난 체질이 어떤지 그 체질에 따른 성향이 어떤지를 알지 못했기 때문은 아닐까?

만일 그렇다면 우리는 얼마나 무지한 것인가. 그 무지에 따른 대가는 너무나도 크고 어이가 없다. 서로의 체질만 알았더라도, 그리고 그 체질별 특징만 알았더라도 많은 갈등 요소는 생겨나지 않았을 것이다. 서로 상대의 체질을 알고 그 몇 가지 특징만 알아도 서로 부딪힐 일은 줄어든다. 그저 그러려니 인정만 하면 족하다. 다만, 체질에 따른 장점은 키우고 단점은 보완하기 위해 노력하면 된다.

  아주 간단한 문제를 놓고 끝까지 씨름하며 서로를 이기려고 해 봤자 아무런 소용이 없다는 것을 진즉에 알았더라면 얼마나 좋았을까? 사춘기는 부모 자식 사이에 큰 걸림돌이다. 그 시기를 무난히 넘기려면 이해와 인정이 무엇보다 중요하다. 아이뿐 아니라 우리도 그랬고 모두가 그랬다. 그 시기는 누구나 거치는 시기다. 그렇다고 모두가 비뚤어지는 것은 아니다. 사춘기는 그저 지나가는 과정일 뿐이다. 무조건 이해하고 있는 그대로 받아들이면 그만이다. 그저 간단히 이해만 하면 아무런 문제도 되지 않고 아무 분쟁도 일어나지 않는다.

  부모가 자녀를 양육하는 방법도 바뀌어야 한다. 간섭과 비난과 억압 또는 통제 방식으로 대하면 아이는 반발과 저항이 일어나고 나아가 창의성이나 자기만의 개성을 잃어버리고 자존감이 떨어져 성장에 큰 장애 요인이 된다. 특히 청소년기 아이들이 그렇다. 강요나 윽박이 아니라 자녀의 체질에 맞는 양육 방식을 선택해야 한다. 체질에 따른 음식, 운동, 학습 방법, 진로, 배우자 선택 등 모든 방면에서 체질을 고려해야 한다. 체질의 장단점을 조화롭게 만드는 방법을 찾고 보완해 원만하고 성숙한 단계에 이르도록 돕고 지원해야 한다.

  지금이라도 늦지 않았다. 당장 싸움을 멈추고 서로의 체질을 이해하고 인정하려고 애써라. 그런 다음 함께 도와주고 지원하고 노력하라. 반드시 함께여야 한다. 서로를 아는 것이 중요하다. 한쪽만 일방적이어서는 큰 효과를 내기가 어렵다. 체질 공부는 부모 자녀뿐 아니라 모든 인간관계에서 가장 선행되어야 하며, 반드시 알아야 할 필수 과목이다.

좋은 관계를 유지하려면

　사람들과 좋은 관계를 유지하고 싶다면, 세 가지를 기억해야 한다. 첫째로는 주변에 감사할 조건들을 찾아보고, 둘째로는 좋은 것만 기억하고, 셋째로는 남은 시간을 소중히 여겨야 한다.

　주변 사람들과 좋은 관계를 유지하고 싶다면, 원망과 비판을 버리고 감사한 조건을 떠올려보자. 남편, 아내, 자녀, 부모, 친구, 동료, 선후배, 사회인들 모든 관계 속에서 감사한 조건들을 찾아보자. 만일 어떤 것이든 하나라도 찾아냈다면 앞으로 그 사람과의 관계는 완전히 새로워지게 될 것이다.

　사람들과 좋은 관계를 유지하려면 좋은 것들만 기억해야 한다. 나쁜 기억, 서글픈 기억, 실망스러웠던 일, 서운한 것은 생각하지 말고 좋았던 것, 아름다웠던 순간, 행복했던 일들을 떠올려보자. 어느새 먹구름은 사라지고 환한 빛이 들어올 것이다.

　좋은 관계를 유지하려면, 남은 시간을 소중히 사용해야 한다. 지나간 것에 미련을 갖지 말고 내게 남은 시간을 어떻게 보낼 것인지 깊이 고민하자. 우리에겐 남은 시간이 그다지 길지 않다. 언제 죽을지, 또 언제 건강을 잃을지 아무도 모른다. 지금 60살이면 길어 봐야 15~20년이다. 지나온 시간보다 남은 시간이 훨씬 짧다. 하루하루 소중한 시간을 아껴서 소중한 사람들과 행복한 시간을 맘껏 보내다가 남은 시간을 후회 없이 잘 사는 것보다 중요한 일이 어디 있을까?

이해와 인정

　사상체질 공부에서 가장 중요하게 강조하는 핵심 용어가 바로 이해와 인정이다. 사상체질 학습을 통해 얻고자 하는 목표는 바로 이해와 인정에 있다. 타인을 이해하고 인정함에 이르는 게 바로 사상체질 공부의 핵심이다. 가장 쉽고도 단순한 이 용어를 우리는 과연 얼마나 또 어떻게 이해하고 있을까? 우선 용어의 이해를 돕기 위해 사전에 나와 있는 해석을 잠시 짚어본다.

- 갈래: 하나에서 둘 이상으로 갈라져 나간 낱낱의 부분(가닥), 갈라진 낱낱.
- 갈피: 일의 갈래가 구별되는 어름(사이). 앞뒤를 구별하는 경계. 경계라고는 하나 결국은 앞뒤를 연결해주는 도구이자 연결 고리 역할을 한다. 경계선은 있으나 가름보다는 오히려 조화와 일치(하나 됨)를 강조한다.
- 이치: 사물의 정당한 조리, 도리, 법칙, 앞뒤가 맞는 것, 조화, 좌우, 동서남북
- 이해: 이치를 깨닫다, 설명을 잘 알아듣거나 잘 생각한다, 남의 사정을 헤아려 그렇게 받아들인다, '이래서 그렇구나'하는 깨달음.
- 인정: 확실히 그렇다고 여기다, 확실히 알다.

이해와 인정으로 나아가는 데는 여러 단계가 있는데, 위 단어들을 가지고 정리해보면 다음과 같다.

- '갈래 → 갈피 → 이치 → 이해 → 인정'

이를 쉬운 말로 다시 정리하면 다음과 같다.

- '가닥 → 경계 → 앞뒤 → 이래서 그렇구나 → 그래서 이렇구나'

여기에 굳이 설명을 달자면, 이해와 인정에 이르려면 먼저 무엇이 어떻게 서로 다른지를 알아야 하고, 그 다름의 사이와 경계를 구별하여 사물의 정확한 위치를 파악하고 깨달아 그 사정을 헤아릴 줄 알아야 한다. 그런 연후에야 비로소 '그래서 이렇구나' 하는 인정의 단계로 나아가게 된다. 인정이란 토 달지 않고 묻지도 따지지도 않으며 있는 그대로 받아들이는 것이다.

이해와 배려는 다르다. 배려는 나에게 선택권이 있지만 이해는 선택권의 문제가 아니다. 이해는 하느냐 못 하느냐이고, 배려는 하느냐 하지 않느냐다. 이해는 반드시 해야만 성립한다. 배려는 할 수도 있고 하지 않을 수도 있다. 인정도 마찬가지다. 이해와 인정은 선택권의 영역이 아니라 실행의 영역이다.

우리는 다른 사람에 대해 잘 알지 못할수록 부정적인 언어(비난, 조롱, 멸시, 천대, 비판, 판단 등)를 쓰게 된다. 남을 이해하고 인정하는 것에서부터 인간관계는 시작된다. 가장 기초적인 이 단계를 모르면 오해와 갈등이 생긴다. 대인 관계에서 분쟁은 불인정에서부터 비롯된다. 상대방의 처지나 상황을 이해하지 못하고 인정하지 못하면 부딪히고 싸우게 된다. 남을 아는 것에서 출발해서 남을 이해하고 인정하는 단계로까지 나아가야 비로소 제대로 된 인간관계가 이루어진다.

좋은 인간관계를 만들기 위한 전제 조건은 타인을 이해하고 인정하는 것이다. 달라이 라마는 "존중하는 마음은 상대를 판단하지 않고 그대로 인정하는 마음이다. 그렇게 사람을 대하면 어떤 사람과도 깊은 관계를 유지할 수가 있다"라고 했다. 타인을 이해한다는 것은, 있는 그대로의 모습을 받아들이는 것이다. 평가하지 않고 그대로 수용하는 것이다. 생김새가 어떠니 차림새가 어떠니 지적하지 않는 것이다. 생김새는 타고난 것인데 뭐라 한다고 고쳐지지 않는다. 차림새도 그렇다. 그 사람의 개성과 취향과 처지에 따라 그렇게 하는 것을 콩 놔라 팥 놔라 할 수는 없다.

비즈니스 컨설턴트인 켄 블랜차드가 쓴 책 『칭찬은 고래도 춤추게 한다』라는 문구가 한동안 회자한 적이 있었다. 좋은 말이긴 하다. 하지만 칭찬보다는 인정이 훨씬 중요하다. 상대를 한마디 말로 인정하는 것이야말로 백 마디 말로 칭찬하는 것보다 낫다. 칭찬은 부분에 관한 것이지만 인정은 전체에 대한 것이기 때문이다. 사람들은 대부분 칭찬에 목마른 것이 아니라 인정에 목말라한다. 나를 사람으로 알아달라고, 나를 있는 그대로 인정해달라고 애원한다. 내 모습, 내 성향, 내 환경, 지위, 재능, 재산의 유무와 관계없이 있는 그대로의 자신에 대해 인정받기를 원한다. 신체장애가 있든지 학식이 짧든지 입은 옷이 남루하든지 막론하고 있는 그대로의 나를 인정해달라는 것이다.

자신의 존재에 대해 인정받기를 원하는 것에 인류는 역사상 무수한 피를 흘렸다. 인류 투쟁의 역사는 인정이란 단어 하나에 꽂혀 있었다고 해도 과언이 아니다. 나를 인정해달라고 목놓아 외치다가 모래알 같은 무리가 이슬처럼 스러져갔다. 인간으로서 인정받지 못한 무수한 사람들은 자신의 권리조차 누려보지도 못하고 스러졌다.

칭찬은 가식으로도 할 수 있지만 인정은 가식으로는 할 수 없다. 인정 그 자체로 권리와 구속력이 생기기 때문이다. 한번 인정한 이상 돌이킬 수 없다. 노예해방이 그렇고 신분 철폐가 그렇다. 그런데 애석하게도 우리는 남을 칭찬하는 것도 서툴지만 타인을 인정하는 것엔 아예 담을 쌓고 살지 않던가. 우리 마음속은 비판, 비난, 시기, 질투, 원망, 미움으로 가득 차 있어 인정과는 거리가 먼 세계에서 살아간다. 왜 그렇게 하지 못할까? 남을 인정하면 내가 낮아진다는 생각에서일까? 인정하면 같은 편이 되는 게 싫어서일까?

타인을 인정한다는 것은 어려운 일 같지만 의외로 쉽다. 그저 짧은 말 한마디면 된다. "그래, 네가 옳다", "네 말이 맞다", "들어보니 이해가 된다", "그래, 인정한다"와 같은 말 한마디면 족하다. 조선조 세종대에 영의정을 지낸 황희 정승이 집안 노비가 서로 다투다가 그를 찾아와 상대방의 잘못을 일러바치자 "네 말이 옳다" 하였고, 다른 노비가 고하자 "네 말도 옳다"라고 말하였는데 이를 지켜본 아내가 그를 나무라자 "당신 말도 옳소"라고 한 일화는 바로 모든 사람을 인정하는 대인 관계의 표본적인 예라고 할 것이다.

말 한마디가 천 냥 빚을 갚는다는 말처럼 상대를 인정한다는 말 한마디에 모든 골치 아픈 문제가 한 방에 해결될 수도 있다. 갈등과 분쟁, 다툼과 논란을 사그라들게 하는 명약은 바로 상대방을 인정하는 말 한마디다. 토론이나 논쟁에서 내가 공격받지 않으려면 상대를 먼저 인정하면 된다. 억지로 힘들게 설득하거나 따지려 들지 말고 그저 인정한다고 한마디만 툭 던지면 된다. 상대를 인정한다고 해서 내가 지는 게 아니다. 인정은 나 자신에 관한 것이 아니라 타인에 대해 하는 것이므로 엄격히 말해 나에게는 아무런 영향이 미치지 않는다. 손해 볼 게 없다는 말이다. 가족 사이에도 갈등의 골이 생기지 않게 하려면 상대를 인정하는 말을 자주 하면 좋다. 비난이나 꾸지람, 잔소리보다는 상대의 있는 그대로의 모습을 인정해주고 작은 칭찬까지 곁들인다면 사이가 나빠질 리가 없다. 조금 눈에 거슬리고 마음에 차지 않더라도 상대를 조종하거나 고치려고 하지 말고 있는 그대로 모습을 인정하는 습관을 들여야 한다. 좋은 인간관계로 나아가는 출발점은 바로 먼저 상대를 인정하는 일이다.

대인 관계와 첫인상

우리는 매일매일 수많은 사람을 대면하고 또한 그 속에서 서로 부대끼고 관계를 형성하며 살아간다. 처음 만나는 사람도 있고, 반복해서 거의 매일 만나는 사람도 있다. 우리는 평생 얼마나 많은 사람을 만나고 또 얼마나 많은 사람과 관계를 맺으며 살아갈까? 태어날 때부터 내 의도와는 상관없이 이미 정해져 있는 가족과 친지들을 포함하여, 유치원에 들어가면서부터 죽기 직전까지 대략 수천 명은 되지 않을까? 하지만 그 속에서 진정으로 나에게 소중하고 가장 잘 마음이 통하는 그런 사람은 과연 몇 명이나 될까? 지금 당장 주위를 돌아보라. 그런 사람이 과연 몇이나 되는지? 아마도 대부분은 채 열 명도 되지 않을 것이다.

왜 우리는 사람들과 좋은 관계를 맺지 못하는 것일까? 좋은 관계를 위해 노력하고 애써도 잘 안되는 이유는 무엇일까? 만약 그 해답이 사람마다 타고난 체질이 있고, 그 체질에 따라 서로 무리 없이 잘 어울리기도 하고 아무리 노력해도 쉽게 동화가 되지 않는 그런 이유가 존재한다면?

사람을 처음 만났을 때 느껴지는 이미지, 첫인상이 미치는 이미지를 초두 효과라고 한다. 첫인상은 0.3초 안에 이루어지며, 0.3초라는 짧은 시간에도 이미 호감 비호감이 갈리고 3초 정도면 그 사람에 대한 첫인상이 형성된다고 한다. 하지만 첫인상은 여러 가지 이유로 오류가 발생할 소지는 있다. 처음부터 장점을 부각하느냐 단점을 부각하느냐에 따라 평가는 달라지기 때문이다. 쉽게 말해 좋게 보면 좋아지고 나쁘게 보면 나빠진다는 것이다. 첫인상에 관한 판단은 주관적이며 결정권이 전적으로 나에게 달려 있다.

사람을 처음 보았을 때 어떤 사람은 대화가 잘 통하고 느낌이 좋아 잘 맞게 생각되는 사람이 있는가 하면, 처음부터 주는 것 없이 싫고 밉게 느껴지며 거부감이 드는 사람도 있다. 한편, 처음부터 호감이 가는 사람이 있고 왠지 모르게 주눅 들고 무섭게 느껴지는 사람도 있다. 어떤 이는 아예 말을 섞는 것조차 하기 싫은 사람도 있고, 처음 만났는데도 오랜 시간 알고 지낸 사람처럼 친근감이 드는 사람도 있다.

사람은 같은데도 누군가에게는 맞고 누군가에게는 맞지 않는 것은 왜일까? 같은 사람을 두고도 사람들이 보는 기준과 평가는 다를 수 있다. 같은 음식도 호불호가 갈리듯이 사람도 그렇다. 그리고 첫인상은 각인되어 잘 바뀌지 않는다.

미국 심리학자 메라비언에 따르면 상대와 첫 대면을 했을 때 그 사람에 대한 인상을 결정짓는 요인으로 시각 요소 55%, 청각 요소 38%, 언어 요소를 7%로 보았다. 판단 요인 가운데 시각이 차지하는 비중이 높다는 것은 얼굴 생김새나 형태, 차림새(옷, 화장, 머리 스타일 등)가 주는 영향인데, 바꾸어 말하면 그 사람의 특징들이 그런 부분에서 어느 정도 분명하게 나타나고, 이미 형성되거나 꾸며진 특징들을 보면 그 사람의 성격과 수준을 짐작할 수 있다는 것이다. 청각 요인도 매우 큰 비중을 차지하는데, 목소리 톤이라든가 말의 속도 등이 사람마다 달라서 들으면 금방 감이 온다. 언어적인 요소는 교양과 지식 수준, 품위와 인품을 나타내는 척도로 큰 비중은 아닐지라도 어느 정도는 평가나 판단의 기준으로 작동한다.

사람마다 서로 다른 요소는 선천적인 것도 있고 후천적인 것도 있다. 첫인상을 결정짓는 요소 가운데 외모와 목소리 등은 선천적인 것에 속하고, 그 사람이 쓰는 언어는 후천적인 부분에 속한다. 선천적인 것은 잘 바뀌지도 않을뿐더러 바꾸기도 어렵다. 사람과의 관계에서 첫인상에 대한 평가는 상당 부분 선천적인 요인에 달려 있다. 그런 면에서 타고난 체질이나 성질의 문제는 결코 단순하고 가벼이 볼 문제가 아니라는 것이 분명하다.

비교

두려워할 것도, 두려운 것도 없다. 있는 그대로 받아들이자. 나는 나고 너는 너다. 서로 다를 뿐 차이는 없다. 비교하지도 말고 비교할 필요도 없다. 서로 다르다고 여기면 비교는 의미가 없어진다.

장점과 단점은 누구에게나 있다. 잘난 사람은 잘난 대로 살고 못난 사람은 못난 대로 산다. 잘났다고 반드시 잘사는 것도 아니고, 못났다고 반드시 못사는 것도 아니다. 잘난 사람도 못사는 경우가 있고, 못난 사람도 잘사는 경우가 있다. 재주가 있는 사람도 없는 사람도 다 나름대로 살아간다. 없으면 없는 대로, 있으면 있는 대로 삶은 살아 있는 한 어떻게든 살기 마련이다.

체질은 비교의 대상이 아니다. 비교하기 위해 체질을 알고자 함이 아니다. 유전자와 마찬가지로 체질에서 나오는 능력은 사람마다 별 차이가 없다. 체질을 서로 비교하는 건 의미가 없다. 어떤 체질을 타고났든 나름대로 기본적인 삶을 살아가는 데는 아무런 지장이 없다. 겉으로 드러난 능력은 차이가 있을지 몰라도 잠재된 능력은 유한하지 않다. 잠재력은 우리가 상상하는 것보다 훨씬 더 넓고 크다. 따라서 비교하는 것만큼 어리석은 건 없다. 비교하려거든 먼저 내 속에 어떤 감춰진 특성들이 있는지를 시험해보는 게 낫다. 우리는 대개 자신이 어떤 체질을 타고났는지 다 알아보기도 전에 죽는다.

선입견

　선입견이란 경험해보지도 않고 사전 정보나 지식으로 예단하는 주관적 가치판단을 말하는데, 좋은 뜻으로 사용되기보다는 좋지 않은 뜻으로 더 많이 사용된다. 선입견은 상대의 좋은 면보다는 부정적인 면을 먼저 본다. 장점보다는 단점을 먼저 알아챈다. 단점만 보면 서로 부딪히기 마련이다.
　체질을 논할 때도 마찬가지다. 사람을 직접 겪어보지 않은 상태에서 누군가에게서 들은 정보나 간접적으로 습득한 지식 또는 겉으로 드러난 면만 가지고 판단하고 평가하면 오류에 빠지기 쉽다. 먼저 상대의 장점을 알아보려 하고, 그도 여의치가 않다면 상대의 체질에 맞는 장점들을 머릿속으로 떠올려보는 것도 도움이 된다. 좋은 관계를 원한다면 될 수 있으면 장점을 보도록 노력해야 한다. 눈에 콩깍지가 씐다고 하듯이 상대의 장점을 보아야 좋은 관계가 형성된다. 상대와 좋은 관계를 원한다면 그 사람의 장점을 칭찬해보면 된다. 십중팔구는 좋은 반응으로 되돌아올 것이다.
　선입견이 합리화되고 고정되면 편견이 되는데, 인종이나 사회적 편견의 대부분은 선입견에서 기인한다. 고정관념은 한 사회나 문화 속에서 사람이나 사물에 대하여 널리 퍼져 있는 지식이나 믿음을 말하며, 선입견과는 약간 다른 의미를 지닌다. 선입견은 느끼는 감정의 주체가 나 자신이고, 고정관념은 나와는 상관없이 이미 사회 전반에 퍼져 있다는 점에서 서로 차이가 있다. 편견은 사물이나 현상에 대해 가지는 적합하지 않은 의견이나 견해를 말한다. 고정관념이 머릿속에 떠오르는 그림이라면 편견은 태도를 말한다. 편견은 근거가 명확하지 않거나 충분하지 않으며 특히 선입견에 영향을 크게 받는다. 고정관념과 선입견은 어느 시대에나 존재하고 오랜 세월과 경험에서 축적된 것이어서 큰 문제가 되지는 않는다. 하지만 편견은 대립과 분열, 이합집산을 반복하며 서로에게 큰 피해를 일으킨다. 오늘날 한국 사회에서 이념 대립은 사고의 편견에서 오는 가장 심각한 사회현상이다. 편견을 부수지 않으면 큰일이 벌어진다. 편견을 부추기거나 조장하는 일은 더더욱 삼가야 한다. 정치적으로 편견을 이용하는 행태는 비열하고 추잡한 짓이다. 편견으로 인한 대립은 심하면 내분으로 나라가 무너질 수도 있는 위험한 요소다.

선입견이든 고정관념이든 편견이든 한번 정립된 것은 쉽게 변하지도 바뀌지도 않는다. 자신이 정했든 남이 정했든 관계없이 모두 그렇다. 이것은 체질과도 연관되어 있어 체질에 따라 어느 정도는 영향을 받는다. 다시 말해 체질에 따라 사고 양식이 다르다는 것이다. 체질별로 딱 꼬집어 구분하긴 조심스럽지만, 남의 말에 쉽게 휘둘리거나 귀가 얇아 사실 여부를 확인하지도 않고 군중에 섞여서 묻어가는 사람이 있는가 하면, 폭넓은 지식과 주의 깊은 사고로 중심을 지키는 사람도 있다. 그런가 하면 전문가가 하는 말이 아니면 매사에 의심스러운 자세로 대하는 사람도 있고, 애초부터 남의 말 자체에 귀 기울이지 않으며 자기주의 주장에만 몰두하여 사는 사람도 있다. 행동은 사고에서 영향을 받는다. 그 사람의 사고 양식을 보면 체질을 어느 정도는 짐작할 수 있다.

생각

"사람은 생각하는 갈대", "나는 생각한다. 고로 존재한다", "생각 없이 살지 말고 생각하며 살아라" 등등, 생각에 대한 명언들은 수두룩하다.

행동은 생각을 바꾸고 생각과 행동은 자신을 변화시키고 결과(미래)까지도 영향을 미친다. 그렇다면 생각은 무엇으로 바꿀 수 있는가? 단순히 생각으로만 생각을 바꿀 수 있는가? 사람은 하루에도 오만 생각을 한다. 그 수많은 생각들을 다 행동으로 옮기는 사람은 없다. 그중에 몇 가지만 행동으로 옮길 뿐이다. 하루 24시간이라는 시간의 제약이 없다면 더 많은 생각들을 행동으로 옮길 수 있겠지만 그럴 순 없다.

생각을 행동으로 옮기게 하는 동력은 무엇인가? 생각과 행동 사이에는 판단과 결정이 끼어 있다. 판단과 결정은 어떻게 이루어지는가? 그것은 경험과 지식, 교육, 학습, 깨달음 등 여러 요소가 결합하여 만들어진다. 따라서 우리는 끊임없이 배우고 경험하고 느끼고 부딪히고 깨닫기 위해 애써야 한다. 이 노력을 하지 않으면 우리는 아무 생각도 할 수 없고, 아무런 생각 없는 사람으로 살게 된다. 생각이 없으면 자극에 이끌리기 쉽다. 자극을 좇다 보면 나도 모르게 내 의지와는 상관없이 원하지 않는 행동을 하게 될 우려가 크다. 생각이 선행되지 않으면 자기 통제력을 잃기 쉽다.

인간 존재 이유는 생각하기 위함이다. 그 생각을 행동으로 옮기기 위함이다. 아무것도 하지 않으면 아무 일도 일어나지 않는다. 아무런 생각도 없이 살면 아무것도 바뀌지 않는다. 자신을 알기 위해 끊임없이 생각하고 깨달음을 얻었다면 실천으로 옮겨야 한다. 판단과 결정을 두려워할 필요가 없다. 생각은 행동을 끌어내는 원동력이다. 생각은 자신의 체질이 폭넓게 발현될 수 있도록 돕는 지원군이다. 생각하는 데 돈이 드는 것도 아니다.

얼마를 살았건 아직도 내 삶이 무미건조하고 무언가 미충족된 상태라고 느껴진다면 생각의 늪에 한번 빠져보라. 진정으로 내가 원하는 게 무엇인지, 하고 싶었는데 여태껏 하지 못한 일은 무엇인지. 남은 인생 도전 목표를 작성해보는 것도 좋다. 상상은 자유다. 정신이 혼미해지지만 않는다면 마음껏 상상하라. 꿈을 꾸어도 좋다. 이루지 못할 목표라도 세워보라. 목표만 세워도 벌써 가슴이 설렐 것이다. 죽는 순간까지 가슴 설레는 무언가를 안고 살아가자.

고집과 아집

고집은 왜 생기는 걸까? 고집은 왜 잘 꺾이지 않는 걸까? 대부분 사람은 평생 고집을 잘 꺾지 못하고 산다. 죽어야 바뀌는 게 고집이라고 하지 않던가. 고집이라고 하면 좋은 면과 나쁜 면을 다 통틀어서 생각하기 쉬운데 사실은 고집에도 두 가지 종류가 있다.

고집과 아집이 그것이다. 엄밀히 말해 이 둘은 성격이 약간 다르다. 고집에는 긍정적 의미가 담겨 있다면 아집은 부정적 의미를 담고 있다. 고집은 "자기 의견을 바꾸거나 고치지 않고 굳게 버팀, 또는 그렇게 버티는 성미"라고 사전에서 정의한다. 아집은 "자기중심의 좁은 생각에 집착해 다른 사람의 의견이나 입장을 고려하지 않고 자기만을 내세우는 것"이라고 정의한다.

언뜻 보면 비슷한 면도 있지만 둘의 의미는 사뭇 다르다. 둘 중에 어떤 게 고치기 더 어려울까? 고집은 주의, 주장이다. 자신이 살아오면서 옳다고 여기고 배워온 지식과 경험 속에 다져진 사고의 결정체다. 따라서 고집을 꺾는다는 건 자신을 버리는 일과도 같다. 고집을 바꾼다는 건 변절에 가깝다. 지금까지의 습관, 태도, 의식, 사상, 관계는 물론 심지어 삶의 방향까지도 모두 바꿔야 하는 것이기 때문이다. 정말 쉽지 않은 일이다.

고집을 평가 내리기는 어렵다. 때로는 고집이 인격의 척도가 되기도 하기 때문이다. 물론 고집도 방향이 잘못되거나 옳지 못하면 그릇된 결과를 가져오기도 한다. 고집이 굳어지는 과정은 오로지 자신의 선택에 달려 있다.

하지만 아집은 다르다. 아집은 시작부터 무언가 조화롭지 않아 보인다. 주변과 조화되지 못하고 돌출되어 언뜻 보면 특이하게 보이기도 한다. 자세히 들여다보면 온갖 무질서한 모습들이 내면에 가득 차 있음을 보게 된다. 우선 생각이 좁아 넓은 세계를 보지 못하며, 타인을 인정하려 들지 않으며, 집착이 강하여 주의 주장이 장황하고 정리되지 않으며 앞뒤가 맞지 않은 듯한 언행을 보인다. 고정된 세계에서 벗어나지 못하여 주위를 인식하는 반응이 무뎌서 상황 파악이 느리고 이해력이 낮다. 무언가를 안다고는 하나 경험이나 연구로 얻어진 것보다 대부분 주변에서 주워들은 지식이 많으며 정확도와 완전성에는 미치지 못하며, 자신이 제일 잘났다거나 다른 사람은 모두 틀렸다는 착각 속에 빠져 있다. 심하면 조금은 정상적이지 않아 보이기도 하고 겉으로는 멀쩡하게 보이면서도 속을 들여다보면 금세 무언가 이상하다는 느낌이 온다. 홀로서기보다는 군중 속에 묻혀 따라가는 경향이 있다.

그런데 중요한 건 이 두 가지는 모두 타인에게만 해당하는 사항이 아니며 나 자신에게도 얼마든지 나타날 수 있다는 것이다. 나는 아니라고 해도 다른 사람이 볼 때는 정반대일 수도 있다. 세상에는 장단점이 없는 사람이 없다. 누구에게나 장점도 있는 반면에 단점도 있다.

따라서 고집과 아집은 누구에게나 있다고 인정해야 한다. 쉽사리 고치기도 어렵지만 바꾸기는 더 어렵다. 고집도 아집도 체질처럼 몸에 착 달라붙어서 좀처럼 떨어지지 않으며 떼어내기가 어렵다. 중화가 필요하다. 바꾸거나 고치기 어렵다면 중화시키면 된다. 내 주장을 내세우고 끝까지 밀어붙이기보다는 타인의 주장도 들어본 연후에 조율과 절충하는 방식이 중화다.

　무조건 꺾고 버리라는 게 아니라 절충과 조화를 이루라는 것이다. 아무런 주의나 주장도 없이 살아가는 것도 무미건조하며 존재 가치가 떨어진다. 어느 정도 주의 주장은 분명히 갖되 한 치의 양보나 절충은 없다는 자세에서 벗어나라는 거다. 진영이나 군중 속에 숨어서 무조건 따라가는 건 고집도 아집도 아니다.

　중용 정신이 여기에서도 작용해야 한다는 것을 강조한다. 고집과 아집만으로 살기보다는 절충과 타협, 조율을 통해 조화로움을 이룰 때 비로소 평화가 만들어진다. 갈등과 분열, 싸움과 폭력이 난무하는 세상은 결코 살기 좋은 세상이 아니다. 조화와 균형, 안정과 질서, 평화로움은 아무리 강조해도 지나치지 않다.

열린 사고

바꿀 순 없지만 교정할 수는 있다. 체질이나 타고난 성격은 바꿀 수도 없고 바뀌지도 않지만, 잘못된 것을 고칠 수는 있다. 잘못된 습성, 잘못된 언행, 잘못된 생각 등, 알고 보면 고칠 수 있는 것들은 얼마든지 있다.

고치지 않으면 죽는다. 암도 고치면 산다. 고치기만 해도 달라진다. 고친다는 것은 바로잡는다는 뜻이다. 바꾸는 게 아니라 잘못된 것을 바로잡는 것이다. 바로잡는 방법은 어려울 것 같지만 의외로 간단하다. 잘못된 것을 중단하면 된다. 식습관이 잘못되어 병이 왔다면 잘못된 식습관을 중단하면 된다. 술버릇이 나쁘거나 술로 인해 건강을 해쳤다면 술을 끊으면 된다. 담배도 마찬가지다. 친구나 인간관계도 다르지 않다. 사람으로 인해 관계가 나빠졌다면 해결하려 들지 말고 그 사람을 상대하지 않으면 된다. 이길 수 없다면 피하는 것도 한 방편이다.

멈추기 어렵다면 다른 쪽으로 관심을 전환하기만 해도 된다. 사고 전환만으로도 잘못된 것을 얼마든지 교정할 수 있다. 사고 전환을 위해서는 먼저 열린 사고가 필요하다. 사고 영역을 좁히지 말고 넓은 마음으로 가슴을 열어야 한다. 닫힌 마음 상태로는 아무것도 변하지 않는다. 마음을 열기만 하면 사고는 얼마든지 바뀐다. 좁고 닫힌 마음으로 살지 말고 넓고 열린 마음으로 살면 지금보다 더 나은 삶이 펼쳐질 것이다. 늘 마음 교정에 정성을 다해 공을 들여야 한다.

창문을 열어야 바람이 들어오듯 마음을 열어야 변화가 일어난다. 행동은 사고로부터 비롯된다. 변화에 있어 가장 확실한 방편은 내가 처한 환경을 바꾸는 것이지만, 당장에 환경을 바꾸기 어렵다면 사고를 바꾸기만 해도 된다. 환경 변화보다 사고 변화가 훨씬 더 쉽고 간단하다. 생각을 바꾸면 행동이 바뀌고, 행동이 바뀌면 미래가 달라진다.

자신을 안다는 것

　손자는 "지피지기(知彼知己)면 백전불태(百戰不殆)"라고 했다. 적을 알고 나를 알면 백 번 싸워도 위태롭지 않다는 말이다. 하지만 애석하게도 "네가 나를 모르는데 난들 너를 알겠느냐"라는 노랫말에도 있듯이 정작 우리는 남에 대해서도 잘 모르지만, 자기 자신에 대해서도 잘 알지 못한다.
　나에 대해서 안다고 해도 남에 대해서 모르면 상대에게 속기 쉬우며, 조롱 혹은 무시를 당하거나, 정반대로 과대망상에 빠져 뻥이나 허세를 부리기 쉽다. 나를 모르고서 남을 안다고 하는 건 어찌 보면 어불성설이다. 기껏해야 남을 평가하고 판단, 비판, 비난하는 것이 고작이다. 내가 나를 모르는데 어찌 남을 알 수 있겠는가. 나도 모르고 남도 모르면 서로 도긴개긴으로 막상막하나 대충대충 설렁설렁 가볍게 대할 가능성이 크다.
　남을 모르기 때문에 숱한 오해와 갈등이 생긴다. 혹은 알면서도 인정하지 않으려 들기 때문에 자주 부딪힌다. 또한, 나를 모르기 때문에 무엇을 어떻게 해야 할지를 모르고 갈팡질팡 헤매게 된다. 나는 어떤 체질인지, 어떤 장기가 약하고 강한지, 어떤 직업이 나에게 맞는지, 어떤 음식이 맞는지, 어떤 운동이 맞는지, 어떤 재능이 있는지, 어떤 기술을 배워야 할지, 어떤 취미가 맞는지, 어떤 사람이 나와 맞는지, 도무지 모르는 것투성이다.
　일찍이 서양 철학자들은 "너 자신을 알라", "사람은 생각하는 갈대", "나는 생각한다, 고로 존재한다"라고 말했다. 동양에서도 "수기치인 치국평천하(修己治人 治國平天下)"라고 했다. 그만큼 자기 자신에 대해 아는 것이 삶을 살아가는 데 있어 가장 기초적이면서도 중요한 부분임을 강조한다.

하지만 우리는 살면서 이런 질문에 깊은 고민을 해본 적이 별로 없는 듯하다. 자신을 알기도 어렵지만, 안다고 해도 환경이 따라주지 않아 실전에 활용하지 못하는 경우도 있다.

나를 알아가는 과정

 나는 과연 인생을 제대로 살고 있을까? 흔히들 자신이 원하는 일을 하면서 살라고 조언하지만, 세상사 그리 만만치가 않으니 자신이 원하는 대로 되지 않는 게 인생이 아니던가.

 누구나 자신이 원하는 대로만 살 수 있다면 얼마나 좋을까? 내게 맞는 일, 내가 하고 싶은 일, 내가 좋아하는 일을 하며 살수만 있다면 얼마나 좋을까! 원치 않은 일, 원치 않는 곳, 원치 않는 사람, 내 의지나 선택과는 상관없이 살아갈 때가 더 많은 것이 우리네 삶이다.

 그렇다고 무조건 참고 견디며 살기에는 힘이 들고 괴로움이 크다. 부딪히고 갈등하며 고민 속에서 안개 낀 도로를 달려가듯 헤쳐나가야만 하는 것이 인생이다.

 내 인생을 내가 원하는 대로 살기 위해서는 먼저 자기 자신에 대해 아는 과정이 필요하다. 내가 무엇을 원하는지, 나는 어떤 재능이 있는지, 나는 어떻게 살기를 원하는지, 어떤 생각과 어떤 성격을 지니고 있는지 나 자신을 먼저 파악하고 아는 일이 중요하다.

 내가 나를 알면 그만큼 내가 원하는 삶에 대한 방향을 잡기에 유리하다. 자신을 모르고서야 어떻게 자신이 원하는 삶을 살 수 있겠는가. 자신을 알아가는 일은 빠를수록 좋지만 늦었다고 늦은 것도 아니다. 늦었다고 할 때가 가장 빠른 때라는 말처럼 바로 지금부터라도 나를 알아가는 과정을 거치는 것이 중요하다. 물론 더 어렸을 적에 자신을 알고 자신이 원하는 길로 갔더라면 훨씬 더 좋았겠지만, 늦은 시기에도 진정 자신이 원하고 자신에게 맞는 일을 찾는다면 그때부터 시작해도 결코 늦지 않다.

안타깝게도 한국 사회는 나 자신을 알아가는 일에 집중하는 데 그다지 많은 시간을 할애하지 못하게 만드는 구조다. 가정에서나 학교에서나 획일적이고 일률적인 방식으로 교육하고 양육할 게 아니라, 저마다 소질과 재능을 계발하고 발전시킬 수 있는 데에 방향을 맞추고 함께 노력해가야 한다. 이를 도와주는 것이 양육과 교육의 목표가 되어야 한다.

격

 격에는 세 가지가 있다. 인격, 품격, 성격이 그것이다. 어떤 사람을 평가할 때 우리는 인격이 높다, 품격이 있다, 성격이 좋다는 말로 표현한다. 격이 떨어진다고 했을 때는 세 가지가 모두 수준 이하일 때를 말한다.

 인격은 진실성, 윤리, 도덕성, 질서 의식, 정의감 등과 관련이 있다. 품격은 겸손, 인내심, 배려, 책임, 용기 등에 해당한다. 품격과 비슷한 품위에 해당하는 수준, 교양, 지식, 경험, 예절, 언어, 태도 등과도 연결된다. 성격은 고약한, 점잖은, 다소곳한, 얌전한, 난폭한, 괴팍한, 민감한 등을 말하며 자기 멋대로, 게으른, 까다로운 등으로 표현되는 기질과도 연결된다. 성격은 다른 말로는 인성이라고도 한다. 성격과 비슷한 성질은 고집, 독단, 권위, 유한, 강인한, 완벽한, 무자비한, 대담한, 용감한, 비겁한, 겁 많은, 수줍은 등이 이에 해당한다.

 흔히들 격과 경제력을 동일시하는 경우가 많은데, 관련이 전혀 없다고는 할 수 없겠으나 그다지 큰 영향은 주지 못한다. 경제력을 돈으로 가정했을 때 네 가지 부류가 있는데, 돈 많고 격은 떨어지는 사람, 돈도 많고 격도 높은 사람, 돈은 없으나 격은 높은 사람, 돈도 없고 격도 낮은 사람이다. 넷 중에 돈도 많고 격도 높다면 가장 좋겠지만, 가진 것은 적어도 격이 높으면, 가진 것이 많으면서 격 떨어지는 사람보다는 낫다. 돈은 많은데 격이 떨어지면 안하무인이 되기 쉽고 대부분 부모 유산을 물려받았거나 졸부인 경우가 많아 돈에 대한 애착이나 소중성을 잃어버리기 쉽다.

본능과 체질은 조금 다르다. 본능은 감정에 속하는 부분(희·노·애·락·애·오·욕)과 5욕(식욕·물욕·수면욕·명예욕·색욕)을 말하며, 체질은 강약, 왜소 비대, 균형, 건강 등으로 표현한다.

어떻게 하면 격을 높일 수가 있을까? 개과천선이란 말처럼 짐승은 바뀌어도 사람은 잘 바뀌지 않는다. 나 자신부터 그렇지 않던가? 스스로 개과천선이 되던가? 완전히 바꾸지는 못해도 다만 수준 이하의 격을 어느 정도 끌어올릴 순 있다. 상스러운 말을 삼가든지, 좋은 옷을 사 입든지, 화를 참는 방법으로 개선할 수 있다. 이제껏 살아온 삶의 방식을 바꾸면 격은 달라진다. 격, 본능, 성질, 기질, 체질은 서로 밀접한 관련성이 있어서 어느 한쪽만 개선해도 함께 따라서 움직인다.

인생

무수한 철학자들이 질문을 던졌다. 삶은 무엇인가. 인생은 무엇인가. 성경에는 이렇게 말하고 있다. 인생은 잠깐 보이다가 사라지는 아침 이슬과도 같다고. 아침 이슬은 맑고 영롱하며 아름답다. 그러나 그 아름다움은 잠시 순간일 뿐, 햇살이 비추고 바람이 불면 금방 사라지고 만다. 길지 않은 세월 영원히 살 것처럼 뛰어가지만 금방 끝이 나고 만다.

또 다른 현자는 인생은 무지개와 같다고 한다. 무지개는 일곱 색깔로 아름답게 보이지만 실은 그 실체가 없다. 잡을 수도, 가질 수도 없는 하나의 현상일 뿐이다. 우리는 많은 것들을 가지려고 하고, 누리려고 하고, 남보다 높은 곳에 오르려고 애쓰지만 그 어느 것도 영원한 것은 없다. 애초부터 내 것이 아님에도 내 것인 양 붙잡고 허덕이며 숨 가쁘게 살아가지 않던가. 어쩌면 평생 허상만 좇다가 끝나는 것이 인생인지도 모른다.

아침 이슬과도 같은 삶, 무지개와 같은 삶을 살면서 무에 그리 급히 살 필요가 있겠는가. 무얼 그리 잡으려고 아등바등 살 필요가 있겠는가. 한 번 왔다 가는 인생, 여행처럼 소풍처럼 또는 한 편의 영화처럼 소설처럼 살아보는 것도 그다지 나쁠 건 없으리니. 아름다운 것만 보며 살아도 짧은 세상, 서로 속고 속이며 싸우고 빼앗고 죽이고 밟으며 살아서 무얼 누리려 하는가. 그렇게 해서 얻고 누리며 살아본들 그 삶이 행복할까.

진정한 행복을 추구한다면 이제껏 살아온 삶의 방식을 조금 바꾸어 살아보는 것도 필요하다. 경쟁과 비교, 속임과 편법이 아니라 서로 이해하고 인정하며 사는 건 어떨까. 가진 것을 나누어주라는 얘기가 아니다. 도와주지는 못할망정 밥그릇은 뺏지 말자. 나 자신이 귀한 만큼 다른 사람도 귀한 존재라는 걸 인정하자는 거다. 내가 특별한 만큼 다른 사람도 특별한 존재라는 걸 이해하자는 거다. 사상체질을 배우는 목적도 바로 이를 위함이다. 나이가 젊든지 은퇴했든지를 막론하고 남은 날은 이제껏 살아온 삶의 방식에서 벗어나보자는 거다. 바꾼다고 해서 더 나빠지지 않는다면 한번 해볼 만하지 않겠는가.

삶

삶은 출발지는 각자 다르지만, 모두 죽음이라는 같은 종착지에 도착하는 여정이며, 어떤 이는 빠르게, 어떤 이는 느리게, 어떤 이는 급하게, 어떤 이는 더디게 가며, 어떤 곳을 어떻게 지날지는 서로 다르다.

또한 처음에는 여행 계획을 세우고 떠나지만, 도중에 세세한 일들은 그때그때 상황에 따라 변화무쌍하여 고정된 것이 아니다. 다시 말해, 사람은 태어나면서부터 각자 운명의 큰 틀은 어느 정도 정해져 있지만 세밀한 부분까지 고정된 건 아니며, 주변 환경과 행동 양식에 따라 변화할 수 있다는 것이다. 변화는 타고난 근본이 다른 것으로 바뀐다기보다는 타고난 근본이 한쪽으로 강화 또는 악화하거나, 때로는 중립과 균형 상태를 유지해나가는 것을 말한다.

과학적으로 본다면, 인간은 생명이 잉태되는 순간부터 유전적으로 생애 전체가 프로그램(설계)되고, 시간의 흐름에 따라 그 프로그램은 하나하나 실행 단계를 거치면서 마지막 죽음이란 프로그램이 실행되면 끝나게 되는 것이다. 프로그램(설계도)의 큰 틀은 바뀌지 않지만, 환경에 따라 느리거나 혹은 빠르게 진행되기도 하며, 어떤 계획은 실행되지 않을 수도 있으며 계획에 없던 일이 갑자기 일어날 수도 있다.

체질도 마찬가지다. 타고난 큰 틀은 가지지만 다양하고 복잡하며, 살면서 여러 특질이 나타날 수 있어 딱 하나로 단정할 순 없으며, 자신의 체질을 정확히 진단하거나 그 체질에 관한 특성들이 어떻게 나타날지 그 시기와 종류를 정확히 예측하기는 어렵다.

그러므로 삶은 끝까지 다 살아보기 전에는 무어라 단정할 수 없다. 우리가 늘 긴장을 늦추지 않아야 하는 건, 언제 상황이 바뀔지 예측 불가능하기 때문이다. 인생사 새옹지마라 하지 않던가. 한 곳에만 머무르지 말고 한 가지만 고집하지도 말며 한 방향으로만 살 필요가 없다. 세상은 넓고 모든 것은 열려 있다. 자신을 좁은 틀 안에 가두지 말아야 한다. 이미 가졌다고 자랑하지도 말고 이미 해봤다고 싫증 내지도 말며, 너무 많은 것을 한꺼번에 해치울 필요도 없다. 시간은 흐르고 환경은 나날이 바뀐다. 한자리에 머물러 있는 낡은 건물만 쳐다보며 회상한다고 되돌아오지 않는다. 지나간 것은 지나간 대로 두고, 앞으로 다가올 미래를 내다보며 남은 시간을 어떻게 살 것인지를 고민하고 준비하는 것이 낫다.

세상에는 평생 겪어도 다 경험하지 못할 것들로 가득하다. 자신에게 펼쳐질, 아직 경험하지 못한 일을 꿈꾸며 목숨이 다하는 마지막 순간까지 기대와 희망을 버려선 안 된다. 나의 재능과 특성은 아직 채 10%도 발휘되지 않았다!

삶의 이치

첫 번째 삶의 이치는, 서로 다름을 이해하고 인정하는 것인데 이는 가장 기본 중 기본이다. 아주 간단하고 쉽다. 그저 있는 그대로 이해하고 인정하기만 하면 된다. 너무나 단순하고 쉬운 일이지만 막상 이것을 실천하기는 매우 어렵다. 이것을 알지 못하거나 알면서도 실천하지 않기 때문에 온갖 갈등과 불행한 일들이 생겨난다.

두 번째 삶의 이치는, 모든 생명 활동의 시작은 음과 양의 조화로부터 비롯된다는 것이다. 빛과 어두움이 시간을 만들고 음과 양은 생명을 잉태한다. 낮만 있어도 안 되고 밤만 있어도 안 된다. 남자만 있어서도 안 되고 여자만 있어서도 안 된다. 싫든 좋든 상관없이 음과 양은 존재해야 하며, 존재한다. 내가 싫다고 해서 또는 좋다고 해서 한 가지만 고집해서는 안 된다. 세상은 모든 것이 조화를 이루어야 순조롭게 돌아간다. 조화가 깨지면 세상은 무너지고 망가진다. 독신이 좋다고 혼자 살면 아이는 누가 낳으며 또 사회는 어떻게 유지되겠는가.

사상체질론이 목적하는 바가 바로 이것이다. 이 두 가지 삶의 이치를 깨달아 실천하며 살고자 함이 사상체질론의 목적이자 방향이다. 삶의 이치를 모르고서야 어찌 행복한 삶을 살아갈 수 있겠는가. 서로 다름을 이해하고 인정하며 서로 조화를 이루며 사는 것, 이것이야말로 삶을 살아가는 데 있어 항상 잊지 말아야 할 명제다.

철학

'사람은 생각하는 갈대'라는 파스칼의 말처럼 철학이란, 삶과 인생에 대한 통찰을 의미한다. 아무 생각 없이 살기보다는 삶에 의미나 가치를 부여해 살아간다면 훨씬 알차고 보람될 것이다.

철학이 삶에 대한 통찰이라면 인문학은 삶에 대한 지혜다. 통찰의 기초는 '나는 누구이며, 나는 어디서 왔다가 어디로 가는가'라는 의문으로부터 비롯된다.

인간이 다른 동물과 다른 점을 꼽는다면 어떤 게 있을까? 사고? 언어? 도구의 사용? 집단생활? 엄밀히 따지고 보면 다른 동물들과 특별히 다른 점이 별로 없다. 다른 동물들도 인간처럼 생각도 하고, 나름대로 소통하는 언어가 있으며, 정교하지는 않아도 도구도 사용할 줄 알고, 무리를 지어 집단생활을 하며 나름대로 규율과 서열도 있다.

어떤 이는 문자가 다른 동물과 구별하는 인간만이 가진 문화라고 하지만, 다른 동물들도 간단하기는 해도 자신들끼리 통하는 몸짓과 신호체계를 가지고 있다. 정도의 차이는 있겠지만 동물들도 대부분 사람과 마찬가지 능력을 지니고 있다.

그 밖에도 미래 예측성과 현재 대응력, 절제력, 이성과 합리, 불의 사용, 윤리의식 등이 다른 동물들과 구별되는 것들이라고 한다. 맞는 말이기는 하나 그조차도 딱 부러지게 모든 인간이 다 그렇다고 하기는 어렵다. 오늘 하루 살기에도 급급하며 내일은 없다는 듯이 막 살고, 나만 잘 먹고살면 그만이라는 생각, 건강을 해치는 줄 뻔히 알면서도 절제하지 못하는 식습관, 폭력과 억압, 위험한 불씨 사용으로 인한 엄청난 재해, 무법과 무질서, 동물들과 비교하여 우월하다고 할 수 없는 모습도 얼마든지 보이는 게 인간이다. 오죽하면 개만도 못한 인간이라고 하겠는가. 사람이 다른 동물들과 다른 점은 인간다움에 있다. 인간으로 태어났으면 인간으로 인간답게 살다 가는 것이 진정한 인생이라 할 것이다. 그런데 왜 우리는 인간답게 살지 못하는가? 그것은 바로 삶에 대한 통찰과 그로부터 얻은 지혜가 없기 때문이다.

통찰과 지혜를 얻으려면 여러 방면에 지식과 학습이 필요하다. 그 가운데 사상체질론도 한 부분을 차지하며, 이는 애써 저급한 이론이라고 치부해버릴 만큼 단순하지 않다. 사상체질론은 의학 분야를 넘어 다른 지식의 영역과도 연결 고리를 지니며, 철학·유전학·의학·윤리·정치와도 깊은 연관이 있으며, 질문에 대한 접근 방법이 다를 뿐, 도출된 해답은 어쩌면 같다고도 할 수 있다. 사상체질론은 그저 체질을 네 가지로 나누고 재미 삼아 알아보는 정도의 흥밋거리가 아니라, 어쩌면 다른 학문과 지식을 통해서는 알아내지 못한 삶의 전반에 관한 궁금증에 대하여 쉽고 빠른 이해를 끌어내는 것에 유용하게 쓰이는 방편이 될 수도 있다. 그렇기에 사상체질론은 인문학의 범주에 속하기에 충분하며 연구 가치는 물론 활용 가치도 높다.

아는 것이 지혜다. 인간이 다른 동물과 구별되는 가장 큰 요소는 지혜의 정도 차이에 있다고 할 것이다. 무엇이든 알려고 하는 그 앎을 통해 더 나은 모습으로 나아가며, 가치와 보람을 추구하는 삶이야말로 다른 동물과 구분되는 진정한 인생이라 할 것이다.

'척'하는 삶이 아니라 '다운' 삶을 살아야 한다. 아는 척, 잘난 척, 가진 척, 아닌 척하는 삶이 아니라 인간다운 삶을 사는 것이 더 아름답지 않은가! 흉내 내거나 모방하는 삶이 아니라 자기다운 삶, 가면이나 가식이 아닌, 있는 그대로의 모습으로 사는 것이 훨씬 더 멋진 인생이다. 외면을 가꾸는 것도 필요하지만, 무엇보다 내면을 가꾸고 채우는 것이 더 소중하다.

행복

　행복하게 살려면 조화를 이루는 법을 알아야 한다. 이기려고만 해서는 안 된다. 서로 싸우려고 사는 것이 아니다. 행복은 싸워 이겨서 오는 것이 아니라 서로 조화를 이루고 화평해야 오는 것이다. 그런데 우리는 조화를 이루고 사는 것에 익숙하지 못했고 잘 실천하지도 못했다. 사람 사이에 조화가 깨어지다 보니 반목과 불화, 다툼과 분쟁이 일어나고 급기야는 분열과 단절이 오고야 만다.

　정치도 마찬가지다. 부정과 부패, 당파 싸움으로 조선이 망했다. 대립과 분열은 500년 왕조가 무너진 원인 중 가장 큰 요인이었다. 그 뒤에도 극심한 좌우 이데올로기 대립과 분열로 인해 동족상잔의 비극을 겪었다. 부정과 부패, 당파 싸움, 대립과 분열은 나라를 망치는 주범이다. 오늘날 우리는 또다시 그 과정을 겪고 있지는 않은가? 부정과 부패는 내로남불이라는 말에 가려진 채 여전히 횡행하며 기득권 지키기 당파 싸움도 그칠 줄을 모른다. 극심한 대립과 분열로 인해 전쟁의 기운이 스멀스멀 피어오른다.

　양쪽에 서로 다른 당이 있는 것은 서로 생각이 다른 국민의 뜻을 대변하기 위함이다. 서로 싸우라는 것이 아니라 서로 다른 생각을 존중하고 조율하여 조화를 이루라고 있는 것인데, 그 국민을 의식하지 않고 당리당략에만 치우쳐 국민이 아닌 당과 자기들만의 기득권을 지키기 위한 정치를 하니 나라가 어지럽고 애꿎은 국민만 피해를 본다. 사익과 특정 집단을 위한 정치는 사라져야 한다. 한쪽으로 치우친 극단주의도 버려야 한다. 극우나 극좌는 모두를 파괴하고 망가트린다.

공존과 공동 번영을 위한 정치가 필요하다. 함께 어우러져 모두가 행복한 삶을 영위하는 세상을 지향하는 정치가 되어야 한다. 정치인은 오직 국민만을 바라보며 나아가야 한다. 국민이 준 권력으로 국민을 탄압하고 사리사욕만 채우려 든다면 해악만 끼칠 뿐이다.

세대 간에도 마찬가지다. 서로 다른 생각을 존중하고 조화를 이루면 상생할 것인데 그렇지 못하니 갈등만 커지고 반목만 일어나는 것이다. 바야흐로 중용이 필요한 시대다.

부모가 자녀를 양육할 때도 역할 분담에서 음양 조화를 이루어야 한다. 엄한 아버지와 자애로운 어머니 역할이 필요하다. 둘 다 엄하거나 둘 다 자애롭기만 하면 버르장머리가 없거나 자기밖에 모르는 이기주의 또는 자존감이 없거나 소심한 자녀가 되기 쉽다. 한쪽이 엄하면 한쪽은 부드러워야 조화를 이루며 자녀도 조화로운 인성을 가지게 된다.

조화를 이루려면 어떻게 해야 할까? 먼저 상대방을 인정하고 의식해야 한다. 상대는 싸워서 이기는 대상이 아니다. 공격성을 버려야 한다. 누구든 먼저 공격성을 보이면 그 상대도 동물적인 자기 보호 본능이 발동하여 방어 자세를 취하며 즉각 응징 태세로 나오기 마련이다. 곧바로 싸움은 시작되고 서로에게 상처를 입히며 피 튀기는 전쟁이 벌어지는 것이다. 싸움을 통해 얻을 것은 아무것도 없다. 서로를 파괴할 뿐이다.

우리는 살기 위해 싸워야 하고 그 싸움에서 반드시 이겨야만 한다고 여겨왔다. 과연 그런 삶이 현명한 삶일까? 이기는 것보다 조화를 이루는 것이 더 낫지 않을까? 전쟁보다는 평화가 더 낫지 않던가? 왜 우리는 서로를 죽이지 못해 안달하며 살까? 왜 당장 먹고사는 문제에 집중하기보다 누군가를 죽이기 위한 무기를 만드는 데 서로 경쟁하듯 열을 올리는 것일까? 내가 더 강해져야만 살아남을 수 있다는 논리는 누가 만들어낸 것일까? 우리가 역사 속 수많은 전쟁을 통해 얻은 교훈은 무엇인가? 그 무수한 전쟁들이 과연 인류의 삶을 행복하게 했는가? 전쟁보다 더한 비극이 있을까? 왜 우리는 우리 삶을 비극 속으로 몰아넣으려고 하는가? 서로 행복하고 모두가 평안하게 잘 살면 안 되는가? 조화·평화·화평이 분쟁·분열·단절보다 낫지 않은가? 음양화평지인 원리야말로 우리 삶을 통해 잊지 말고 늘 실천하며 살아야 할 좌우명이다.

운명

 운명은 타고나는 것일까? 아니면 만들어지는 것일까? 둘 다 맞다. 누구나 운명은 타고난다. 이 세상에 태어나는 순간 우리는 각자 운명이라는 짐을 지고 나온다. 그 운명이란 바로 나고, 살고, 죽는 것이다. 이 운명은 누구에게나 공평하게 주어진다. 물론 특별한 상황도 있기는 하다. 길고 짧음의 차이일 뿐, 누구도 이 운명의 수레바퀴에서 벗어나거나 비켜 갈 수 없다.

 인생은 한 편의 연극이나 노래, 혹은 드라마와 같다. 대본과 각본, 작곡 및 작사가 있다. 그것은 나올 때부터 이미 완성되어 있다. 우리는 연기자로서 혹은 배우로서 혹은 가수로서 무대에서 연기하고 노래할 뿐이다.

 큰 틀에서의 원작은 바꿀 수는 없지만, 편곡이나 각색과 대본 수정은 어느 정도 가능하다. 짜인 틀 안에서 얼마든지 수정 또는 변경할 수가 있다. 시대 흐름에 따라 비극과 희극이 교차하고 수명도 단축 혹은 연장되는 것처럼, 우리의 의지와 상관없이 운명이 환경에 따라 정해지기도 한다. 전쟁과 전염병이나 천재지변 같은 것들이 그렇다.

 사람의 생명은 단순하지 않다. 그 생명을 유지하는 체계는 생각보다 훨씬 복잡하고 치밀하며 복합적이다. 게다가 우리는 인위적 또는 자연적으로 환경에 노출되어 있다. 환경은 우리의 운명을 얼마든지 바꾸어놓을 수 있다.

체질도 마찬가지다. 체질은 날 때부터 타고나지만, 살면서 주변 환경에 의해 두드러지기도 하며 숨어 있기도 하며 길어지기도 하고 단축되기도 한다. 아무리 각본을 잘 쓰고 작사 작곡을 잘해도 누가 연기하고 노래하는가에 따라 엄청난 차이가 난다. 똑같은 연극을 보아도 누가 주인공을 맡는가에 따라 그 감동이 다르다. 똑같은 영화 속 인물도 어떤 배우가 연기하느냐에 따라 실감도가 다르다. 똑같은 노래도 어떤 가수가 부르냐에 따라 감흥이 다르다.

우리의 인생이 그렇다. 인생의 각본과 줄거리와 악보는 주어져 있지만, 그것을 연기하고 노래하는 건 우리의 몫이다. 더 뛰어나고 유능한 배우나 가수 혹은 연기자가 되려면 우리의 수고와 노력이 필요하다. 가만히 있어서는 아무것도 얻을 수 없다. 계발해야 한다. 새로운 것을 만들어내거나 타고나지 않은 것을 만드는 개척과 개발이 아니라, 이미 타고난 슬기와 재능을 일깨워 발전시키는 계발이 우리의 몫이다. 운명은 개발하는 게 아니라 계발을 통해 이루어가는 것이다.

다만 우리가 알려고 하는 건 우리가 어떤 소질과 건강을 타고났는지를 어렴풋이나마 짐작하고자 함이다. 인류 역사는 그것을 알아내기 위한 노력을 끊임없이 다양한 방법으로 시도해왔다. 과학과 비과학, 인문·철학·심리·의학·천문학까지 동원해가며 애썼다. 그 결과 수많은 결과물이 쏟아져 나왔으며 우리는 그것들을 지금도 유용하게 활용하고 있다. 어떤 것은 아주 체계적이고 정확도가 높은가 하면, 어떤 것은 다소 황당하고 현실적이지 않은 것도 있다. 음양오행, 사주팔자, 토정비결, 점, 관상, 역리, 애니어그램, MBTI, 다중지능, 아이큐, 혈액형, 유전자 검사, 진맥, 타로카드, 손금 등 어떤 것을 활용하든 자유다.

사상체질론도 그 결과물 가운데 하나다. 충분히 연구와 활용 가치가 있다. 다만 취약점이라면 자신의 체질을 어떻게 알아내는가에 대한 방법과 수단이 미비하다는 것이다. 그래도 아주 과학적이진 않아도 기존 이론만으로도 어렴풋이나마 어느 정도는 가릴 수 있으니 다행이다.

무엇이든 배척하고 업신여기지 말고 조금이라도 도움이 된다면 알아보고 활용해서 나쁠 건 없다. 어차피 종교도 직접 눈으로 보고 믿는 것은 아니듯이 과학적으로 증명되지 않았다고 하여 버리거나 일부러 내칠 필요는 없다.

우연과 필연

우연은 기대하지 않은 일이 일어나는 현상이고, 필연은 기대와 상관없이 일어나는 현상이다. 우연은 원인과 과정에 따라 결과가 달라질 수도 있어 가능성과 변수가 작동하지만, 필연은 가능성과 변수가 작동할 여지가 없다. 우연은 예측 불가능하나, 필연은 어느 정도 예측이 가능하다.

우연과 필연은 전혀 다른 뜻이지만 실제로 우리는 이것을 혼동하거나 잘 인식하지 못한다. '그럴 줄 알았다'와 '그럴 수도 있다'의 차이점은 무엇인가? 언뜻 보기엔 두 문장이 별 차이가 없는 것 같지만, 두 문장 사이에 '반드시'를 넣어보면 둘의 차이는 확연하게 달라짐을 보게 된다.

'반드시 그렇게 될 줄 알았다'는 말이 되지만, '반드시 그럴 수도 있다'는 왠지 어색한 문장이다. 이것을 굳이 우연과 필연으로 나눈다면 전자는 필연, 후자는 우연에 가까울 것이다. 그런데 우리는 자주 우연을 필연으로 여기거나, 필연을 우연으로 착각한다. 우연이든 필연이든 반드시 원인은 있기 마련이다. 원인 없는 결과는 없다. 그렇다면 원인의 차이는 무엇인가? 그 원인이 '고정된 것'이냐 '고정되지 않은 것'이냐의 차이다. 우연은 원인이 고정되지 않아 예측이 어렵고 기대할 수 없다. 필연은 원인이 고정되어 있어 예측, 기대가 가능하다.

우연은 일회성에 그치지만, 필연은 반복된다. 우연은 거의 기적에 가까워 일어날 확률이 낮다. 우연이든 필연이든 그것이 이미 그렇게 되도록 정해진 운명이라면 언젠가는 반드시 일어나고야 만다. 운명은 원래부터 정해진 것을 말한다. 원인이 같으면 항상 같은 결과가 나온다는 식의 사고방식은 운명이란 말로 표현하기도 한다.

한자로 본다면 운명은, 어떤 절대자의 지시나 명령에 따라 돌고 도는 일종의 정해진 법칙이라고 할 수 있다. 운(運: 돌다, 돌리다, 움직인다, 순환)은 '시간'을 의미하며, 명(命: 명령하다, 부리다, 목숨, 생명)은 '명령하다'는 뜻을 가진다. 다시 말해 운명이란, 생명의 근원이 시간에 있고 그 생명을 좌우하는 시간은 절대자의 명령에 따라 움직이게 되어 있다는 뜻이다. 결국 운명은 절대자의 영역이므로 함부로 거스를 수 없는 것으로 간주한다.

서양에서는 운명을 세 가지로 풀이한다. △ Destiny: 행동으로 결과가 결정된다는 인과적인 운명, △ Fate: 이미 정해져 있어서 인간이 어찌할 수 없는 숙명, △ Doom: 파멸이나 불행으로 치닫는 일이다.

동양에서는 운명을 하나의 자연의 섭리로 여기고 순응하는 데 반해, 서양에서는 자유의지를 중시하여 선택에 따라 운명이 결정된다고 여긴다. 동양에서는 운명을 비교적 긍정적으로 받아들이고 순응하는데, 서양에서는 운명을 거슬러 불행한 결말을 가져오게 된다는 부정적인 시각이 있는 듯하다. 동양사상은 해석하기에 따라 서양사상보다 폐쇄적일 수도 있지만, 운명을 바라보는 시각에서 긍정적이라는 면에는 열려 있다고 하겠다.

체질은 우연이 아니라 필연에 가까우며, 운명과도 깊은 연관성이 있다. 체질은 사전에 어느 정도는 진단 예측이 가능하며, 운명처럼 언젠가는 우리 앞에 나타나고 곁에 다가오고야 만다.

운명과 선택

운명은 타고나며 태어날 때부터 정해져 있어 어떻게 바꿀 수가 없다. 기독교에서도 운명은 타고날 때부터 정해진 것(예정설)이라고 말한다. 과거는 바꿀 수 없다. 지금까지 살아온 삶이나 태생 근원을 바꿀 순 없다. 체질도 마찬가지다.

하지만 중요한 것은, 선택할 수는 있다는 것이다. 운명은 정해져 있으나, 그것을 선택할 권리는 사람에게 있다. 산다는 건 끊임없이 선택하는 것이다. 길은 선택할 수 있다. 넓은 길을 가든 좁은 길을 가든 어떤 길을 가든 선택권은 자신에게 달려 있다.

그 선택의 권한을 인간에게 주어진 '자유의지'라고 한다. 운명 예정설과 선택권(자유의지)은 상반된 것처럼 보이지만 그 안에는 모든 것이 허락되어 있다. 예정은 유한의 개념이 아니다. 자칫 우리가 착각하기 쉬운 것이 바로 예정에 유한성을 대입하는 것이다. 모든 것은 이미 정해져 있어서 인간이 할 수 있는 건 아무것도 없다고 생각한다. 가만히 앉아서 운명을 기다리는 존재라고 착각하는 것이다. 이렇게 하든 저렇게 하든 정해진 운명대로 되는 것이어서 사람이 할 수 있는 건 아무것도 없다고 생각한다. 하지만 그건 자유의지를 이해하지 못한 데서 오는 사고의 오류다. 인간에게 자유의지마저 없다면 로봇이나 다를 바 없다. 누군가 조종하는 데 따라서 움직일 수밖에 없다. 태어나면서부터 정해진 대로 살 수밖에 없는 운명이라면 우리의 노력과 수고는 모두 헛된 것이 되고 만다.

예정과 자유의지는 함께 따라오는 일종의 세트와 같다. 자유의지를 떠나서는 예정을 설명할 수 없고 자유의지가 없다면 예정도 아무런 의미가 없다. 예정 속에는 자유의지가 포함되어 있다. 자유의지에 따라 선택된 방향도 예정의 일종이다. 예정은 유한한 것이 아니다. 유전자가 그렇듯이 우리는 예정된 모든 것을 다 알 수가 없다. 우리에게 정해진 운명은 평생을 산다 해도 다 알 수 없으며 또 다 선택해서 일일이 맛볼 수도 없다. 선택은 단 하나의 방향만 제시할 뿐이다. 운동을 꾸준히 하면 건강하게 살 수 있다는 건 누구나 아는 사실이지만 평생 이를 지키면서 사는 사람은 드물다. 아무리 행복한 인생으로 설계되었다고 하더라도 그 행복을 다 누리고 사는 사람은 없다.

현재는 살아갈 뿐이며 우리는 매 순간 선택의 기로에 선다. 미래는 현재 선택의 결과에 따라 결정된다. 지금 어떤 선택을 하느냐에 따라 미래는 얼마든지 바뀔 수가 있다. 그런데 안타깝게도 우리는 이 소중한 권리인 선택권을 잘 활용하지 못한다. 어쩌면 그 선택권이 있는지조차 모른 채 살아가는 사람도 있다. 평생을 살면서 몇 번 사용하지도 못하고 살아가는 사람이 대부분이다. 자신이 원하는 삶이 무엇인지 몰라서 누리지 못하거나, 또는 하고 싶은 일이 있어도 자신의 의지와는 상관없이 다 하지 못하고 살아가는 것이 우리네 인생이다.

선택권은 신이 인간에게 준 가장 큰 선물이다. 잘못 사용하면 어떤 경우는 매우 위험한 결과를 초래하기도 하지만, 잘만 활용한다면 이보다 더 큰 권한이 없다. 신이 인간에게 주었으나 그 신도 시시콜콜 간섭하지 못하는 게 선택권이다. 이 소중하고도 가장 큰 선물인 선택권을 우리는 잘 활용해야만 한다. 모든 것은 우리 자신의 선택에 달려 있다. 선택권은 누구에게나 고유한 것이어서 침해받아서는 안 되며, 그 누구도 타인의 선택권을 함부로 침해해서는 안 된다.

바야흐로 AI 시대를 맞고 있다. 인공지능 기술로 로봇도 스스로 판단하고 결정하는 시대다. 인간이 가진 특별한 권리인 '선택권'을 어떻게 사용하느냐 관건이다. 이미 타고난 체질을 바꿀 수는 없지만, 삶의 방식을 어떻게 선택하느냐에 따라 체질이 가진 여러 가지 특성들이 발현될 수도 있고 그렇지 않을 수도 있다. 체질은 정해진 것이지만 유한한 성질이 아니다. 사람의 능력을 과소평가해서는 안 된다. 체질 속에 숨겨진 무한한 보물들을 파내어 경험하고 누리고 맛보며 사는 것이 우리에게 주어진 과제다.

인권

세계인권선언문 제1조에는 인권에 관하여 '모든 인간은 태어날 때부터 자유로우며 그 존엄과 권리에 있어 동등하다. 인간은 천부적으로 이성과 양심을 부여받았으며 서로 형제애의 정신으로 행동하여야 한다'라고 밝히며, 대한민국 헌법 제10조에서도 '모든 국민은 인간으로서 존엄과 가치를 가지며, 행복을 추구할 권리를 가진다'라고 밝힌다.

인권은 누가 주는 것이 아니라 체질과 마찬가지로 태어나면서부터 타고 나는 것이다. 따라서 인권은 굳이 법으로 정하지 않아도 인간으로서 마땅히 누려야 할 기본 가치이자 삶의 영역이다. 인권에 대한 기본 의식은 세 가지가 있는데, 첫째는 다른 것은 틀린 것이 아니다, 둘째는 누구에게든 다른 사람의 인권을 침해할 권리는 주어진 바 없다, 셋째는 사람은 소유물이 아니다.

세상에는 닮은 사람은 있어도 똑같은 사람은 없다. 쌍둥이도 모양은 비슷할지언정 성격이나 취향은 다르다. 서로 다르다고 하여 틀렸다고 여겨선 안 된다. 틀렸다는 건 무언가 잘못되었다는 것으로 부정 의식이 깔려 있다. 다른 것을 틀렸다고 보는 시각은 매우 위험하다. 틀린 것은 바로잡거나 고쳐야 할 대상이므로 용인되지 않는 영역이다. 다른 것을 다르다고 보는 시각이 정상이다. 인권은 서로 다름을 인정하는 데서 출발한다. 다른 것은 틀린 게 아니다. 다른 건 다른 것일 뿐이다.

인권은 침해당하거나 침해해서도 안 된다. 누구에게든 다른 사람의 인권을 침해할 권리를 준 적이 없다. 국가든 신이든 그 누구든 다른 사람의 인권을 침해하는 그 어떤 권리도 개인에게 부여한 적이 없다. 인권을 누릴 권리는 있어도 인권을 침해할 권리는 그 어디에도 없다. 인권은 대여물이 아니다. 그런데도 우리는 자주 다른 사람의 인권을 아무렇지도 않게 침해한다. 힘의 논리가 앞서면 인권은 무시당한다. 경제 논리도 마찬가지다. 돈이 지배하는 사회에서도 인권은 자주 침해당한다. 인권을 침해하는 건 법으로도 규제해야겠지만, 법을 만들기 이전에 누구든 인권은 서로 존중하고 지켜주는 쪽을 견지하고 있어야 한다. 개인의 고유한 인권은 불가침의 영역이다.

인권에 대한 의식 가운데 가장 중요한 것은 사람은 소유물이 아니라는 것이다. 사람은 누구의 소유물이 될 수 없으며 그렇게 여겨서도 안 된다. 그런데 우리가 가장 소홀하기 쉬운 게 소유의 개념이다. 특히 가장 가까운 사람을 우리는 소유물로 여기기가 쉬운데, 가족이나 연인 관계에서 오류를 범하기가 쉽다. 가깝다는 이유로 쉽게 여긴다. 피를 나눈 형제이니 혈통을 운운하며 가족을 하나로 묶으려 한다. 살을 섞은 연인들은 상대방을 자신의 소유물로 착각한다. 의식뿐 아니라 일상에서 사용하는 언어에서도 우리는 사람을 소유로 여기는 말들을 별생각 없이 당연하다는 듯 자주 쓴다. 사람을 소유로 여기면 정말 위험한 큰일이 벌어진다. 소유물이란 내 마음대로 해도 된다는 생각을 전제로 하기 때문이다. 사람도 물건이나 마찬가지로 마음대로 처분할 수 있다고 여긴다. 그래서 연인들끼리 사귈 때는 사이가 좋다가도 헤어질 때는 살인이나 위해를 가하는 경우가 종종 나타나게 된다. 이는 단순히 감정적인 문제만이 아니라 평소에 상대방을 소유물로 인식한 원인이 더 큰 요인이다. 역사적으로 보아도 사람을 소유물로 여겼던 시절이 여러 나라에서 있었다. 그 결과 노예제도가 있었고 우리나라에서도 노비제가 공식적이던 시절이 있었다. 그 시절에는 사람을 물건이나 재산으로 취급했다. 노비에게는 인권이나 사람답게 살 권리는 없었다. 이 얼마나 비참하고도 야만적인 사회였던가! 소유 개념에는 항상 지배 의식이 따라온다.

따지고 보면 모든 인류는 한 조상 아래 태어났다. 이미 유전과학이 이를 증명했다. 그렇다고 모든 인류가 한 가족이 되는 건 아니다. 하물며 가족이라도 개인은 고유하다. 모든 사람은 각자 고유한 유전자를 가지고 태어났다. 인간은 태어날 때부터 존엄과 개인마다 고유한 가치를 지닌다.

인권을 말할 때 반드시 함께 쓰는 용어가 있는데 자유와 평등이다. 권리란 제한받지 않는 자유를 뜻한다. 이 자유는 누구에게나 똑같이 주어져야 하며 침해해서는 안 된다. 평등도 마찬가지다. 권리는 차별을 두지 않고 동등하게 누릴 자유가 보장되어야 한다. 요약하면 인권이란 차별받지 않고 동등하게 누릴 자유가 보장되는 상태를 말한다.

타고난 체질도 인권과 마찬가지로 틀림이 아니라 서로 다름으로 이해하고 인정하며, 간섭하거나 침해하거나 차별을 두어서는 안 된다. 어떠한 체질을 지녔건 동등한 대우와 권리를 누려야 한다. 인간의 행동은 의식이 지배한다. 평소에 어떻게 생각하는가에 따라 행동 양식이 바뀐다. 뭔가 잘못된 걸 바로잡으려면 먼저 사고를 바꿔야 한다. 행동은 오랜 습관에서 나오므로 단번에 확 바꾸기는 어렵지만 사고는 얼마든지 바꿀 수가 있다. 사고를 바꾸는 건 간단하다. 이해하고 인정하기만 하면 된다. 고집과 아집을 꺾는 일이 쉽지는 않겠지만 열린 마음만 있다면 가능하다.

모든 사람은 천부적인 고유 인권을 가지고 태어났으며, 자유와 권리를 누리며 평등한 세상에서 함께 어우러져서 살아가야 한다. 인권의 물결이 춤을 추며 자유, 평등, 평화, 행복 가득한 곳 희망의 나라에서!

차별에서 평등·형평과 균형의 시대로

　외국, 특히 미국이나 유럽 쪽을 다녀오거나 그쪽에서 조금이라도 살아본 사람들이 이구동성으로 말하는 게 있는데, 사회가 평등의 원리에 의해 움직인다는 것이다. 남과 여에 차별이 없고, 직업에 귀와 천이 없으며, 인종 간에 차이가 없다는 것이다. 그 밖에도 배움과 덜 배움, 지위의 높고 낮음, 그 밖에 다른 여러 방면에서도 그다지 극심한 차별 의식은 찾아보기 어렵다는 것이다. 물론 능력 면에서 차이는 있겠지만 소수 극단주의자를 제외하고는 근본적인 차별 의식은 존재하지 않는다는 것이다.
　지금은 평등의 시대를 구가하고 있는 나라들에도 과거에 불평등과 차별이 없었던 건 아니다. 미국만 보더라도 과거 노예제도가 있었고 흑백 인종 갈등은 오랫동안 사회 골칫거리였다. 현대사회에서 전 세계적으로 가장 크고 중요하게 다루고 있는 공통된 사항은 아마도 '차별에 관한 금지'일 것이다. 차별은 선진국을 가늠하는 기준으로 작용할 만큼 그 비중은 가볍지 않다. 한 나라의 사회가 얼마나 건전하고 평등하며 인간으로서 권리를 누림에 있어 안전한가에 대한 척도가 바로 차별이다. 우리나라도 조선시대까지만 해도 양반과 상인으로 나누고 노비제도마저 엄연히 공식적으로 존재했다. 근대화 현대화를 거치면서도 조선시대 제도적인 부분은 사라졌지만, 그 의식적 기반을 버리지 못하고 우리의 의식 속에 여전히 남아 사회를 움직이는 원리처럼 인식되었다. 가장 최근에서야 비로소 인권을 앞세우며 모든 영역에서 차별을 중지해야 한다는 목소리와 운동이 일어났지만, 아직도 형식에 그칠 뿐, 제도적인 합의점은 찾지 못하고 있다. 그나마 조직 운영에 있어서는 여러 방면에서 수직적 구조를 수평적 구조로 바꾸려는 시도는 매우 고무적인 일이다.

지난 수년간 사회적으로 가장 큰 화제가 되었던 건 바로 성차별에 관한 것이다. 몇몇 정치인을 시작으로 지위를 이용해 성을 착취하는 일이 수면 위로 드러나면서 성차별을 없애야 한다는 주장이 들불처럼 일어나 법이 채 정비되기도 전에 불문율처럼 사회에 빠르게 정착되었다. 삶을 영위하는 데 필요한 기본적인 사회 기반은 물론이고 정치·직업·직무를 넘어 모든 영역으로 성차별금지가 확산했다. 특정 분야에서는 심지어 역 현상을 보이는 곳도 많다. 평등이 역 평등으로 기울어져버린 나라도 더러 있다. 우리는 그런 나라에서 평등만 중요한 게 아니라 그 비율을 어떻게 적절하게 유지하는가에 대한 사회적 합의도 중요하다는 교훈을 얻는다.

머지않아 기본적인 차별금지법 제정 이외에도 가정·가사에 관한 법률, 상속과 증여 등 여러 분야에 걸쳐 대대적인 법 개정이 필요한 시기가 올 것이다. 평등의 가치는 이제 현대사회뿐 아니라 미래 사회에서도 가장 큰 주제가 될 것이고, 어쩌면 그로 인해 전쟁 같은 엄청난 진통을 겪을지도 모른다. 그러기 전에 우리 사회는 평등에 관한 정의에서부터 사회제도와 법령에 이르기까지 충분한 논의와 합의를 통해 그야말로 온전한 평등이 이루어지도록 노력해야 한다.

평등은 인식의 변화로부터 시작된다. 모든 영역에서 차별이 있어서는 안 된다는 생각, 더 나아가 차별 철폐로 인한 역차별까지도 심각하게 고려해야 한다. 차별금지와 평등이 질서를 오히려 깨트리는 방향으로 흘러 간다면 또 다른 심각한 문제에 직면할 수밖에 없다. 그것은 이제껏 우리가 겪어보지 못한 아주 생소하고 풀기 어려운 문제일 것이며, 그로 인한 갈등과 혼란은 과거보다 더 클지도 모를 일이다.

사람을 함부로 대하거나 고유의 인격에 대한 억압이나 학대, 경제적인 차별을 최소화하는 것이 궁극적인 목표일 것이다. 차별을 극복하는 가장 큰 요소는 무엇일까? 어쩌면 차별금지라는 말조차도 어폐가 있다. 차별에서 벗어나려다가 오히려 균형이 깨져서 역차별로 치달을 수 있기 때문이다. 따라서 우리는 끝까지 중심을 잃어서는 안 된다.

그런 면에서 중용은 큰 의미를 지닌다. 좌로나 우로나 치우치지 않고 가운데 지점을 정확히 찾아서 그 상태를 유지해나가는 힘이 바로 중용이다. 차별을 넘어 평등으로 나아감에 있어 가장 중요한 것은 중용을 이루는 일이다. 맞지 않는 균형을 맞추는 것도 중요하지만, 저울의 형평이 어느 정도 맞았을 때 그 평형을 어떻게 유지하느냐가 더 중요하다. 차별에서 평등으로 평등에서 균형으로 나아가야 한다. 균형은 중용이 이루어질 때만 가능하다.

사회가 공정성을 잃어버리면 균형이 깨지고 조화가 무너져 결국은 갈등과 분열이 일어나고 공멸의 길로 달려가게 된다. 조화와 공정을 이루려면 형평과 균형이 전제되어야 한다. 형평이란 저울의 한쪽이 기움이 없이 나란한 상태, 즉 균형을 이룬 상태를 말한다. 평등은 권리와 의무, 자격 등이 차별 없이 고르고 한결같은 상태를 뜻한다.

형평과 평등은 모두 균형으로 귀결된다. 판단에 있어 지위의 높고 낮음, 부의 있고 없음에 휘둘리지 않음이다. 유전무죄 무전유죄란 말이 통용되지 않음을 뜻한다.

　형평·균형·중용을 이루려면 상호 이해와 인정이 전제되어야 한다. 사상체질론이 추구하는 음양화평지인도 상호 이해와 인정 없이는 불가능하다. 음과 양이 다르듯 서로 다른 체질에 대해 이해하고 인정하지 않으면 아무것도 진전을 이룰 수가 없다.

중용

중용은 가운데를 말함이 아니다. 중간의 어정쩡한 상태가 아니다. 차지도 덥지도 않은 미지근한 상태가 아니다. 중용은 양쪽 모두 다 강화된 상태를 말한다. 오히려 모든 것을 다 적극적으로 열심히 하는 것을 말한다. 놀 때는 열심히 놀고, 일할 때는 열심히 일하고, 공부할 때는 열심히 공부하고, 남을 도와줄 때는 적극적으로 발 벗고 도와주는 바로 이것이 중용이다.

부에 처할 줄도 알고 가난에 처할 줄도 아는 것이다. 멋진 옷도 입지만 막 입는 옷도 입을 줄 아는 사람, 상류층과도 어울리지만 가난한 사람과도 어울릴 줄 아는 사람, 돈 좀 있다고 해서 없는 사람을 무시하거나 깔보지 않는 사람, 화이트칼라지만 막노동도 마다하지 않는 사람, 권력을 가졌으나 함부로 휘두르지 않는 사람, 이런 사람이 중용의 사람이다. 부족하다고 해서 움츠러들지 않고, 가진 게 적다고 해서 주눅 들지 않는 사람, 불편하다고 불평하거나 못마땅하다고 나무라거나 지적하지 않는 사람, 지위가 낮다고 대들거나 꼬투리잡지 않는 사람, 지식이 모자람을 감추려고 아는 체하거나 경거망동하지 않는 사람, 없으면서도 있는 척 허세 부리지 않는 사람이 중용의 사람이다.

중용은 이것도 저것도 아닌 중간이 아니라 모든 것을 다 갖춘 사람, 또는 균형이 잘 잡힌 상태를 말한다. 중용은 곧 균형이다. 한계를 뛰어넘어 이치나 사물에 통달한 사람, 모나거나 튀지도 않는 성인군자와 같은 사람, 이성적이면서도 감성이 풍부한 사람, 자극에 민감하게 반응하지 않으면서 지극히 평온하며 평정심을 항상 유지하는 사람, 능력도 뛰어난데 겸손까지 갖춘 사람, 정장도 잘 어울리지만 가벼운 옷차림도 잘 어울리는 사람이 중용의 사람이다.

체질도 그렇다. 대부분 사람은 한 가지 체질만 가지고 태어나는 경우는 지극히 드물다. 자신의 체질이 이런 체질이라고 잘라서 단정 지을 필요는 없다. 우리는 대개 자신이 어떤 체질인지 잘 모른 채 살아간다. 제대로 확인하는 절차를 거치지 않았기 때문이다. 아니, 어쩌면 체질을 정확하게 진단하는 방법이나 진단해주는 곳이 없기 때문인지도 모른다. 어설프게 아는 것은 그다지 도움이 되지 않는다. 어떤 방법을 동원하든 정확한 체질 진단이 필요하다.

자신의 체질을 정확히 진단하고 확인해보는 건 매우 중요하다. 아는 만큼 보이고, 아는 만큼 확장 가능성과 기대치를 높일 수 있기 때문이다. 체질을 알면 균형 잡힌 삶을 살기가 쉬워진다. 자신에 대해 잘 알 때 우리는 훨씬 더 나은 삶을 살게 된다. 균형 잡힌 삶을 살기 위해서는 자신의 단점과 장점을 아는 것이 매우 중요하다.

조화

조화는 여러 방면에서 좋은 결과를 만든다. 음양의 조화는 균형을 이루며, 부부간의 조화는 사랑을 이루며, 사람과의 조화는 협력과 화평을 이루며, 남과 북의 조화는 통일과 평화를 가져오며, 좌와 우의 조화는 정치 안정을 가져온다.

우리 삶에 있어 가장 유익한 것은 서로 조화를 이루는 것이다. 다른 것은 없다. 오로지 우리 삶은 이것을 위해 살고 끝까지 함께 노력해야 한다.

- 조화를 이루는 단어: 감사, 공감, 교감, 균형, 긍정, 긍휼, 나눔, 돌봄, 대화, 베풂, 배려, 사랑, 소통, 신뢰, 양보, 여유, 연민, 용서, 우정, 이해, 인권, 인정, 자비, 정서, 조정, 조화, 존중, 지지, 질서, 타협, 평온, 평화, 합의, 협력, 협조
- 조화를 해치는 단어: 각자도생, 갈등, 감정, 갑질, 깔봄, 강압, 개인주의, 고소 고발, 공격, 균열, 능력 위주, 다툼, 대립, 무시, 무질서, 물질만능, 반대, 부정, 분열, 분쟁, 분리, 불만, 불안, 불인정, 비교, 비난, 비판, 시기, 욕심, 우월감, 이기주의, 자기주장, 자본주의, 자유, 전쟁, 조급, 질투, 테러, 폭력, 혼란, 훼방

상극

　사람과의 관계를 잘하려면 상대와 극을 맞추는 일이 무엇보다 중요하다. 대화나 어떤 일을 함에 있어 서로 각을 지어서는 맞추기 어렵다. 자석의 극이 같으면 절대로 붙지 않는다. 극이 서로 달라야만 붙는다.
　사람도 마찬가지다. 서로 똑같아서는 함께 살기 어렵다. 궁합이 맞는다는 건 서로 같음이 아니라 조화로움에 있다. 맞지 않고 반대되는 듯하지만 원만하게 잘 사는 사람이 있고, 서로 비슷한 성격이지만 오히려 티격태격 바람 잘 날이 없는 사이도 있다.
　서로 똑같은 사람보다 다른 사람들이 더 잘산다. 조화는 같음이 아니라 다름에서 비롯된다. 서로 다름을 인정하고 이해하면 조화는 쉽게 이루어진다. 상대를 강압하거나 옭아매선 안 된다. 강압은 상대를 꺾어 누르려는 것이고, 옭조임은 상대를 내 마음대로 조종하려 함이다. 둘 다 조화와는 거리가 멀다. 강압에 의한 복종은 진정한 복종이 아니며, 옭조임에 의한 순종은 진정한 순종이 아니다. 서로 자기 잘남만 내세우고 고집만 세우고 꺾이기 싫어하면 밤낮 부딪힐 일밖에 없다. 상극은 다름이 아니라 같음에서 비롯된다. 어쩌면 다름보다 같음이 더 위험하다.

사람을 쓰는 법

사람을 쓰는 것은 매우 중요하면서도 어려운 일이다. 사람을 쓰기에 앞서 몇 가지 고려하면 좋을 사항들을 정리해보면 다음과 같다.

- 재촉하지 말고 기다려주라. 안달이 나서 재촉한다고 내 사람이 되는 게 아니다.
- 강요하지 말고 선택권을 주라. 강요는 속박이며 구속이라서 만일 내 사람이 된다고 해도 마지못해 하는 시늉만 내기 쉽다.
- 재능(체질)을 보고 기회를 주어라. 상대의 체질(재능)이 어떤지를 살피고 상대에게 적합한 분야를 제시하고 스스로 선택하도록 한다.
- 껍데기에 치중하지 말고 속을 보라. 드러난 경력이 전부는 아니다. 외모나 드러난 경력만으로는 진위를 가려내기 어렵다. 드러나지 않은 소질과 능력이 더 중요하다. 감추어진 재능과 성향을 파악하라.
- 현재 모습보다 미래 가능성에 투자하라. 과거나 현재 모습 뒤에 감춰진 의지와 소신을 파악하라. 얼마나 많은 업적을 쌓았는가보다는 얼마나 진취적이고 미래 지향적이며 발전 가능성이 있는지에 주목하라.

사람을 잘 쓰고 좋은 사람을 만나려면 이런 점들을 고려하면 도움이 될 것이다.

사람을 제대로 쓰려면 겉으로 드러난 체질을 보고 판단하지 말고 아직 드러나지 않은 내면의 세계를 들여다볼 줄 알아야 한다. 체질은 겉으로 드러난 것보다 드러나지 않고 속에 감춰진 부분이 훨씬 많을 수도 있다. 겉모습에 치중하지 말고 감춰진 내면의 세계를 파악하는 데 공을 들여야 한다. 내면의 세계는 금방 잘 드러나지 않으므로 일단 선택했다면 인내심을 가지고 치켜보면서 기다림이 필요하다.

조직 관리

　회사나 공공기관, 더 나아가 단체 등 조직은 업무 성격에 따라 여러 분야로 나누어지는데, 이때 사람을 적재적소에 배치하는 인사는 조직을 운영하는 데 매우 중차대한 부분을 차지한다. 내가 아무리 능력이 뛰어난 경영주라고 해도 사람을 잘못 쓰면 엄청난 곤욕을 겪는다. 처음 들이기도 힘들지만, 적재적소에 사람을 배치하는 일도 어렵다. 인사가 만사라는 말처럼 한 국가를 운영하는 데도 조직 관리가 얼마나 중요한지 이미 여러 역사적인 사실을 통해 우리는 잘 알고 있다.

　인사를 정할 때 대개는 겉으로 드러난 경력과 능력의 정도에 따라 판단하지만, 경력과 학력·자격 등만 가지고는 쉽게 결정하기 어려운 점도 있다. 적임자라고 여기고 맡겼는데 막상 그 자리에서 능력을 발휘하지 못하거나 적성에 맞지 않아 겉돌기도 한다. 또한, 많은 사람은 본인의 적성보다는 일하기 쉽고 편한 자리를 추구하는 경향이 있어 조직 관리를 더욱 어렵게 만든다.

　심지어 조직 내에서 학력·지연·혈연 등이 인사 배치에 영향을 미치는 곳이라면 올바른 조직 운영을 기대하기는 어렵다. 자리에 어울리는 사람, 그 분야에 꼭 필요한 사람, 소질과 능력 모든 것이 가장 잘 맞아떨어지는 사람에게 그 일을 맡겨야 한다. 어떤 자리에 앉히기 전에 그 사람이 그 자리에 어울리며 적절한지에 대한 사전 점검이 필요하다. 체질이 맞지 않는 사람이 그 자리에 가게 되면 혼란이 생긴다. 업무 능률은 고사하고 적응조차 하지 못해 혼란에 빠진다. 부서 배치도 중요하지만, 상하 계급 관계도 중요하다. 적성과 체질이 맞지 않는 사람이 엉뚱한 자리에 앉아 있는 것도 문제고, 성품이나 성질이 모난 사람이 상위 직급에 있으면 그 조직은 원활하게 돌아가기 어렵다.

일이 힘든 게 아니라 사람이 힘들게 한다. 직장 내에서 일이 힘든 부서가 있고 조금 상대적으로 편한 부서가 있기 마련이다. 특히 공직에선 매번 발령 때마다 좋은 보직과 부서를 찾아가려고 애쓰지만, 막상 어느 부서든 공통으로 느끼는 건 일이 아니라 사람을 잘 만나야 한다는 것이다. 못된 상사나 동료와 좀처럼 어울리지 않는 불협화음이 일어나는 그런 사람과 한 공간에서 있다면 그건 지옥이나 마찬가지다. 일이 아무리 힘들어도 사람이 좋으면 어느 정도는 상쇄되어 힘든 줄 모른다. 하지만 일은 별로 없고 어려운 것도 없는데 동료나 상사 때문에 힘들다면 그보다 난처한 건 없다. 하루하루 출근하는 것 자체가 지옥이며 언제든 그곳을 탈출할 궁리만 하면서 하루하루 억지로 버틸 뿐이다.

직원 간에 충돌로 매일 사무실이 시끄럽고 난장판이며 분위기가 싸늘하고 조용하다가도 언젠가는 한꺼번에 폭발하여 조직이 공중 분해되기도 한다. 이 모든 것은 바로 체질(궁합)이 맞지 않는 상극의 사람들이 모여 있기 때문이다. 체질이 어울릴 수 없는 극과 극이 만나면 이렇듯 불상사가 일어날 수밖에 없다.

알다시피 적성·성격·성품·인격 등은 체질과 밀접한 관련이 있다. 체질은 그 사람의 모든 것을 나타내며, 심지어는 사고방식까지도 가늠케 한다. 일정 부분은 살면서 형성되기도 하지만 대부분은 타고나는 것이어서,

체질만 알아도 상당 부분 예측이 가능하다. 그러므로 조직에서 인사를 적재적소에 배치할 때 그 사람의 체질을 먼저 알아보는 건 매우 유용한 방편이다. 사람을 보지 말고 체질을 보면 실패 확률이 줄어든다. 이미 조직마다 인사 배치에 여러 방법이 동원되고 있기는 하지만, 체질에 대한 부분은 거의 다루지 않고 있다. 그런 면에서 이 책이 조금이나마 도움이 되기를 바란다.

제7장

사상체질과
건강 의학

사상체질의학

사상체질의학은 동무 이제마 선생이 한의학 체계를 재정립해 만든 순수 한의학의 일종으로, 체질을 장기의 크기에 따라 네 가지로 분류하여 약한 쪽을 보완하는 치료 원리를 제시하며 질병에 따른 치료법을 달리해야 한다고 주장하였다. 인간은 천부적으로 타고난 장부의 대소에 따라 체질이 결정되며 이에 따라 생리기능과 병리·약리에 이르기까지 원리가 달라지므로, 체질에 따른 식생활과 체질에 따른 질병 치료 처방도 달리해야 한다고 주장하였다. 사상체질론은 몸과 마음의 균형을 통해 인격을 완성하고 건강한 삶을 추구하는 동양철학의 정수요, 음양 사상의 귀결이다. 그는 정신과 육체를 분리하지 않고 하나로 묶어서 다루었으며, 이를 통해 철학과 의학은 서로 다른 분야가 아님을 간파했다. 사상체질론은 정신과 육체의 합일을 의학적으로 풀어낸 독특한 이론이며, 체질의학은 의학이기 이전에 철학이자 우주 원리다.

사상체질의학은 생리·병리·약리·처방·예방을 총망라한 종합의학으로, 세계에서 가장 종합적인 체질의학으로 평가받고 있어 예방·치료의학 분야에 탁월함을 보여주고 있다. 하지만 이러한 의학적 가치에도 불구하고 사상의학의 한계는 사상체질을 정확하게 진단해내기가 쉽지 않다는 것이다. 그동안 체질 진단을 객관화하기 위한 여러 가지 노력이 있었음에도 표준화된 기술은 여전히 나오지 않고 있다.

사상체질론은 이론은 잘 정립되어 있으나 문제는 체질을 가려내는 방법과 측정 도구가 잘 마련되어 있지 못해 분류법이 온전하지 못하다는 것이다. 이제마 선생도 가장 힘들어했던 부분이 체질 분류 방법이었다. 선행 연구도 없고 소수 제한된 사람들로 보편화된 분류법을 찾기에는 분명 한계가 있었을 것이다. 결국 사상의학의 한계는 그 이론 자체 문제보다는 그 이론을 증명해낼 체질 판별 객관성 방법(기술)의 부재로 인한 문제가 더 크다.

2006년에는 사상의학의 과학화를 위해 정부에서 10년간 매년 100억 원씩 총 1,000억 원을 지원하는 이제마 프로젝트를 출범하였는데, 2015년 이 프로젝트는 사상체질의 진단을 위한 진단 기계 개발과 진단 정확도 개선 등 성과를 냈다고 했으나 임상적 정확도가 있는 구분 기준은 마련하지 못한 상태이며, 사상체질론이 창시된 지 100년이 지난 오늘까지도 사상의학의 타당성을 입증할 만한 성과를 내지 못했다.

체질 진단을 어렵게 하는 요인은 접근 방법에서 찾을 수 있겠으나 보다 근본적인 문제는 선천적인 특성을 가지고 태어난다고 해도 그 특성들이 곧바로 한꺼번에 발현되는 것이 아니라 주변 환경과 시간의 흐름에 따라 서서히 나타나는 복합적 양상을 띠기 때문이다. 다시 말해 체질을 진단하는 어떤 방법이나 도구를 개발한다고 해도 측정 결과는 같은 사람이라도 그때그때 조금씩 다를 수 있기 때문에 표준화된 자료를 얻기가 쉽지 않다는 것이다. 인간 게놈에서도 유전자는 불변이라고 하더라도 그 유전자가 발현되는 시기는 시간의 흐름에 따라 조금씩 달라서 한 시기를 두고 전부를 평가, 진단할 순 없는 노릇이다.

체질 진단에서 가장 확실한 방법은 유전자 정보 분석을 통해 각 유전자가 지닌 특성들을 모두 알아내어 항목별로 정보를 세분화하는 것이다. 기술적으로는 불가능하지 않으나 그 작업에는 많은 시간과 비용이 들어간다. 누군가의 노력과 자금 투자가 뒷받침되어야 한다. 현재 각 나라별로 유전자 정보를 이용한 각종 분야에서 연구와 기술 개발을 활발히 펼치고 있으니 머지않은 장래에는 분명히 유의미한 결과가 나오리라 기대한다. 그런 기반이 조성되지 않은 현재로선 막연하기는 해도 사상체질의학에 기대지 않을 수 없다. 무조건 비과학적이고 증명되지 않은 분야라고 터부시하고 멀리할 일은 아니다.

이런 면에서 사상체질의학은 대체의학으로서 최근 핵심 화두인 맞춤의학의 한 자리를 차지하고 있음은 분명하다. 만일 중국이나 다른 나라에서 사상체질을 기반으로 발전된 과학 의술을 먼저 개발한다면 그때 우리는 땅을 치고 후회할지도 모른다. 이제마 선생이 그 뼈대를 세웠다면 후손인 우리는 그것에 살과 근육을 붙여 더욱 발전시켜나가야 한다. 이미 맞춤의학의 시대는 성큼 다가와 있으며, 우리 앞에 혁신적인 결과들을 앞다투어 내놓고 있다.

가장 기초적인 지식이라도 널리 보급하고 확산시키는 일이 필요하다. 사상체질의학의 기초 지식만 해도 우리 실생활에 응용되는 면이 크다. 이를 적극 활용하여 실생활에 적용, 발전시켜나간다면 짧은 시간에도 유의미한 성과와 과학적인 자료들을 추출할 수 있을 것이다.

사상의학은 체질뿐만 아니라 의식주와 교육 등 인문 사회학에 한국 고유의 특성을 살려 전반적인 영향을 끼칠 수 있고, 더 나아가 국가전략 산업으로 육성해나갈 수도 있는 매우 확대된 잠재 기능성을 지니고 있다.

인체의 신비

인체를 이루는 가장 작은 단위인 세포 개수는 남성이 약 36조 개, 여성은 28조 개, 10살 어린이가 17조 개 정도다. 세포 크기는 가장 작은 적혈구가 지름 7~8㎛이고, 가장 큰 골격근 세포가 지름 100㎛, 길이는 약 2~3㎝로 적혈구 세포와는 약 100만 배 차이가 난다.

인체 면역 기능을 담당하는 림프구(백혈구)가 약 2조 개, 모발 수는 8만~12만 개, 뼈가 270여 개, 근육이 640~850여 개, 신호와 정보를 전달하는 인자인 호르몬이 약 100여 가지, 장기가 10개, 혈액을 운반하는 혈관 길이는 약 10만㎞이며, 혈액량은 약 5ℓ가량이고, 혈액은 1분마다 몸을 한 바퀴를 돈다.

뇌는 1,000억 개의 신경세포로 되어 있고, 약 100조 개의 신경회로를 갖고 있다. 피부는 4~5주마다 새 피부로 바뀌며, 평생 1,000번 정도 새로 갈아입으며, 버린 피부의 무게는 약 40~50㎏ 정도다.

하루 쉬는 호흡은 약 1만 번, 하루에 들이마시는 공기량은 약 8,000ℓ가량이고, 심장은 하루 10만 번 박동하며, 음식은 평생 약 50톤가량 먹어 치운다.

몸을 이루는 성분은 물이 60%, 나머지 40%는 탄소 50%, 산소 20%, 수소 10%, 질소 8.5%, 칼슘 4%, 인 2.5%, 칼륨 1%, 그 밖에 황·나트륨·염소·마그네슘·철·망간·불소·규소 등으로 이루어진다. 이를 금액으로 따진다면 총 재료비는 채 2만 원어치도 안 된다.

  인체는 알수록 신비하고 정확한 측량이 안 될 정도로 복잡하고 엄청나다. 생명은 우연이나 저절로 생겨난 것이 아니라 고도의 정밀함과 질서정연한 과정을 거쳐 생성되었으며 구조 또한 복잡 미묘하며 기능 면에서도 상상을 초월하는 신비스러운 존재다. 이토록 엄청난 인체 신비는 누구나 똑같이 타고나는 것이며 사람마다 별 차이는 없다. 한 사람도 하찮거나 열등한 존재란 없다. 사람은 태어나면서부터 누구나 존귀하고 고유한 권리가 있다. 누구도 함부로 침해할 수 없으며 침해해서도 안 된다. 타고난 고유한 특성은 누구나 존중받아야 하며 존중되어야 한다. 피부색이나 학습 정도나 나라 경제력 등으로 구분 또는 차별해서는 안 된다. 국가든 개인이든 생명과 관련한 어떠한 부당한 대우를 해서는 안 된다. 서로 존중하고 각자 권리와 영역을 인정할 때 우리는 평온한 삶을 영위할 수 있다. 이해와 인정은 삶에 있어 기본 핵심이다.

뇌

인간 성인 뇌 무게는 약 1,400~1,600g 정도이며, 약 1,000억 개 정도 뉴런(신경세포)을 가지고 있으며, 이 신경세포는 최대 1만 개의 연결부(시냅스)를 가지고 있다. 쉽게 말하자면 뇌는 약 100조 개의 운영 체계를 지니고 있다는 뜻이다. 그만큼 뇌는 복잡하다. 뇌 전달 신호는 뉴런이라는 신경세포를 통해 전달, 처리된다. 뇌 신경은 뇌에서 나와 신체 각 부분을 연결해주는 말초신경으로 12쌍이 존재하며 그 기능에 따라 고유 이름을 가지고 있다. 뇌는 움직임·행동·신체 향상성을 관장하고, 심장·혈압·혈액·농도·체온 등을 일정하게 유지하며 인지·감정·기억·학습 등을 담당하는 신체 중추 기관이다.

하지만 현재까지도 뇌 활동이 어떻게 감정들을 만들어내는지 알아내지 못했다. 뉴런의 움직임에 의해 수많은 정보가 처리되지만 수억 개의 뉴런이 어떻게 움직여서 어떤 신호에 따라 어떤 반응이 일어나는지 자세하게는 모른다는 얘기다. 눈 깜짝할 사이에 일어나는 미묘하고도 복잡한 일들을 일일이 분석해낸다는 건 결코 쉬운 일이 아니다. 신체 구조 가운데 뇌가 가장 복잡하며, 아무리 과학이 발달해도 어쩌면 영원히 그 운영 원리를 알아내지 못할 분야가 바로 뇌라고 해도 과언이 아니다. 조물주는 인간이 뇌 영역만큼은 절대로 접근하지 못하도록 복잡하게 설계해놓았다. 그런데도 인간의 무모한 도전은 이 시간에도 계속되고 있다.

영국 가디언지의 자매지인 옵서버에 뇌와 관련된 재미있는 기사가 소개되었는데, 2050년이면 인간의 의식을 슈퍼컴퓨터로 내려받아 저장할 수 있으며, 2075~2080년까지는 이 기술이 널리 보급돼 누구나 자신이 마음에 드는 육체를 선택한 다음 의식을 옮겨가면서 영원히 살 수 있다는 것이다. 만일 그렇게 된다면 인간은 육체는 죽으나 기억과 혼은 죽지 않고 영생하는 길이 열리게 되는 것이다. 상상은 자유이나 과연 그렇게 될지는 의문이다.

한편, 스위스 로잔공대 연구진은 슈퍼컴퓨터를 이용하여 인공 뇌를 만드는 기술을 추진하고 있는데, 작은 생쥐의 뇌 크기 정도는 가능하다고 하며 현재까지 어느 정도 완성 단계에 들어간 걸로 보인다. 이 연구를 거쳐 더 지능형 뇌를 가공하기 위해 연구를 계속하고 있으며, 만약 인간의 뇌와 비슷한 정도의 뇌를 만들어 로봇에 적용한다면 어떤 세계가 펼쳐질지 기대와 우려가 섞인다. 그리고 이런 연구가 과연 인류에 어떤 도움을 줄지는 실제로 닥쳐보지 않고는 아무도 모를 일이다.

뇌가 움직이려면 포도당과 산소가 필요한데, 심장으로부터 압출되는 혈액의 15%, 산소 20%, 몸의 전체 포도당 50% 정도를 소비한다. 뇌 신경세포는 한번 죽으면 다시 재생되지 않으며 매일 5만 개 신경세포가 죽어가며, 평생 태어날 때의 약 10%가 죽는다. 하지만 최근 연구에 의하면, 일정 수준의 유산소운동은 해마 부분의 뇌세포 재생을 촉진할 수 있다는 가설이 설득력을 얻고 있다.

복잡한 뇌 구조에 비해 뇌는 상대적으로 그다지 똑똑하지는 않다는 연구 결과도 많다. 실제로 뇌는 언어와 현실을 잘 구분하지 못한다. 거짓말로 칭찬해도 뇌에서 일어나는 반응은 진짜로 칭찬할 때와 거의 같은 부위가 활성화된다는 것이다. 감각도 마찬가지다. 영화를 보았을 뿐인데도 자신이 마치 그 영화 속 주인공이라도 된 것 같은 착각을 일으킨다거나, 실제로 겪지 않았음에도 마치 자신이 실제로 겪은 것처럼 동시 감정을 느낀다는 것이다.

인간은 학습을 통해 뇌를 바꿀 수 있다. 평생에 걸친 뇌의 형성은 긍정적인 요인(외국어 공부, 예술, 운동, 건강한 식습관, 유대감, 공동체, 가족, 봉사, 노래, 춤추기, 울기 등)과 부정적인 요인(TV 시청, 비디오 게임, 온라인 검색, 스트레스, 실업, 수면 부족, 과식, 게으름, 고립, 질병, 우울증, 치매 등)의 작용에 따라 완전히 달라진다. 어처구니없지만 과학 문명이 발달할수록 어쩌면 인간의 뇌는 점점 더 멍청하고 위험한 상태로 발달해가는지도 모른다.

우리의 뇌는 이성적이기보다는 본능적이고 감성이 앞선다. 내가 하는 생각, 사고방식, 습관, 취향 등 모든 부분은 나의 선택으로 이루어진 것이 아니다. 인간을 이루는 대부분의 특질은 외부 환경에 의해 만들어진다. 인간은 환경의 노예다. 뇌는 아무런 절차 없이 외부 환경을 있는 그대로 받아들인다. 뇌는 일종의 프로그래밍이다. 외부 환경으로부터 읽히고 배운 코드를 그대로 수행한다. 옳고 그름을 판단하지 않는다. 따라서 우리는 자신의 뇌에 우리가 원하는 방향의 코드를 집어넣어야 한다. 뇌를 내가 바라는 대로 움직이게 하려면 그렇게 움직이는 길을 만들어야 한다. 좋은 정보를 받아들이고, 아름다운 음악, 좋은 글귀, 좋은 사람들과 만나는 것 등 모든 행위가 뇌의 방향을 결정한다.

사람의 체질 가운데 뇌가 차지하는 비중은 매우 높다. 사람의 몸은 뇌의 지시에 따라 움직이기 때문에 뇌를 어떻게 활용하느냐에 따라 신체 기능도 다르게 활용할 수 있다. 몸이 먼저 움직이는 게 아니라 뇌가 먼저 움직여야 몸이 움직이는 것이다. 뇌는 신경세포를 통해 작동하는데, 뇌의 기능이 정지하면 신체 기능도 따라서 정지한다. 뇌가 죽으면 몸은 죽은 거나 마찬가지다.

태어날 때부터 지닌 좋은 특성들을 끄집어내려면 먼저 뇌를 움직이게 해야 한다. 우리의 모든 활동은 뇌를 활성화하는 것에 비중을 둬야 한다. 어리석음과 지혜로움의 차이가 바로 여기에 있다. 그리고 뇌가 어느 방향으로 움직이게 만드느냐는 선택은 나에게 달려 있다는 것을 잊지 말아야 한다.

건강염려증

　건강보조식품 시장이 크게 활성화되는 시대다. TV를 켜면 각종 건강보조식품을 홍보하는 장면이 자주 나온다. 사실 일반인은 뭐가 뭔지도 모르고 선전 문구에 현혹되어 마구잡이로 사게 되는데 막상 섭취해보니 아무런 변화도 없고 효과도 나타나지 않는 경우가 많아 실망한다. 그 이유는 무엇일까? 과대 선전도 일부는 있겠지만, 굳이 먹지 않아도 되는 것을 먹어서 도움이 되지 않는 경우다. 건강한 사람에게 약이 필요 없듯이 굳이 보조식품을 먹지 않아도 될 만큼 건강한데 보조식품을 먹는다면 무슨 소용이 있겠는가?

　무분별한 건강식품 남용은 오히려 독이 될 수도 있다. 내 체질에 꼭 맞고 필요한 것만 챙기는 게 좋다. 좋다고 다 좋은 게 아니다. 노화도 사람마다 각자 다르게 나타난다. 체질마다 강하고 약한 부분이 서로 다르다. 체질에 맞추어 건강을 챙기는 것이 가장 중요하다. 보조식품도 본인 체질을 알고 체질에 맞고 부족한 부분을 보완하는 선에서 챙겨야 한다. 보조식품도 천차만별이다. 무엇이 어디에 좋다고 무조건 남을 따라가서는 안 된다. 좋다는 것을 쫓지 말고 내 몸에 맞는 것이 무엇인지를 먼저 아는 것이 중요하다.

　건강을 지키려면 자신의 체질을 먼저 알아야 한다. 체질을 알고 내 몸의 어느 것이 강한지 어느 것이 약한지를 알아야 한다. 어떻게든 자신을 아는 일이 먼저다. 체질을 아는 것은 한 번으로 족하지 않다. 신체가 변하듯 나이를 먹고 세월이 흐름에 따라 처음과는 다른 특질들이 나타날 수 있으므로 수시로 확인하고 점검하여 현재 상태를 올바로 진단하는 것이 필요하다. 그때그때 내 몸 상태를 올바로 알면 그에 따른 처방과 대처를 잘할 수 있다. 막연한 건강염려증은 불안만 키우고 올바른 대처를 흐려 놓는다. 자주 점검하고 확인하고 내 몸의 현재 상태를 아는 것이야말로 건강하고 행복한 삶을 사는 방편이다.

면역력 증진

신체 면역력은 건강 유지에 매우 중요한 요소 가운데 하나이다. 평상시 우리 신체 면역 기능은 이상 없이 잘 돌아가지만, 생활 습관이나 환경의 변화에 따라 그 기능이 저하되기도 하는데, 신체 면역 기능이 떨어지면 그만큼 각종 질병이 생길 확률이 높아진다.

면역력을 유지하는 방법은 음식·운동·활동 등 여러 가지가 있겠으나, 일반적으로 체온 36.5℃를 기준으로 1℃가 낮아지면 면역력은 30%, 기초대사력은 12%가 떨어지는 반면에 1℃가 올라가면 면역력이 50%가 증가한다고 알려져 있다.

일본의 암 치료 전문의 요시미즈 노부히로 박사의 주장에 따르면, 암세포가 가장 생존하기 좋은 온도가 35℃이며, 암 환자 대부분이 35℃대의 체온 상태라고 한다.

체온 유지가 면역력과 밀접한 관계가 있어 보이는 건 어느 정도 일리가 있어 보인다. 그렇다고 체온 향상이 반드시 신체 수명을 연장해준다는 증거는 없다. 실제로 체온을 1℃ 높이려면 대사량은 10~12.5%가량 늘어나야 하고, 대사량이 늘어나면 그만큼 유해 물질도 더 생성되므로 세포가 손상되는 노화 현상이 촉진되어 오히려 수명이 단축될 수도 있다. 반대로 체온이 낮아지면 기초대사량이 낮아지므로 노화가 더디게 진행되어 수명이 더 연장될 수도 있다고 한다. 하지만 이 또한 가능성에 불과한 이론일 뿐 실제로 증명된 바는 없다.

　어쨌거나 의학자든 건강학자든 면역력을 높이는 것이 건강 유지에 있어 중요한 요소임에는 분명하다고 이구동성으로 말하며, 의학적으로 특히 한방에서는 대부분 질병에 뜸이나 찜질과 같이 체온을 높이는 방법을 동원하여 치료에 활용하는 것만 보더라도 면역력과 체온은 분명 밀접한 관련이 있는 것은 분명하다.

　체온은 혈액순환과 관련이 있는데, 체온이 올라가면 혈액순환이 활발해지고 신진대사도 활발하게 일어난다. 반대로 체온이 내려가면 혈액순환이 느려지고 신진대사가 떨어지며 소화불량이나 근육수축 등으로 무기력해지므로 건강에는 분명 악영향을 끼치는 건 사실이다.

　저체온증은 주요 사망 원인 중에 하나다. 감기와 같은 가벼운 질병은 급격한 체온 저하로 인해 걸리는 경우가 많다. 특히 고령자일수록 체온 관리에 소홀해 급격하게 면역력이 떨어져 갑자기 사망하는 경우가 많다.

　그렇다고 해서 무조건 체온을 높이면 다 좋은 것일까? 체온이 너무 높이 올라가면 오히려 건강을 해치게 되므로 주의해야 한다. 저체온증만큼이나 고체온증(일사병, 열사병)도 위험하기는 마찬가지다. 그리고 실제로 체온을 높이는 건 그리 간단한 문제가 아니다. 왜냐하면 우리 신체에는 체온을 조절하는 체온조절중추가 있어 체온이 정상 범위를 벗어나는 것을 방치하지 않고 곧바로 되돌리는 역할을 하기 때문이다.

　한편, 사람마다 체질에 따라 체감하는 온도가 다르게 느껴질 수 있다. 양 체질은 음 체질에 비해 조금만 움직이거나 매운 음식을 먹으면 땀이 나고 높은 기온을 견디지 못하는 반면, 음 체질은 여름에도 더운물로 몸을 씻고, 찬 음식보다는 뜨거운 음식을 좋아하며 추운 것을 싫어한다. 따라서 체온은 무조건 높이는 게 중요한 게 아니라, 잘 조절하는 것이 더 중요하다고 본다. 쉽게 체온이 올라갈 수 있는 양 체질은 평상시 적당히 체온을 낮추는 노력을 해야 하고, 음 체질은 평상시 적당히 체온을 높이는 습관을 들여야 할 것이다. 음과 양은 체온에서도 서로 잘 조화를 이루어야 한다.

음 체질의 사람은 양 체질의 사람에 비해 밖으로 표현을 잘하지 못하고, 양 체질의 사람은 기온에 민감하여 조금만 더워도 덥다고 표현하므로 음 체질의 사람이 양 체질에 밀려 손해를 볼 확률이 높다. 물론 체온조절은 각자 스스로가 신경을 써야겠지만, 서로 체질이 다른 사람끼리 함께 어울려 살아가려면 먼저 서로 다름을 이해하고 인정하면서 서로가 배려와 양보로 한쪽에 치우침이 없이 상호 보완해나가는 게 매우 중요하다. 덥다고 온종일 냉방기를 튼다거나 춥다고 온풍기 온도를 너무 높이면 다른 사람에게 피해를 줄 수 있다. 체질이 달라서 서로 마음 상하게 하는 상황은 허다하다.

운동

건강 관리에서 운동이 중요하다는 사실을 모르는 사람은 없다. 하지만 알면서도 실천하지 못하는 이유는 뭘까? 운동이 좋은 건 맞지만 무슨 운동을 어떻게 해야 할지 생각해보면 쉽지 않다. 어떤 운동이 좋다고 해도 나에게 맞지 않으면 못 한다. 등산, 달리기, 자전거 타기, 걷기, 그 밖에 어떤 스포츠든 다 좋지만 문제는 나와 맞는 것을 찾는 게 핵심이다. 아무리 좋은 것이라도 내가 하기 싫고 못 하는 것을 억지로 할 수는 없다. 사람마다 신체 특징과 발달 정도가 다르고 체질도 다르며 성격이나 기호 등 모든 것이 다른데 한 가지만 고집할 수는 없는 노릇이다.

어떤 운동을 선택하기에 앞서 먼저 우리는 운동의 정의에 대해 한 번쯤은 생각해볼 필요가 있다. 운동이란 쉽게 말하면 몸을 움직이는 것이다. 가만히 있는 몸을 움직이기만 해도 운동이다. 그렇다. 어쩌면 우리는 몸을 많이 움직이지 않기 때문에 운동을 강요받는지도 모른다.

사실 우리의 일상을 보면, 하루 24시간 중에 얼마나 우리의 몸을 움직이는지 살펴보면 충격적이게도 그다지 많이 움직이지 않고 있다는 것을 발견하게 된다. 어쩌면 몸을 움직이는 시간보다 가만히 있는 시간이 훨씬 더 많다.

몸을 장시간 움직이지 않게 되면 근육이 경직되고 신체 기능들이 활동하지 않아 정체될 수밖에 없다. 움직이지 않기 때문에 건강도 나빠진다.

운동은 움직임이다. 움직임이 곧 운동이다. 운동 종목은 몸을 움직이기 위한 일련의 수단일 뿐이다. 무슨 활동이든 몸을 움직이는 게 중요하다. 자신에게 맞는 운동 방식으로 몸을 움직이면 된다. 자주 몸풀기에 근육 운동을 곁들이는 것만으로도 충분하다. 과한 운동은 노동이 될 수 있고, 지나치면 오히려 건강을 해친다.

운동도 스트레스를 받아가면서까지 굳이 할 필요는 없다. 언제든지 몸을 움직일 수만 있으면 어떤 식으로든 움직이면 된다. 운동을 운동이라 여기지 말고 그냥 몸을 자주 움직이는 것에 비중을 두고 하면 된다. 종목을 선택할 때도 다른 사람이 좋다고 해서 무조건 따라 하지 말고 자신에게 맞는 운동이 무엇인지, 내가 하고 싶은 종목은 무엇인지 고민해보고 선택하면 된다. 무리하거나 형식에 치우치거나 누구에게 보여주려 하지 말고 즐겁고 지루하지 않으며 하다가 지쳐 그만두지 않는 게 중요하다.

프로이트 정신분석학

정신분석학자 프로이트는 인간 행동과 성격을 이해하는 핵심 요소로 의식과 무의식의 세계가 있다고 주장하였다. 의식은 이미 밖으로 표출된 것이지만 무의식은 표출되지 않은 상태에서의 온갖 생각과 정보들을 말하는데 이들은 의식 영역 밖에 있다가 어느 순간 돌발적으로 튀어나와 자신은 물론 다른 사람을 당황케 만들기도 한다.

무의식의 세계를 의식의 세계로 끌어내어 조절할 수만 있다면 아무런 문제가 없겠지만 프로이트는 그런 가능성을 회의적으로 보았다.

무의식은 충동과 감정에 따라 제멋대로 움직이는 이드(id: 정체불명의 그것)와 도덕적, 사회적 질서가 내면화된 초자아(superego)로 나뉘는데 이 둘은 서로 대립 관계에 있어 그 공간에서 조절 기능을 가진 것이 자아(의식)이며 이것이 바로 의식 영역에 있는 것이다.

자아(의식)는 초자아나 이드에 비하면 매우 좁은 영역이지만, 무의식의 영역에 관여할 수 있는 능력이 있다고 본다. 만일 이 능력이 전혀 작동하지 않는다면 그는 정신 분열을 일으켜 통제 불능의 상태에 빠지거나 자신이 전혀 원치 않는 삶을 살게 될지도 모른다.

프로이트 정신분석학은 획기적이기는 하나 자신도 모르는 자신이 있다는 주장으로 다소 회의적이기도 하며, '나'로부터 출발하는 철학의 기반을 깡그리 무력화시키기도 한다. 단순히 정신세계를 분석하는 것만으로는 문제 해결에 이르기는 쉽지 않다.

어디서부터 무엇이 잘못되었는지 알아내는 것도 중요하지만, 이미 엎질러진 물은 도로 담진 못한다. 그리고 나 자신도 알 수 없고 전혀 통제 및 조절도 할 수 없는 영역이 줄곧 나를 괴롭힌다면 온전한 삶을 살아갈 사람이 몇이나 되겠는가?

사상체질을 연구하는 목적은 나를 알고자 파고드는 데서부터 출발한다. 프로이트가 말한 자아, 곧 의식의 영역을 이해하고 할 수만 있다면 그 영역을 확장해나가려는 것이다. 내가 할 수 없다면 주위 사람들이 가진 의식의 영역을 빌려서라도 보완하고 조절해나가려는 것이다. 될 대로 되라고 내가 나를 방치하는 것만큼 위험하고 무책임한 건 없다. 생긴 대로 산다고 하지만 반드시 그래서는 안 된다. 장점은 살리되 단점은 다른 것으로 보완하고 다스려 균형을 이루는 것이 중요하다.

통제 불가능한 영역(무의식)이라고 하여 접근조차 거부해서는 안 된다. 다른 세계(체질)로 나아가려는 시도를 멈추어서는 안 된다. 프로이트가 의식과 무의식의 사이에 잠재의식이 있다고 한 것처럼, 우리 내면에도 타고 났든지 아니면 경험과 지식에 의한 것이든지 분명 다른 성향도 부수적으로 얼마든지 가질 수 있다. 나를 단순한 현재의 나로만 여기는 것만큼 어리석은 생각은 없다. 사람이나 동물이나 식물도 마찬가지로 어떤 상황에서든 타고난 능력보다 훨씬 월등한 초능력을 발휘하기도 하는 법이다.

자기 능력을 과소평가하지 마라. 나는 안 된다는 생각을 버려라. 나는 왜 이 모양 이 꼴로 생겨났는가 신세 한탄하지 마라. 내 안에 숨겨진 나를 찾기 위해 애써보라. 무엇이든 해보고 경험해보기를 주저하지 마라. 나도 모르는 나는 내 안에 얼마든지 숨어 있다. 세상은 넓고 할 일은 많다. 내

안의 나에 갇혀서 자신이 스스로 쳐놓은 울타리 밖으로 한 발자국도 나가지 않으려는 생각에서 벗어나야 한다. 울타리는 다른 사람이 칠 수도 있지만 궁극적으로는 자기 스스로 만드는 것이다. 울타리 밖으로 나가기 위해 누군가의 도움이 필요하다면 구하라. 그것이 친구든 부모든 형제든 선배든 나아가 신이라도 상관없다. 도움을 구하고 그들에게 손을 내밀어 보라. 사람만 잘 만나도 팔자를 고친다고 하지 않는가.

울타리 안에 갇히지 마라. 체질은 울타리가 아니다. 울타리 안의 세계도 평생 돌아다녀도 다 알지 못할 만큼 넓다. 한계에 갇히지 말고 아직 알지 못한 나를 찾기 위한 여정을 죽을 때까지 멈추어서는 안 된다.

게놈

한 생물이 지니는 DNA 염기서열 전체를 게놈이라고 한다. 게놈(genome)은 유전자(gene)와 염색체(chromosome)를 합쳐 만든 말로, 염색체에 담긴 유전자를 총칭하며, DNA는 염기서열의 형태로 유전정보를 담고 있다.

모든 생물의 세포에는 핵이 있고 핵 속에는 일정한 수의 염색체가 있으며, 염색체 안에는 유전정보를 가진 DNA(핵산)가 있다. 염색체는 실같이 생긴 물질이 촘촘하게 뭉쳐 타래를 이루고 있는데 5마이크로미터 크기의 세포핵 안에 있는 DNA는 그 전체 길이가 약 2m나 된다.

DNA 구조는 나선형으로 꼬여 있는 사다리 모양인데, 이 사다리의 난간은 디옥시리보오스라는 당과 인산으로 구성되어 있고, 사다리 계단 하나하나는 2개의 염기가 결합한 염기쌍으로 이루어져 있는데, 염기는 A(아데닌), C(시토신), G(구아닌), T(티민)의 4종류이며, 이 4가지 염기 배열 순서에 따라 만들어진 DNA에 유전정보가 들어 있다.

사람 세포의 핵에는 23쌍의 염색체가 들어 있다. 인간의 게놈은 약 30억 개 염기쌍으로 이루어졌다. 염기쌍을 한 개의 문자라고 한다면, A4용지 1장당 문자 1,000개를 채운다고 가정했을 때 A4용지가 길이 300m가량(높이 10m가량)으로, 이 정보를 모두 알아내기까지 약 13년(1990~2003)이 걸렸으며 비용도 약 3조 5,000억 원가량이 투입됐다. 게놈이 해독되었다고 모든 유전자의 위치와 기능이 다 밝혀진 것은 아니다. 참고로 생쥐는 염기쌍이 33억 개이고, 메뚜기의 염기쌍은 50억 개다. 꽃을 피우는 식물의 경우는 대개 염기쌍이 1,000억 개가 넘는다.

인간 게놈 전부가 유전정보를 갖는 건 아니다. DNA의 염기 배열 전체에서 유전정보가 위치한 부위가 따로 있는데, 이 부위를 유전자라고 한다. 30억 개의 전체 염기 배열 중에서 실제 유전자가 차지하는 비율은 약 2%(20,000~25,000개)에 불과하며, 개인별 유전자의 차이는 겨우 0.1~0.4%일 뿐이지만 이 차이 때문에 사람마다 얼굴 생김새나 체격 등에서 다른 특징을 갖는다.

유전자 분석을 통해 얼굴 생김새, 체격, 머리카락 색깔과 굵기, 성격, 운동 능력, 지능 등과 관련된 유전자는 어떤 것인지를 밝혀내는 것은 물론, 일부 질병이 발생할 가능성을 예측할 수 있고, 치료와 맞춤형 의약품 개발도 가능하다.

다른 한편으로는 체질을 가장 정확하게 알아내는 방법이 유전자 분석이다. 하지만 유전자를 분석한다 해도 그 유전자에 담긴 정보가 언제 어떻게 발현될지 정확히는 모른다. 대충 윤곽만 알 수 있을 뿐이다. 설계도는 설계도일 뿐, 실제 모습과 똑같지는 않으며, 설사 사진을 찍는다 하더라도 왜곡 현상은 있기 마련이다. 유전자에 담긴 정보가 발현되기까지 여러 조건과 시간이 맞아야 하듯이 체질도 언제 어떻게 발현될지는 시간이 흘러봐야 안다.

유전자

 유전자는 유전 형질을 나타내는 원인이 되는 인자로, 유전정보의 기본 단위를 말한다. 지구상의 모든 생물은 유전자를 지니고 있으며 생식을 통해 자손에게 유전되는데, 인체 세포의 모든 생명 현상과 생로병사는 유전정보에 의해 결정된다. 리처드 도킨스는 그의 저서 『이기적 유전자』에서 '인간은 이기적 유전자의 복제 욕구를 수행하는 생존 기계'라고 정의했다. 인간은 유전자의 꼭두각시이며 유전자에 따라 프로그램된 대로 먹고살고 사랑하며 자기 유전자를 후대에 전달하는 임무를 수행하는 존재라는 것이다.

 다세포 동물인 인간에겐 세포들 사이의 관계를 형성하고 조절하는 데 많은 유전자가 필요하다. 한 가지 기능을 수행하는 데에도 여러 개의 유전자가 존재하고(중복성), 한 유전자가 여러 기능을 수행하기도 한다(다양성). 한 유전자가 이상이 생기면 그 기능을 다른 유전자가 떠맡게 된다.

 유전은 겉으로 드러난 형질뿐 아니라 생명체의 행동에도 직접적인 영향을 미친다. 모든 사람은 얼굴 생김새, 체력, 성격, 지능 등에서 조금씩 다른 특징들을 갖고 있다. 이러한 특징을 구분하는 요소가 바로 생체 설계도인 게놈이다. 그래서 과학자들은 그 게놈 지도를 연구하여 어떤 요인이 질병이나 다른 상황들을 결정짓는 요소인지를 밝혀내어 그 요소를 인위적으로 변형시키거나 개선함으로써 나쁜 결과를 만들어내는 원천 요소를 바꾸려는 시도를 계속하고 있다. 모든 생명체는 게놈을 가진다. 사람의 유전자는 약 20,000~25,000여 개이며, 약 30억 쌍의 염기대로 DNA에 기록되어 있다.

인간 DNA의 염기 배열 가운데 실제 유전자가 차지하는 비율은 약 2%에 불과하다. 그리고 놀라운 사실은 모든 인간의 게놈은 거의 같은데 그중 0.1~0.4% 정도의 매우 근소한 차이만 있을 뿐이다. 이 사소한 차이가 개인의 특성을 결정짓는다. 사상체질론은 어쩌면 유전정보와 상호 밀접한 관련이 있다. 개인별 차이인 0.1~0.4% 안에는 바로 체질을 구분하는 범위도 당연히 포함된다.

따라서 어떤 유전자가 어떤 특징을 구현하는지에 관한 연구가 끊임없이 이어지고 있으며, 유전자 분석을 통해 성격이나 재능을 찾아낼 뿐 아니라 질병 발생 가능성이라든지 약물 부작용이나 신체 특징까지도 샅샅이 밝혀낼 수 있을 전망이다.

유전이 주원인인 결장암, 유방암, 헌팅턴병 등은 유전자 검사를 통해 발병 유전자를 확인할 수 있게 되었다. 앞으로는 유전자 검사를 통해 더 많은 질병에 대해 요긴한 정보를 얻을 수 있고 그 정보들로 질병을 미리 예방하거나 유전자 특성에 따른 맞춤형 의약품 개발도 가능해질 전망이다.

하지만 유전자 연구가 장밋빛 미래만 가져다줄 것이란 기대만큼이나 우려도 크다. 질병 치료를 넘어서 태아 단계에서부터 유전자 조작을 통해 규격화된 인간을 대량으로 만들어낼 수 있는 우생학이 권력과 손을 잡으면 정말 무서운 일이 벌어질지도 모른다.

유전자가 한 인간의 운명을 결정한다는 유전자 결정론도 우려스럽기는 마찬가지다. 유전자 조작은 우성학으로 직결된다. 인간의 지식이 신의 영역마저 침해하는 세상은 과연 올바른 세상일까? 복제 기술과 유전자 조작으로 병들지도 늙지도 않으며 2m의 키에 건장한 체격을 가진 사람들만 사는 세상은 과연 행복할까?

어쨌든 유전자학이 인류 생명에 큰 도움을 준 것은 사실이다. 유전자는 단순히 건강 이외에도 유전정보에 따른 여러 특성까지도 예측할 수 있다. 유전자학이 복잡한 생명 특성에 관한 과학적 연구물이라면, 체질론은 과학적이지는 않아도 인간이 지닌 특성을 보다 단순하고 쉽게 구분해내는 데 유용한 방안의 하나 임이 분명하다. 게다가 유전자 정보와 체질론을 접목하면 보다 발전된 생명공학의 시대를 열 수 있다. 미리 확보된 유전정보를 가지고 시간의 흐름에 따른 변화 상태를 수시로 확인하면서 이상 요인 감지 시 예방 활동을 통해 보강하여 악화를 막을 수 있다.

인간 게놈은 원칙 불변이라는 성질이 있어, 인간은 생명 탄생 시에 이미 장래에 생길 질병과 행동 양식 등이 결정되어 있다고 여겼다. 하지만 우생유전학에 따르면 수정 순간부터 계속 변화하는 동적인 성질을 갖는다. 즉, 게놈이라는 생물의 유전정보에 외부 환경의 영향과 시간의 경과에 따라 계속 변하는 존재로 탄생 시 대략적인 틀은 결정되지만 상세한 부분은 미확정이며, 다양한 가능성을 가진 존재로 여긴다.

유전자는 날 때부터 정해지지만, 그 발현 시기와 형태는 예측할 수 없으며, 모든 유전자를 다 분석하여 그 정보를 알아내는 것도 이론으로는 가능해도 실제로는 매우 어렵다. 같은 부모로부터 태어난 자녀도 머리카락 모양부터 생김새가 다 다른 건 유전자는 하나로 고정된 것이 아니라는 걸 증명한다.

체질도 마찬가지다. 체질은 타고나는 것이지만 고정되거나 일정한 법칙

대로 움직이는 게 아니며, 상황과 환경에 따라 발현 정도의 차이가 있어 한마디로 정의하기가 쉽지 않다.

후성 유전학

후생 유전학이라고도 불리는 후성 유전학은 DNA 염기서열이 변화하지 않은 상태에서 이루어지는 유전자 발현 조절을 연구하는 유전학의 하위 학문으로, 그동안 DNA만이 유전정보의 주체이며 유전정보를 후세에 전달한다는 명제가 잘못이라는 주장을 펼친다.

후성 유전학은 유전자의 발현을 조절하는 형질은 고정된 게 아니라, 환경에 따라서 후천적으로도 획득이 가능할 뿐 아니라 후천적으로 획득한 형질도 그다음 세대로 이어진다는 것이다. 후천적 경험이 유전자와 함께 작용해 생명체의 형질을 만들어 낸다는 게 후성 유전학의 핵심 주장이다.

당연히 유전자 조작으로도 이런 형질이 발현될 수 있지만, 단순히 환경만으로도 후성 유전 형질은 형성될 수 있다는 것이다. 실제로 스트레스와 같은 외부 환경의 변화로 인해 부모 세대에서 유전 형질의 변화가 일어날 수 있으며, 그 변화가 생식세포에도 일어난다면 자손에게까지 유전될 수 있다는 건 널리 알려진 정설이다. 이른바 획득 형질은 유전된다는 라마르크의 '획득 형질의 유전' 학설이다.

아무리 유전정보를 지닌 유전자라 해도 언제 어디서나 발현되는 것은 아니며 유전자 발현을 좌우하는 건 바로 '메틸기'라는, 마치 전등의 스위치와 같은 기능인데 이 기능의 작동 여부에 따라 유전자는 활성화되기도 하고 비활성화되기도 한다. 후성 유전학은 이 유전자에 경험이 덧붙여져 형성되는 생명체의 특성을 설명하는 학문이다.

이 후성 유전학 이론을 가장 분명하게 보여주는 게 일란성 쌍둥이다. 일란성 쌍둥이는 하나의 수정란이 둘로 쪼개져서 분화하였기에 유전자 구조가 똑같다. 그러나 처음에는 매우 유사한 특성들을 보이지만 점차 성장하면서 조금씩 다른 모습을 보이기 시작한다. 그런 모습들은 사는 환경이 서로 다르거나 각기 다른 경험이 쌓이면서 다르게 나타난다는 것이다. 태어날 때는 거의 똑같았지만 나이가 들면서 또한 살아가는 환경이 서로 달라지면서 많은 부분에서 서로 다른 차이를 보인다는 것이다.

꿀벌도 마찬가지다. 일벌과 여왕벌은 유전자상으로는 전혀 차이가 없다. 그런데도 여왕벌은 일벌에 비해 몸집도 크고 수명도 훨씬 길다. 이런 차이는 애벌레 시기에 섭식의 차이에서 온다고 한다. 여왕벌 애벌레는 로열젤리를 먹고 자라는데 로열젤리 속 단백질이 특정한 유전자를 활성화함으로써 그렇게 만든다는 것이다.

동물뿐 아니라 인간도 성장 과정에서 어떤 환경에 노출되었느냐에 따라 성향이 달라진다는 연구 결과도 많다. 굳이 과학적인 연구 결과가 아니라도 우리는 주위에서 얼마든지 그런 현상들을 본다. 우울증이라든가 희귀 질환이 환경적 요인의 작동에서 기인한다는 사실은 거의 일반적인 상식이다.

여기서 후성 유전학을 다루는 이유는 바로 후성 유전학이 사상체질론과 매우 밀접한 연관이 있다고 여기기 때문이다. 체질은 변하지 않는 것이라고 하지만 유전적 특성으로 볼 때 단순하지 않고 복잡성을 띠며 체질 특성의 발현도 오랜 시간에 걸쳐 나타나는데, 그 과정에서 주변 환경에 영향을 받으며 그 영향에 따라 결과는 얼마든지 다른 형태로도 나타날 수 있다고 본다. 그런 면에서 사상체질론은 우성 유전학과 일맥상통한다. 후성 유전학은 유전공학에서 다루는 유전자 조작이나 변형과 같은 인위적인 기술을 기반으로 하지 않는다는 점에서 사상체질론 기본 사상과도 통한다. 사상체질론은 인위적인 방법이 아닌 각 개인의 천부적인 특성들을 이해하고 현실에서 조화와 균형을 통해 화평한 세상을 열어가고자 함이 목적이다. 사상체질론은 좁은 틀 안에 갇힌 하위 지식이 아니라 얼마든지 실생활에 활용 가능하고 우리 삶의 질을 높이는 데 있어 매우 유용한 분야다.

부모 유전

"쟤는 누굴 닮아서 저럴까?" 자녀를 낳아 길러본 부모들이 종종 하는 말이다. 아이의 생각이나 행동과 재능 등이 부모 중 누구와도 비슷하지 않을 때 드는 생각이다. 이는 유전 영향이 자녀에게 얼마큼 전해지는지를 모르고, 자녀는 무조건 부모와 유전적 성향이 비슷할 거라는 오해에서 비롯된다.

아이는 부모로부터 각 50% 비율로 상염색체 22개와 성염색체 1개로 구성된 23개의 염색체를 물려받아 총 46개 염색체를 형성한다. 유전자는 세포마다 약 2만 5천 개가 들어 있는데, 이것이 각 사람의 특징을 구분하여 형성한다.

유전정보가 반영돼 겉으로 드러나는 특성들은 표현형이라고 하는데, 표현형은 유전자와 반드시 일대일로 대응되지는 않는다. 유전자는 외부 환경 요인과 끊임없이 상호 작용을 통해 유전정보가 발현되기도 하고 억제되기도 한다. 따라서 부모에게 물려받은 유전자라 해도 부모와 똑같이 발현되기는 어려우며 얼마든지 다른 형태로 나타날 수 있다.

유전자 변형도 큰 차이를 만드는 요소이다. 유전자는 다양한 이유로 염기 배열 순서를 종종 변화시키는데 이를 변이라고 한다. 변이는 당연히 표현형에 다양한 변화를 일으킨다. 유전과학기술원 연구진이 한국인 1,094명의 유전자를 분석해 국제 학술지인 사이언스 어드밴시스에 발표한 논문에 의하면, 한국인 유전자 변이 가운데 서로 다른 독특한 변이가 34.5%라고 보고하였다.

　내가 낳은 아이라도 유전적으로 나와 결코 같을 수가 없다. 유전자 변이는 부모와 자식 사이에도 큰 차이를 만든다. 그러므로 유전을 근거로 아이에 대한 단정적인 진단을 내려서는 안 되며, 설령 큰 차이가 있어도 이해하고 존중하며 오래도록 지켜보면서 기다려주고 좋은 환경을 만들어 주고 절대 비교하지 말아야 한다. 유전자는 결코 유한한 것이 아니다. 물려받은 유전정보보다도 더 중요한 건, 유전자가 가진 정보들이 어떻게 발현되는가 하는 것이다. 인간과 유인원의 유전자 차이도 아주 작은 수치에 불과한데, 하물며 같은 인간끼리 유전자는 거의 무의미할 정도로 미세한 차이만 있을 뿐이다. 따라서 유전자를 가지고 서로 비교하는 것은 매우 어리석은 일이다. 그 차이도 서로 다름을 표현하는 방식일 뿐, 우열을 가리기 위함이 아니다.

　부모로부터 물려받은 유전자도 환경과 처한 상황에 따라 얼마든지 변화할 수 있듯이, 체질이라고 하는 것도 네 가지로만 고정된 것처럼 여기나, 실은 그보다 훨씬 더 복잡하고 다양해서 체질에 따른 특징을 온전히 이해하는 건 그리 단순한 일이 아니다. 우리가 사상체질론을 더 깊이 연구하고 폭넓게 다루어야 할 이유가 바로 여기에 있다.

줄기세포

줄기세포는 아직 분화되지 않아 다른 세포로 분화될 수 있는 세포를 말한다. 수정란은 하나의 세포이지만 세포분열을 통해 뼈세포·뇌세포·근육세포 등 다양한 기능을 가진 세포가 생겨나며 성체에 이른다. 바로 수정란처럼 다른 세포로 분화할 수 있는 능력을 지닌 세포를 줄기세포라고 한다. 수정란도 일종의 줄기세포다. 줄기세포는 배아단계는 물론 성체에서도 필요하다. 조혈모세포는 혈액에 있는 낡은 혈구들을 보충하기 위해 끊임없이 분열하여 혈구를 만드는데 이것도 일종의 줄기세포다. 줄기세포는 의료계에 혁명을 일으키고 있다.

줄기세포를 이용하여 손상된 세포를 재생한다면 질병 치료와 생명 연장에 획기적인 효과를 거둘 수 있다. 하지만 이를 위해선 풀어야 할 난제들이 많다. 줄기세포를 만들더라도 현재 기술로는 줄기세포 분화를 통제할 수단이 없으므로 전혀 예기치 않은 상황이 발생하거나 오히려 다른 질병을 일으키는 요소로 작용할 수도 있다. 또한, 수정란을 이용할 때 생명 윤리적인 문제도 있다.

줄기세포는 환자의 체내에서 성체 줄기세포를 추출 분리한 뒤 이를 배양하여 이식하는 성체 줄기세포, 수정란이 세포분열을 통해 형성된 배반포로부터 분리한 세포를 배양하여 만드는 배아 줄기세포, 배아 발생 과정에서 추출한 배아 줄기세포에서 특징적으로 발현하는 전사인자를 체세포에 도입해 재프로그래밍하는 역분화 줄기세포가 있다.

줄기세포 분화에 성공하면 잃어버렸던 장기나 신경세포를 만들 수 있을 것처럼 보이지만 세포조직은 쉽사리 외래 세포를 받아들일 만큼 단순하지 않으며, 장기나 신경세포와 같은 것들은 세포 사이의 상호 작용이 복잡하게 얽혀 있어 줄기세포를 이용할 경우 어떤 부작용이 일어날지 예측하기 어려우며, 세포 분화를 제어하는 기술이 나오지 않는 한 현실적인 활용에는 여전히 갈 길이 멀다. 분명 획기적인 발견임에도 불구하고 만능해결책은 아니라는 얘기다.

줄기세포는 체질과는 거리가 멀어 보이지만, 이 기술이 더 발전한다면 신체 일부인 복제 장기는 물론, 인체 전체를 복제한 복제인간도 만들지 못한다는 보장이 없으므로 주의를 가지고 지켜보며 경계할 필요가 있다고 본다. 사상체질론은 자신의 체질을 알아보고 그 체질에 맞는 활동과 선택으로 건강한 삶을 살기 위해 활용하려는 것이며, 어디까지나 있는 그대로의 원형을 살피고 존중하며, 일체 인공이나 조작을 허용하지 않는다. 타고난 체질을 제대로 알기만 해도 우리는 엄청난 역할을 경험할 수 있다.

유전자 조작과 변형

유전자 개념과 DNA 구조가 밝혀지면서 생명공학에는 신세계가 열렸으며, 엄청난 속도로 발전을 거듭하고 있다. 과학자들은 유용한 유전자를 선택하여 다른 생물체의 유전자에 결합·증식시키는 기술을 개발하였는데, 이 기술은 미생물·식물·동물 등 모든 생물체에서 여러 방면에 응용할 수 있게 되었다.

유전자 조작이란 특정한 유전 형질을 갖는 유전자를 삽입하거나 조작을 통해 새로운 재조합 DNA를 만드는 과정을 말한다. 재조합 DNA는 인위적으로 만들어진 DNA이다. 방법은 DNA 절단과 분리·접합 기술로 숙주를 이용해 복제한 후 다른 생물의 DNA에 결합하여 재조합 DNA를 만드는데 이렇게 생성된 유전 형질은 전혀 다른 종에서도 작동한다.

유전자 재조합 기술을 이용하면 여러 유용한 단백질을 생산할 수 있다. 당뇨병 치료제인 인슐린, 항바이러스 물질 인터페론, 혈전 분해 단백질, 성장호르몬과 같은 단백질들이 유전자 재조합 기술을 통해 만들어지고 있다.

유전자 변형이란, 인위적으로 유전자를 분리 또는 재조합하거나 유전자를 구성하는 핵산을 세포 또는 세포 내 소기관으로 직접 투입하는 기술을 활용하여 농·축·수산물 또는 미생물의 유전자를 변형시키는 것을 말하며, 생산성이나 상품의 질을 높이고, 질병 치료 및 기후와 식량 위기에 대응하려는 목적으로 동식물은 물론 의학 등 다양한 분야에 적용되고 있다.

개발자가 목적한 특성을 갖도록 유전자 변형 기술을 통해 DNA 일부를 변형시킨 새로운 생명체를 유전자 변형 생물체(LMO)라고 하며, LMO는 국가별 이해관계에 따라 농업 분야에서는 유전자 변형 작물 또는 유전자 변형 농산물, 식품 분야에서는 유전자 변형 식품 또는 유전자 재조합 식품, 환경 분야에서는 유전자 변형 생물체라는 용어를 사용하고 있다. LMO는 유전자 조작이 가해진 채 생식하며 새로운 조합의 유전물질을 포함하고 있는, 살아 있는 생물체를 말한다.

우리가 흔히 알고 있는 GMO는 원하는 유전자를 인공적으로 분리 또는 재조합하여 의도한 형질을 발현시킨 생물체로, LMO를 이용하여 제조·가공까지 한 조합체를 말한다. 따라서 GMO는 LMO가 생명력을 잃고 냉장·냉동·가공된 식품까지 포함하므로 LMO는 GMO의 한 부분이라고 할 수 있으나, 우리나라에서는 다수가 GMO와 LMO를 구분하지 않고 혼용하여 사용하고 있다.

유전자 변형 생물체의 연구개발은 그 종류가 다양화되고 빠른 확산에 따라 안전성에 관한 관심도도 높아져 국제간 협약은 물론 국내 법규 정비에도 나서고 있다.

유전공학은 식물뿐 아니라 동물 등 모든 생명체의 유전자를 분석하여 이를 변형·가공하여 질병 퇴치와 생산성 향상 등 다양한 분야에 접목을 시도하고 있다. 연구 가치와 기여도를 따지기 전에 이런 기술이 자연 발생이 아니라 인위적 조작을 가한 것이라는 점에서 반드시 좋은 결과만 가져오리라는 보장은 없다. 경우에 따라 기대보다 훨씬 처참하고 끔찍한 상황을 만들 수도 있다. 체질 연구는 다행히 그런 부분까지는 건드리지 않으며, 타고난 체질을 있는 그대로 받아들이며 서로 이해와 인정을 통해 조화로운 관계를 형성함으로써 모두가 행복하고 평화로운 삶을 영위하는 데 목적을 둔다.

맞춤 아기

위키백과에 따르면, 맞춤형 아기란 '특정 유전자를 배제하거나 질병 관련 유전자를 제거하기 위해 유전자 구성이 선택되거나 변형된 아기이다'라고 규정하고 있다. 쉽게 말하면, 착상되기 전의 유전자 검사를 통해 유전적 결함 여부에 따라 완전한 임신 전 단계에서 배아를 선택하거나 버릴 수 있다는 것이다. 더 나아가 착상 전 유전자 검사를 통해 부모는 아이의 성별 혹은 눈과 피부색, 다양한 신체적 특성(지능, 미모, 키, 체형, 정신병, 운동 능력 등)까지도 미리 결정할 수 있다.

맞춤 아기는 시험관 수정 기술을 통해 얻은 배아 가운데 질병유전자가 없는 정상적인 배아를 골라 탄생시킨 아이를 말하는데, 생명 윤리 논쟁이 뜨거운 분야다. 필요에 따라 아이를 생산하는 것은 비윤리적 행태라는 비난과 불치병으로부터 살릴 수 있는 아이를 죽게 방치하는 것이 더 비인간적인 행위라는 옹호론이 팽팽하게 맞서고 있다.

과학기술이 점점 발달하면서 이 기술은 단순히 여러 배아 가운데 우성인자를 선택하는 단계를 넘어서, 아예 처음부터 배아의 유전자를 바꾸거나 조작하는 단계로까지 나아가는 것도 막을 수 없다는 것이다. 사실상 기술적인 한계는 없다. 시험관에서도 정자와 난자를 만들 수 있고, 체세포를 생식세포로 변환시켜 인공 정자와 난자를 성장시켜 수정한 후 자궁에 착상시켜 출산하는 방식도 가능하다. 과학기술의 발전은 인간 생명을 연장하는 데 있어 분명 기여도가 있다. 하지만, 계속되는 외도가 과연 인류를 긍정적인 희망의 세계로 인도해줄지는 미지수다.

필자는 유전자와 체질은 밀접한 관련이 있다고 여러 번 강조했다. 체질은 타고나는 것이라 기본적으로는 바꿀 수 없지만, 체질이 갖는 수많은 특성은 결단코 유한하지 않다는 사실을 전제로 한다면, 굳이 유전자 조작이라든가 변형을 시도할 이유가 없다. 물론 태어나면서부터 장애나 불치병을 안고 나온다면 얘기가 다르겠지만, 그렇다손 치더라도 과학기술은 최소한의 한도 내에서 사용되어야지 윤리적 문제로까지 비화한다면 순기능보다는 역기능으로 인한 또 다른 문제가 불거질 가능성이 더 크다고 생각한다.

체질은 기본적으로는 순응과 발현, 그리고 상호 이해와 인정으로 나아감에 목표를 둔다. 타고난 체질만으로도 우리는 얼마든지 행복하고 평화로운 삶을 영위할 수 있다.

복제인간

정의만으로는 일란성 쌍둥이도 복제인간이지만, 생명공학에서는 '체세포 핵 이식법'으로 만들어진 인간을 말한다. 그 과정을 설명하자면, 먼저 복제하고 싶은 생물체의 체세포에서 핵을 채취하고, 그 핵을 같은 종인 생물체의 자궁에서 채취한 핵과 바꿔치기를 하는 것이다. 이 세포가 성장하면 눈동자의 색상이나 모발 색 등 모든 유전적 요소들이 완벽히 동일한 복제 생명이 만들어지게 되는 것이다.

복제인간은 유전적 요인에 의해 결정되는 요소들은 복제 대상이 된 인간과 완벽하게 일치한다. 이론상으로는 아주 단순하지만, 윤리적·기술적으로는 매우 복잡한 난제가 많다. 기억과 나이에 대한 것, 환경 영향에 따라 변하는 후성 유전체에 관한 부분까지 나가면 그리 단순하지 않다.

한마디로 말하면 아무리 과학기술이 뛰어나도 형태는 물론 내면세계까지 모든 것이 똑같은 완벽한 복제인간은 실제로는 불가능하다는 것이다. 애당초 복제인간이란 용어 자체가 과학과는 동떨어진 용어일지도 모른다. 게다가 복제인간의 기본권에 관한 윤리 문제도 뜨거운 감자다. 그런데도 여전히 이 연구는 계속되고 있으며, 점점 더 다양한 각도에서 시도될 것이다. 인간을 제외한 다른 동물에서는 복제 기술이 성공한 사례가 많이 있으며, 희귀동물 번식 등에 있어 일부 긍정적인 지지도 받는 현실이다.

만약 복제 기술이 일반화되어 모습과 성향이 같은 복제인간이 대량으로 만들어진다면 그 세상은 어떤 세상일까? 각 개인의 고유한 개성은 사라지고 규격화된 틀에서 벗어나지 않는, 마치 로봇같이 일률적인 부류들만 사는 세상은 과연 어떤 모습일까? 복제인간이 실제 인간을 다스리고 같은 틀 안에 놓고 지배하려 든다면 그 세상은 어떻게 될까? 다양한 부류의 사람들이 사는 세상이 복잡하고 힘들지만 그래도 다양성이 존재한다는 자체가 지루하지 않고 재미있는 세상이 아닐까? 일부러 조작하거나 규격화하려 들 필요가 과연 있을까? 서로 다름에 대해 이해하고 인정하기만 하면 되는, 아주 단순한 노력만 있으면 모두가 행복하게 살 수 있는데 서로 부딪히고 마음에 거슬린다고 굳이 깡그리 획일화할 필요가 있겠는가?

암

　암은 세포의 병이다. 암세포는 DNA 안에 존재하는 유전적 물질들을 변화시키고 돌연변이를 만들어낸다. 유전적 요인이나 나쁜 습관, 독성물질 노출 등 암세포는 다양한 이유로 발생한다. 암세포는 정상적인 세포가 돌연변이를 일으켜 통제되지 않는 방식으로 번식한다. 그러나 특정 유전자 몇 개의 변이로만 생기는 것은 아니며, 훨씬 더 복잡한 원인에 의해서 발생한다. 정상세포와 암세포에는 많은 차이가 있는데, 정상세포는 제 기능을 수행함에 있어 자가 조절 기능이 있다면 암세포는 통제가 되지 않는다. 정상세포는 다른 조직이 보내는 신호에 반응하는데 암세포는 그렇지 않다. 정상세포는 손상되거나 노화되면 저절로 회복되거나 죽는다. 암세포는 이 경우 불규칙한 형태로 핵이 커지며 전이를 일으켜 신체 전체로 이동한다.

　사람도 마찬가지다. 정상세포와 암세포는 사람의 습성과 닮은 꼴이 많다. 사람은 본시 태어나면서부터 자가 조절 기능이 있지만 이 기능이 고장 나면 통제 불능의 상태가 된다. 정상적인 사람은 타인과의 관계를 잘 유지하려고 하지만, 타인을 의식하지 않는 사람은 안하무인이 된다.

　보통 사람은 잘못했을 경우 반성과 개선을 통해 회복하지만, 망가진 사람은 될 대로 되라는 식으로 자포자기하여 오히려 더 비뚤어진다. 보통 사람은 조직과 사회에 잘 적응하지만 그렇지 않은 사람은 불평과 불만으로 조직과 사회를 파괴하는 쪽으로 치우쳐 살아간다.

인간은 태어나면서부터 암 유전자를 지니며 암은 건강한 사람이 가지고 있는 암의 종이 발아해서 일어나는데 암을 일으키는 물질(발암물질)은 우리 생활환경 속에서도 무수히 많다. 발암물질은 촉발 인자와 촉진 인자 두 가지 타입이 있는데 담배 연기에는 이 두 가지가 모두 들어 있다.

인간의 몸에는 약 60조 개의 세포가 있는데 모든 세포는 세포핵에 유전자를 지니고 있으며 모두 같은 유전자를 지니고 있다. 코의 유전자는 코를 만들고, 발의 유전자는 발을 만들고, 상처가 나면 주위 세포가 분열 증식하여 그것을 메워 아물게 한다. 정상적이라면 다시 원상태가 되고 나면 분열과 증식을 멈추는데 암세포는 분열과 증식을 멈추지 않으며 혈액을 타고 다른 곳에 침투하여 전이된다. 처음에는 1개의 정상세포에 이상이 생겨 발생하지만 금세 기하급수적으로 늘어나며 마지막 1개까지 완전히 다 없어지지 않으면 언제든 다시 재발한다.

정상적인 상태에서는 인간의 몸은 질병이나 이상 현상을 일으키지 않는다. 유전자는 타고나는 것이지만 특정 유전자가 어떤 변이만 일으키지 않는다면 건강하게 장수할 수 있다. 체질도 마찬가지다. 어떤 체질이든 특정한 이상만 없다면 건강하게 살아가는 데 아무런 지장이 없다. 신체도 환경에 따라 변화가 일어나듯 체질도 환경에 따라 변화될 수 있다. 변화라기보다는 변이가 맞을지도 모른다. 바뀌는 게 아니라 달라지는 것이다. 원래의 모습이 전혀 다른 새로운 모습으로 바뀌는 것이 아니라, 원래 모습이 망가지거나 첨가되어 형태가 달라진다는 것이다.

영양소

인체에 필요한 필수 영양소는 에너지 영양소와 조절 영양소로 나뉘는데, 에너지 영양소는 탄수화물·단백질·지방이고, 조절 영양소는 무기질·비타민·물이다. 조절 영양소인 무기질과 비타민은 에너지 영양소에 비해 미량이지만 없어서는 안 되는 중요한 영양소다.

탄수화물은 뇌 기능, 면역체계, 신경계, 소화 기능, 에너지 생성을 돕는다. 밥, 국수, 감자, 빵, 퀴노아, 통곡물, 오트밀, 보리, 브로콜리, 양배추, 잎채소, 당근, 호박 등에 많이 들어 있으며 불충분하면 인체는 포도당 합성을 위해 체내 단백질을 분해하므로 생리적 균형이 깨지기 쉽다. 장기간 결핍되면 저혈당 증세, 어지럼증, 두통, 근육 무기력증이 나타나고 사리 분별과 판단력이 떨어진다.

단백질은 고기, 달걀, 생선, 유제품, 통곡류 등에 들어 있으며 뼈, 근육, 혈액, 손톱, 호르몬, 항체 형성에 필요하다. 과도한 단백질은 지방으로 변환된다. 지방은 세포 성장, 혈액 응고, 세포 형성, 심장병, 당뇨병, 근육 운동, 혈당 균형, 뇌 기능, 미네랄, 비타민 흡수, 호르몬 생산, 면역 기능을 담당하며 견과류, 연어, 참치, 식물성 기름, 씨앗류에 들어 있다.

지방은 불포화지방, 포화지방, 트랜스지방으로 나뉜다. 불포화지방은 올리브유, 카놀라유, 아보카도에 많이 들어 있으며 고도 불포화지방은 오메가6와 오메가3로 옥수수와 참깨에 많이 들어 있다. 포화지방은 버터와

코코넛유에, 트랜스 지방은 마가린과 쇼트닝에 들어 있다. 물은 조절 영양소이지만 인체 약 60%를 차지하고 있어 성인 1일 1,800~2,600㎖가 필요하며 노폐물 운반, 독소 배출, 소화 흡수, 영양소 운반, 세포 저항력, 변비 예방, 윤활, 수분 공급을 돕는다.

미량영양소는 비타민과 미네랄(무기질)이다. 비타민은 면역체계를 강화하고, 특정 암을 예방하며, 치아와 뼈를 강화하고, 칼슘 흡수를 도우며, 단백질과 탄수화물 대사에 도움을 주며, 혈액, 뇌, 신경계 기능을 지원한다. 종류는 지용성과 수용성으로 분류하며, 지용성은 A·D·E·K 네 가지이고, 수용성은 B1·B2·B3·B5·B6·B7·B9·B12·C 아홉 가지다.

미네랄은 피부, 모발, 손톱, 치아, 뼈 건강, 혈액 응고, 산소 운반, 면역체계 지원, 혈압 조절에 필요하며, 하루 100㎎ 이상 필요한 주요 미네랄로는 마그네슘, 칼슘, 인, 유황, 나트륨, 칼륨, 염소 등이 있다. 미량이지만 필요한 미네랄로는 철, 셀레늄, 아연, 망간, 크롬, 구리, 요오드, 불소, 몰리브덴 등이 있다.

대부분 미네랄은 음식물(식물과 견과류)을 통해 섭취할 수 있지만, 음식물을 골고루 챙겨 먹지 않는 경우라면 영양제 형식으로 된 가공 보조식품으로 섭취해도 도움이 된다. 음식물에 들어 있는 주요 미네랄 성분을 찾아보면 다음과 같으며, 이런 식품들은 매일매일 꼭 챙겨 먹는 게 좋겠다. 영양소는 우리 몸의 건강은 물론, 최상의 체질 상태를 유지하는 데도 연관이 있으므로 상식으로도 알아두면 좋다.

- 식품

종류	영양소
시금치	단백질, 탄수화물, 철분, 비타민A·C, 지방, 섬유질
브로콜리	비타민A·E·C, 베타카로틴, 칼슘, 엽산, 식이섬유
양파	아르기닌, 칼륨, 인, 칼슘, 비타민C, 나트륨, 마그네슘, 엽산, 포도당, 식이섬유, 과당, 단백질, 아연, 철
대파	칼륨, 비타민C, 마그네슘, 칼륨, 식이섬유, 나트륨, 단백질, 탄수화물, 철분, 당류, 비타민E
당근	칼륨, 나트륨, 칼슘, 식이섬유, 마그네슘, 비타민C, 탄수화물, 당류, 비타민D·B6
생강	칼륨, 마그네슘, 칼슘, 나트륨, 비타민C, 탄수화물, 식이섬유, 당류, 지방, 철분, 비타민B6
고추	칼륨, 비타민C, 마그네슘, 칼슘, 나트륨, 탄수화물, 당류, 단백질, 식이섬유, 철분, 비타민B6

- 견과류

종류	영양소
잣	망간, 구리, 아연, 마그네슘, 인, 철분, 비타민E·K·B6
호두	망간, 구리, 철분, 마그네슘, 인, 비타민B6
땅콩	비오틴, 구리, 망간, 엽산, 비타민B1·B3·E·B5, 철분, 인
아몬드	비타민E, 망간, 구리, 비타민B2, 마그네슘, 식이섬유
캐슈넛	구리, 망간, 마그네슘, 인, 철분, 비타민B1, 셀레늄
파스타치오	구리, 비타민B6·B1·B3, 인, 망간, 비타민K, 철분

영양소 궁합

우리 몸에 필요한 영양소들은 서로 유기적인 관계를 맺으며 작용한다. 음식과 마찬가지로 영양소도 서로 궁합이 맞는 것이 있는가 하면 맞지 않는 것도 있다. 다시 말해 영양소 간 궁합이 서로 잘 맞을 때는 서로 상승 작용을 하지만, 맞지 않을 때는 서로 파괴하거나 방해하여 독이 되기도 한다.

서로 어울리는 영양소

① 지방 + 카로티노이드, 리코펜, 카데킨

육류를 먹을 때 당근, 피망 등과 같이 먹으면 지방질이 카로티노이드 흡수율을 높여준다. 양상추 샐러드에 올리브유나 들기름을 넣어 먹으면 카로티노이드 흡수를 높인다. 토마토를 올리브유에 익혀 먹으면 리코펜 흡수가 높아진다. 돼지고기를 먹은 후 녹차를 마시면 지방 분해를 도와준다.

② 칼슘 + 비타민D·C, 유당, 포도당

비타민D는 칼슘의 흡수와 대사에 필수다. 포도당, 유당, 비타민C는 칼슘의 흡수를 증진한다. 우유와 치즈를 먹을 때 딸기, 토마토, 키위 등을 함께 먹으면 좋다.

③ 철분 + 비타민C

육류, 계란을 먹을 때 풋고추나 피망 등 녹색 채소나 감자와 함께 먹으면 철분 흡수율이 높아진다.

④ 폴리페놀 + 비타민E

항산화 작용을 증진한다. 레드 와인을 마실 때 아몬드, 망고, 키위, 브로콜리 등을 함께 먹으면 좋다.

⑤ 비타민B1 + 알리신, 황화 아릴

탄수화물 분해로 에너지 생성에 도움을 준다. 돼지고기를 먹을 때 양파, 마늘, 부추 등을 함께 먹으면 좋다.

⑥ 비타민B12 + 엽산, 비타민B1, B2, B6

동맥경화 예방에 좋다. 육류, 굴, 조개, 등 푸른 생선을 먹을 때 녹색 채소를 함께 먹으면 좋다.

서로 독이 되는 영양소

① **칼슘 ↔ 옥살산, 피틴산, 인, 철분, 아연, 타닌, 식이섬유**

  칼슘이 옥살산과 만나면 옥살산칼슘, 인과 만나면 인산칼슘이 생성되는데 몸에 흡수되지 않고 물에 녹지 않아 결석의 원인이 될 수 있다.

② **철분 ↔ 타닌, 옥살산, 피틴산, 식이섬유**

  서로 합치면 철분 흡수율을 낮춘다. 차와 커피를 식사 중, 혹은 식사 후에 곧바로 마시는 것은 좋지 않다.

음식 궁합

　음식도 서로 궁합이 있다. 음식은 종류마다 영양분 종류와 그 함량이 다르고, 같이 먹을 때 더 큰 효과를 낼 수도 있지만 좋지 않은 효과를 내기도 하므로 주의가 필요하다. 하지만 일부 성분 조합이 문제가 될 수도 있다는 것이지, 식품에는 여러 가지 다른 성분도 들어 있고 음식을 한 번에 한 가지만 먹는 게 아니므로 함께 먹었다고 해서 반드시 큰일이 벌어지는 건 아니다.

함께 섭취하면 좋은 음식(상승의 의미로 '+'로 표시)

- 가지 + 기름
- 감자 + 치즈, 버터, 토마토
- 돼지고기 + 새우젓, 표고버섯, 사과, 녹차, 마늘, 부추, 양파
- 쇠고기 + 배
- 선짓국 + 우거지
- 불고기 + 깻잎
- 스테이크 + 파인애플
- 추어탕 + 산초
- 닭고기 + 홍삼, 인삼, 잉어, 옻나무
- 생선회 + 생강
- 복어 + 미나리, 가지
- 고등어 + 무
- 새우 + 아욱, 완두콩
- 조개 + 쑥갓
- 재첩 + 부추
- 홍차 + 레몬
- 계란 + 치즈, 토마토, 피망, 감자, 풋고추
- 토마토 + 튀김, 올리브유
- 두부, 오이 + 미역
- 시금치 + 참깨
- 호박 + 강낭콩
- 고구마 + 김치
- 당근 + 식용유
- 죽순 + 토란, 쌀뜨물
- 다시마 + 토란
- 냉면 + 식초
- 설렁탕 + 깍두기
- 국수 + 콩국물
- 밥 + 무말랭이
- 소주 + 오이
- 청주 + 은행
- 막걸리 + 홍어
- 된장 + 부추
- 수정과 + 잣
- 딸기, 멸치 + 우유
- 인삼 + 벌꿀
- 초콜렛 + 아몬드
- 레드 와인 + 아몬드, 망고, 키위, 브로콜리

함께 섭취하면 나쁜 음식(상반의 의미로 '↔'로 표시)

- 삼겹살 ↔ 소주
- 돼지고기 ↔ 도라지
- 장어 ↔ 복숭아
- 쇠고기 ↔ 고구마
- 스테이크 ↔ 버터
- 햄버거, 프렌치프라이 ↔ 탄산음료
- 고기, 선짓국 ↔ 곶감, 홍차, 커피, 수정과
- 굴, 간 ↔ 홍차, 커피, 수정과
- 회, 수박 ↔ 튀김
- 오징어 ↔ 삼겹살, 마른 나물
- 문어 ↔ 고사리
- 바지락 ↔ 우엉
- 조개 ↔ 옥수수
- 명란젓 ↔ 김치
- 도토리, 게 ↔ 감
- 계란 ↔ 설탕, 시금치, 근대
- 김 ↔ 기름
- 시금치 ↔ 근대, 죽순, 두부, 멸치, 우유
- 산채나물 ↔ 미역
- 미역 ↔ 파
- 당근, 무 ↔ 오이
- 팥 ↔ 설탕
- 브로콜리 ↔ 초장
- 라면 ↔ 밥, 콜라
- 땅콩 ↔ 맥주
- 치킨 ↔ 맥주, 콜라
- 치즈 ↔ 피클, 콩, 콜라
- 커피 ↔ 크림, 초콜릿
- 빵 ↔ 오렌지주스
- 과일, 주스 ↔ 에너지 드링크
- 우유 ↔ 초콜릿, 초코칩 쿠키
- 우유 ↔ 레몬, 자몽, 오렌지
- 우유 ↔ 탄산음료, 소금, 설탕
- 로얄젤리 ↔ 매실